DU MÊME AUTEUR

Dans la série Connexion,

Cheminement pour une vie chrétienne positive
Jésus Christ ? ... Un coach pour la vie !

Volume 1
Dieu existe-t-il ?

À paraître prochainement,

Volume 2
Les Dix Commandements

Volume 3
Le Très Haut et Tout Puissant Jésus-Christ

Volume 4
L'Esprit Saint

Dominique André

CONNEXION

Cheminement pour une vie chrétienne positive

Jésus-Christ ?
Un coach pour la Vie !

Volume Premier
Dieu existe-t-il ?

Auto – Edition

© D-A Brichaux – Safi 2017
Auto Editeur

Tous Droits strictement réservés pour tous pays.
Toutes traductions des textes repris dans la série « Connexion » même partielles sont réservées par l'auteur et sont strictement interdites pour tous pays sans autorisation préalable de l'auteur ou de ses ayants droits.

Les photographies intérieures, les couvertures, logo et maquettes des livres de la série « Connexion » sont la propriété exclusive de l'auteur ou de ses ayants droits. Les images en provenance du Net sans copyright reste la propriété de leurs auteurs.

© Les photographies réalisées en Irak, sont la propriété du R.P Charbel Eid, Ordre Libanais Maronite. Elles sont publiées avec son aimable autorisation. © Les logos du C.S.C.O et de Solidarité Grands Froids sont leur propriété exclusive.

Toutes reproductions même partielles en dehors de l'usage du cadre familial, les transformations par logiciels informatiques de traitement des images, scanning, supports numériques et photocopies interdites sans autorisation de l'auteur ou de ses ayants-droits pour tous pays sous peine de poursuites judiciaires.

ISBN 978-2-9602008-0-5
EAN 9782960200805

E-mail : serieconnexion@gmail.com

« Si quelqu'un est dans le Christ, c'est une créature nouvelle.
Le passé a disparu, c'est maintenant un monde nouveau »
(2 Cor. 5,17)

Dédicace longue et Remerciements

Ma plus grande gratitude ira en tout premier lieu, à Celui qui porte le Nom au-dessus de tous noms, Jésus-Christ.

Je dédie cette série de livres, dont ce premier volume, à mon regretté et très aimé père spirituel, Jan Notenboom, père et missionnaire rédemptoriste au Congo pendant 45 ans. Il m'a accompagné pendant les sept dernières années de sa vie sur terre alors que je traversais de très grandes souffrances morales, physiques et financières ; le tout en cherchant Dieu et la Vérité dans le même temps. Sans lui à mes côtés, rien de ce qui est écrit ici n'aurait été possible. Je sais qu'il repose dans la Paix et la Joie du Christ, qu'il a servi fidèlement tout au long de sa vie terrestre.

J'exprime ma profonde reconnaissance envers un pasteur protestant dont 15 ans plus tard, j'ignore toujours le nom. À tous les prêtres, religieux et religieuses, moines et moniales, que j'ai pu rencontrer au cours de ces 15 dernières années et ils sont nombreux. En particulier, le père Legrain, Prieur et Supérieur des Carmes de l'Abbaye de Chèvremont en Wallonie. Il fut par ailleurs le père spirituel de la petite Marguerite, fondatrice de la « Légion des petites âmes », que j'ai eu le bonheur de rencontrer à plusieurs reprises sur la fin de sa vie. Ma gratitude éternelle pour l'accueil, l'écoute, les partages de repas et la prière des moines et moniales des Fraternités Monastiques de Jérusalem. Je rends grâce à Dieu d'avoir pu rencontrer et partager à plusieurs reprises profondément avec le fondateur de cet Ordre, feu le regretté père Pierre Marie Delfieu (+) Toute ma reconnaissance s'adresse encore pour le Père Prieur et Supérieur J. Coveliers, Rédemptoriste OPM ainsi que pour le Père Etienne Marie, Prieur des Servites de Marie à Ixelles retourné au Canada, ainsi encore pour le frère Hughes, retourné en Normandie, France. Toute ma reconnaissance et mon affection pour le père Charbel Eid, courageux moine bâtisseur de l'Ordre Libanais Maronite ; Prieur et Supérieur de l'Abbaye de Bois Seigneur Isaac, Monastère St Charbel en Belgique ; ainsi que pour tous les moines de l'Ordre Libanais Maronite, étant ou ayant passé par ce monastère ; Sanctuaire officiel du St Sang et de St Charbel. J'adresse encore, toute mon affection sincère et mes remerciements pour le père Antoine Sadaka de l'Ordre Maronite Mariale à Jounieh, Liban qui n'a jamais eu de cesse de prier pour nous.

Pour encore, Mgr André-Joseph Léonard, Archevêque émérite de l'Église catholique de Belgique, homme de grande piété, doté d'une intelligence exceptionnelle. Je rends grâce à Dieu d'avoir pu partager de magnifiques instants privés avec lui. Je rends grâce à Dieu d'avoir eu un Pape exceptionnel et ô combien courageux en la personne de St Jean-Paul II le Grand. Il aura été le Pape de ma vie. Un énorme respect et affection pour son successeur sur le trône de Pierre, en la personne de S.S le Pape Benoît XVI, vaillant défenseur de la Foi catholique, doté d'une intelligence hors du commun. Mais aussi pour un Pape courageux en la personne de S.S. le Pape François.

Tout mon amour et ma gratitude pour les personnes suivantes vivantes ou décédées m'ayant toujours soutenu par leurs prières, leur affection, leurs conseils, leur amitié et leur fraternité, dans les misères, les joies et les peines de la vie : Walter (+) et son épouse Myriam, Nicole Quickels (+), Chantal V, Marie Thérèse, à ma petite et humble Jeanne, à la petite Maria, à Marie-Thérèse et Raymond (+), à Nicole et Philippe, à Michel et son épouse Marie-Paule, aux membres du groupe de prière « Ama Deum » auquel j'ai eu le bonheur de participer, à Nicole Druez-Simmonds, à Francesco Suppa (+) et Celestinat Palmiotto, son épouse. Une énorme pensée pour Chantal (+) et René (+) que j'ai accompagné par les chemins du Christ jusqu'à la mort. À tous les malades un jour rencontré sur mon chemin lors de mes visites. À deux ex- musulmanes que j'ai conseillé, guidé et accompagné vers le Baptême. À tous les SDF et les miséreux de notre époque ; qui pour un potage, qui pour une couverture donnée de nuit en plein hiver, qui pour un morceau de pain, qui pour un vêtement, qui pour un partage eucharistique du Christ avant que de trépasser, à tous et à toutes, merci.

Comment ne pas exprimer ici toute mon affection, mon infinie reconnaissance et toute ma gratitude, pour tous ces moments passés en communauté de vie et de partages envers Maria Vozza, petite sœur hyper courageuse et laïque consacrée sous le nom de sœur Maria de la Ste Face.

Pour conclure cette dédicace longue et remerciements, un hommage tout particulier à ma très chère, très aimée et très aimante épouse devant Dieu et devant les hommes, Elissar. Elle a été et continue d'être ma première redoutable lectrice sans concessions. Avec patience, douceur et bonté, elle m'a accompagné et encouragé dans ce chemin tant spirituel que dans l'écriture, Merci !

Je te rends grâce et te bénis Père Éternel, Dieu de l'Univers, je te dis sincèrement merci mon Jésus sauveur pour ce chemin parcouru. Pour tout ce que j'ai appris hier, pour que très humblement aujourd'hui, je puisse moi aussi transmettre au plus grand nombre, mes modestes connaissances que Tu m'as permis d'apprendre de Toi, dans une patience, une intelligence, une pédagogie incroyable et dans un Amour sans fin, Amen.

À vous tous hommes et femmes de notre temps qui souffrez où que vous soyez dans le monde et notre société, vous qui êtes en quête de Vérités pour vous-même, comme pour ceux sur votre chemin de vie, afin que tous nous ne soyons plus qu'un avec nous-mêmes et le Père, n'oubliez jamais au grand jamais que oui, encore et encore oui, tout est possible à celui ou celle qui croit. N'abandonnez jamais !

Fraternellement,
Dominique André

Introduction

Belgique, quelque part en Brabant Wallon, au temps de Pâques 2017...

À tous présent et à venir, salutations fraternelles en Notre Seigneur Jésus-Christ le grand Présent au milieu de nous.

La vie passant vite, ce m'est devenu comme un besoin, une absolue et impérative nécessité d'écrire ces lignes contenues ici.

Que ce soit dans sa version papier ou dans sa version électronique selon votre choix, je vous remercie sincèrement pour son acquisition. J'espère du fond du coeur que cette série répondra pleinement à vos attentes. Aussi, j'ai le plaisir de vous souhaiter dès à présent, plein et entier succès tant dans votre développement personnel que spirituel avec ce parcours proposé en plusieurs volumes vers une vie chrétienne positive.

Entre respect et admiration si l'ouvrage est bien accueilli ou alors voué aux gémonies s'il est rejeté. Entre l'encens d'un côté ou le risque concret de le payer de sa vie, la frontière est particulièrement étroite lorsque l'on écrit ou que l'on s'exprime sur Dieu. Pour l'écrivain tout d'abord, qui aura toujours l'impression d'en faire trop ou pas assez. Pour le lecteur intéressé ou en recherche ensuite, qui en voudra toujours davantage tant il est vrai, que ce sujet si sensible et particulier interesse tout le monde et ne laisse jamais personne totalement indifférent.

Que de débats passionnés n'ai-je pas été témoin entre croyants et athées, entre croyants d'une religion et d'une autre... C'est qu'en toute objectivité, Dieu et Jésus-Christ, nous n'en aurons jamais fini d'en faire le tour. Vous voulez une question qui fâche rapidement ? Simple, posez la question autour de vous sur l'existence ou non de Dieu dans le métro, dans un RER ou dans un centre commercial aux heures de grandes affluences et vous verrez... J'aurais pu publier une brique de plusieurs centaines voire plusieurs milliers de pages tant le sujet est vaste et la source inépuisable. Pour votre facilité, votre confort et votre compréhension, j'ai préféré réduire le nombre de pages en les répartissant sur plusieurs volumes. Ce choix délibéré, vous permettra de souffler, de respirer, mais aussi de méditer pendant et entre les différents volumes sur bien des aspects de la vie. En agissant ainsi, j'ai particulièrement souhaité vous éviter la lassitude du livre qui ne finit jamais. Il est vrai qu'il en est de certaines épaisseurs d'ouvrages finissant par rebuter ou décourager plus d'un ou d'une. Vous savez, le genre de bouquins que l'on trouve certes, de grand intérêt sur l'instant, mais qui finira néanmoins dans un coin seul et abandonné. Dis avec humour et très modestement, ce n'a pas été mon objectif en passant toutes ces heures, assis derrière mon ordinateur. Le nombre définitif de volumes n'ayant pas encore été définitivement fixé, celui-ci constitue donc le premier d'une série à suivre qui en comportera au minimum quatre. Originalité, ils sont tous divisés non en chapitres ainsi que c'est généralement le cas, mais en points numérotés. Vous pourrez ainsi naviguer entre les différents points, aller et venir entre les volumes au fur et à mesure de leur parution, de votre progression sans perdre le fil choisi pour ce parcours visant à réaliser et réussir, je vous le souhaite et ici, c'est le but, votre connexion avec le divin, rien que cela. Tout un programme ...

Les étapes du cheminement

- **Volume 1** - Dieu existe-t-il ?

Nous irons progressivement à la rencontre de Dieu. Le but premier de ce volume sera de prendre conscience en conscience de la réalité de Dieu face à notre société, de sa présence ou de son absence, de l'esprit du Monde, de son action concrète sur l'individu. Nous verrons pêle-mêle dans un langage actuel, brièvement, mais concrètement : Dieu, l'homme et la femme, dans le chaos instauré par la société occidentale en pleine transition, et mutation majeure dans notre époque. La situation actuelle des chrétiens dans le monde : Orient et Occident. L'Eglise et les chrétiens dans le chaos généralisé du monde. Je vous enverrai régulièrement vers des passages, des méditations que vous irez chercher dans la Bible pour les mettre en comparaison dans notre temps. Nous verrons le conflit ouvert, ne manquant jamais de se poser à nous, homme ou femme, lors du choix décisif à faire ; à assumer, entre le Monde et son esprit ; Dieu et l'argent. Différents témoignages vécus ou reçus, des astuces simples pour une pensée chrétienne positive sont donnés, pour comprendre le processus de l'action de Dieu sur l'homme sincère, cherchant la Vérité. Le pardon, étape indispensable, ainsi que de savoir ce qu'est l'âme. La Création : l'écologie. L'Economie : la pauvreté, la misère, les injustices. Préparer le monde de demain ultra technologique, l'arrivée désormais rapide de l'intelligence artificielle, etc. ...

- **Volume 2** - Les Dix Commandements

Jésus Christ n'a jamais aboli la loi, mais Il l'a accomplie. Dans ce deuxième volume, nous progresserons en étudiant le chemin, mais surtout en mettant en pratique concrètement, les 10 règles de vie données par Dieu à Moïse sur le Mont Sinaï. Nous les verrons dans un langage actuel, sans toutefois en modifier son contenu d'un iota ; nous les confronterons avec les réalités de notre société dans notre époque. Dieu a sa logique, en bon Père de famille, Il a ses règles et celles-ci sont immuables. La Miséricorde de Dieu pour chacun.

- **Volume 3** - Le Très Haut et Tout Puissant Jésus Christ

Nous sommes avec ce troisième volume, dans la deuxième et très importante partie du cheminement. Comment rencontrer et vivre concrètement Jésus Christ, au quotidien dans une époque de hautes technologies, demain de la robotique et de l'intelligence artificielle. Deux aspects fort différents seront vus dans ce volume. Premièrement, l'homme Jésus : Son amour, sa tendresse infinie pour l'homme et la femme ; son humanité ; sa générosité ; sa pédagogie ; sa psychologie ; ses enseignements ; la souffrance ; l'espérance et la joie. Enfin, la vie spirituelle avec Jésus. Ensuite le Christ : le Pantocrator, le Tout Puissant, le Roi de l'Univers devant qui tous genoux plient ; à commencer par celui qui a été vaincu définitivement, celui qui ne peut supporter sa Présence, ni sa Puissance. Je veux dire celui que l'on appelle : Diable, Malin, Satan, 666 etc. ... Nous verrons attentivement les tentations ; les attaques spirituelles ; leur résister et les vaincres autant que possible. Les moyens chrétiens à notre disposition ; La question du Mal, de la souffrance ; Le mal, cette absence de bien.

- **Volume 4** - L'Esprit Saint.

Prier, vivre de et en Dieu, Père, Fils et Esprit Saint au quotidien. Les inspirations et les motions de l'Esprit Saint. Les Dons sacrés de l'Esprit Saint ; les péchés contre l'Esprit Saint ; les fruits pour l'homme de l'Esprit Saint. Mais aussi, le Baptême. Beaucoup de prières et des pistes pour vous aider dans la prière, vous seront données dans ce volume. Enfin, comment laisser vivre et respirer l'Esprit en nous. Comment faire une retraite spirituelle.

Un chemin, une route, on peut l'emprunter seul ou accompagné. Pour votre parfaite compréhension et vous permettre d'aller jusqu'au bout de ce « coaching », de cette remise à niveau, tous étant liés, je vous invite dès lors de vérifier régulièrement leur parution successive chez votre fournisseur habituel afin d'en avoir la collection complète, en tout cas la plus étendue possible selon vos possibilités et votre désir. Vous aurez la possibilité de vous tenir régulièrement informé par cinq moyens de communication modernes et performants :

Page Facebook dédiée, Blog, Twitter, Newsletter, YouTube[1]

Veuillez noter qu'au moment de mettre sous presse, la chaîne YouTube est en cours de préparation. Elle n'est donc pas encore accessible. Dès qu'elle le sera, une mise à jour des liens sera accessible sur la version Ebook de la série Connexion. Elle permettra d'obtenir outre des conseils pour ses abonné(s), des directs « live » qui vous permettront de poser vos questions lors d'un rendez-vous mensuel encore à définir pour les dates et heures ; pour

---

[1] Voir les liens en section Annexe à la fin du livre

les liens d'accès Web pour tous les supports, veuillez consulter la section « Annexe » en fin de ce livre.

Cette série de livres si Dieu me prête vie, renferme mon témoignage d'homme vivant dans notre temps en 2017, soit deux mille ans après la venue du Messie, mais pas seulement. Vous recevrez aussi ma façon de voir, de pratiquer la vie en Dieu au quotidien "de la vraie vie" où vous vous reconnaîtrez probablement voire souvent. Le tout en recevant des conseils concrets et pratiques selon mon expérience et mon vécu avec le plus grand coach, pédagogue et psychologue de tous les temps, Jésus-Christ.

Dieu étant la vie...

Si tous nous allons mourir un jour, il est remarquable et heureux de constater que nous avons tous les autres jours pour vivre dans ce qui est le voyage de la vie. Avant surtout que d'entamer celui beaucoup plus long de l'éternité. Dans ce premier volume, m'intéressant et m'adressant en priorité aux vivants ici-bas, je ne parlerai donc que peu de l'aspect « post mortem » de l'homme. Je veux dire celui dans la vie éternelle auprès de Dieu. Il est de toute façon évident qu'envisager la question du divin, de son existence et de la Vie après la mort, ne peut se faire que dans le postulat d'un Dieu Créateur de toutes choses tant visibles, que celles encore invisibles aux yeux des hommes. Dieu étant la Vie, la Vie qu'est Dieu ne peut donc qu'être éternelle.

Question que l'on peut dès à présent se poser, mais où donc est passée la joie chrétienne, celle promise de la vraie vie en Dieu et en Jésus-Christ ? Où sont les fleuves de miel promis dans la Bible ? Ceux se déversant tout au long de notre vie bien entendu heureuse de connaître Celui dont le Nom est au-dessus de tous noms ?

Alors que logiquement, l'on s'attendrait de voir sortir la majorité du peuple chrétien d'Occident des maisons de Dieu, avec des chants de louanges sur les lèvres ; dans des rires et des sourires, bras levés au Ciel de la joie infinie, d'avoir rencontré ou renoué le lien avec l'Amour infini qu'est Jésus Christ ; constat affligeant d'entrée dans ce cheminement proposé vers une vie chrétienne positive ; trop de croyants, n'ont qu'une connaissance strictement théorique ou superficielle de Dieu, et des Enseignements du Christ. Quelquefois atteints de lassitude, beaucoup trop par manque d'enracinement dans la Foi authentique. Ils ont tantôt quitté l'Église et la Foi, par dépit ou déceptions, pour s'en aller leur chemin vers un athéisme de confort. Tantôt encore, agissant sous le coup d'une émotion amoureuse, survenue au gré des rencontres finissant par un mariage, nos chrétiens ont tout simplement changé de religion, pour épouser qui leur femme, qui leur mari selon les cas, surtout l'islam, le voile et le coran. Ce ne sont pas les raisons qui manque, si l'on souhaite mettre Dieu hors de sa vie ou de s'en détourner...

« Dieu, c'est qui cela ? »... (sic)
Ou encore...
« Jésus ? ... Un brave type » (sic)

Je n'invente rien, c'est de l'entendu et du vécu lors d'une improbable et inattendue rencontre dans une grande ville.

De nos jours, les chrétiens d'Occident vont à la messe du dimanche quand ils en ont encore le temps ou l'envie. Parfois sur un restant de tradition familiale. Peut-être encore s'il ne fait pas assez beau temps ce jour-là pour se rendre à la mer. À moins bien sûr, selon les états d'âme personnel et du ciel, qu'il ne pleuve averse. Dans ce cas, ils resteront sagement à la maison sous la couette. Si la soupe sur le feu n'attend pas en hiver, autre raison encore invoquée venu le temps des blés et des moissons, le célèbre barbecue prévu sur l'heure du déjeuner. Enfin, nous les retrouverons quelques fois lors de la nuit de Noël chantant le célèbre Minuit chrétien. Restera enfin, peut-être, Pâques encore à célébrer, de préférence confortablement assis devant la télévision pour recevoir la bénédiction Urbi et Orbi du Saint Père depuis le célèbre balcon de la Basilique St Pierre de Rome.

Pour ces chrétiens se rendant tout à fait occasionnellement à la messe, dans les faits, ils en reviennent comme ils étaient venus. Pas tous bien sûr, je ne peux ni ne vais généraliser, mais pour beaucoup, oui. Inutile de mentir ou de se mentir. C'est bien ainsi que cela se passe le plus souvent de nos jours. Messe terminée, j'ai toujours été surpris par la vitesse à laquelle se vidait une église. Impressionnant. Cinq minutes avant la messe, il n'y a pas un chat. Cinq minutes après la messe, il n'y a déjà plus de chats même que, l'on se demanderait s'il y a bien eu en fait une messe ce jour-là. Petite expérience que je vous propose de faire lors de votre prochaine présence à une célébration, dès la bénédiction finale reçue, prenez le temps de chronométrer le temps mis pour la vider l'église. Pour peu, on croirait qu'il y a le feu, malheureusement pas toujours un feu d'Amour.

Auriez-vous envie de mesurer ou de démontrer toute votre humanité ? Bien, alors autre petite expérience que je vous propose de faire si et seulement si, vous êtes en forme, joyeux, cool et relax ce jour-là. Souciez-vous de demander gentiment à une personne présente dans l'assemblée, comment elle se porte, si tout va bien pour elle. Vous ne manquerez pas dès lors, d'observer une main venir s'agiter sous votre nez, dans un geste vous indiquant sur un long soupir expiré, que non, non et décidément non, rien ne va. Même que si vous n'abrégez pas rapidement le rapport hebdomadaire circonstancié, tout va y passer. Ce pourrait bien être-vous dès lors, qui seriez en retard pour le barbecue planifié évidemment ce dimanche-là. Pour les cas extrêmes, vous étant volontairement sacrifié sur l'autel de l'écoute des misères du monde, ce pourrait être encore vous qui auriez besoin d'un solide antidépresseur, histoire de pouvoir faire face et résister à la morosité ambiante. Trop accaparés par leurs soucis, hélas souvent bien réels, ces gens n'ouvrent pas leur esprit et leur cœur. Ils s'en retournent chez eux messe terminée, aussi vide au retour qu'à l'aller. Dans les faits, que ce soit le dimanche ou au quotidien, ils n'ont tout simplement jamais vécu ni ne vivent Dieu et le Christ dans leur vie.

Dommage. Quant à la prière ou au fait de prier seul ou en famille, n'en parlons même pas, on oublie.

- **Rendre grâce à Dieu ?** ... Euh... **Le bénédicité au moment du repas ?** ... **Hein quoi, c'est qui celui-là !?** ... (sic)

Je ne juge pas, je constate. Certes, bien des raisons à cette situation peu encourageante sont à incriminer et justifient en leur sein cet état d'abandon pur et simple de la Foi comme de sa pratique. En ce qui me concerne, ces désertions ne sont pas acceptables sachant concrètement à présent tout ce que je sais et vécu. C'est l'une des raisons m'ayant motivé à me mettre à l'ouvrage en créant ce parcours.

Avant de commencer notre route ensemble, si bien des points contenus dans cette série de livres sont importants, je souhaite insister ici, cher lecteur, chère lectrice, sur un point essentiel et capital. Comme ce fut le cas pour tous ceux et celles nous ayant précédé depuis des milliers d'années ; génération après générations ; toutes personnes ayant réellement rencontré et vécut Dieu et le Christ dans leur vie ; pour ensuite le vivre au quotidien et en témoigner ; acceptez et comprenez définitivement dès à présent pour vous-même, que oui définitivement oui, il est possible pour vous aussi de rencontrer Dieu, le Ciel et la personne du Christ ; comme ce le fut pour ces personnes vous ayant précédé dans l'Histoire. Si vous n'êtes pas convaincu au départ de ce cheminement, intégrez alors le concept, l'idée que oui, nous avons une famille bien réelle et présente au Ciel. Que cette famille nous aime d'un amour inimaginable et, souvent incompréhensible pour nos pauvres esprits humains ; toujours si petits et lents à croire. Que pour vous personnellement, oui, il vous est possible de pouvoir vivre réellement et concrètement cette aventure de la Foi au quotidien de votre vie. Dieu à un rêve pour chacun de nous. Il vous veut, nous veut tous heureux, en bonne santé et prospère. L'image négative trop souvent donnée aux hommes et aux femmes d'un Dieu ne pensant qu'à punir ; toujours en colère, est fausse et mensongère.

Le « Jansénisme[2] », cette théologie hérétique culpabilisant et traumatisant quantités d'hommes et de femmes en son temps, à sur ce sujet, provoqué énormément de torts et de dégâts depuis son époque jusqu'à nos jours. Diderot, le célèbre écrivain philosophe français du siècle des Lumières, comme d'autres de cette époque n'était pas en reste. Pour lui, les enfants des mines devaient être heureux de leur horrible sort. Ceci pour cause de leurs souffrances qui les rachèteraient immanquablement après la mort.

Dieu ne se complaît ni dans nos souffrances, ni dans nos peines, ni dans nos misères, ni dans nos faillites fussent-elles économiques, ni encore moins dans la mort de l'homme. Il vient à nous si nous le voulons réellement et sincèrement. Il vient alors nous aider concrètement dans notre vie de tous les jours et réaliser ce rêve, son rêve, qu'Il a pour chacun et chacune d'entre nous.

Prenant et acceptant en conscience ces aspects pouvant être nouveaux pour vous, je vais être direct et franc. Si ce qui suit vous choque, vous heurte ou vous déplaît, je vous prie d'accepter dès à présent mes excuses. À mes yeux, il n'y a, ni il n'y aura jamais d'autres obstacles au départ de l'aventure de cette nouvelle vie proposée, de cette véritable renaissance avec et en Dieu, que votre seule mauvaise volonté ; votre seul manque de confiance ; votre seul manque de persévérance ; votre seul manque d'ouverture d'esprit ; votre seul refus obstiné face à des évidences et de la Vérité qu'est Dieu ; et qu'Il ne manquera d'ailleurs pas de vous présenter au fil du temps de votre cheminement. Acceptez dès à présent librement d'ouvrir votre esprit à la Vérité et ce, sincèrement. Non seulement vous gagnerez du temps, mais vous verrez en outre que oui, tout est possible à celui ou celle qui croit. Fameux challenge, non ? Je ne suis, ne serai et n'aurai été au soir de ma vie rien qu'un outil libre et volontaire entre ses mains. Je veux dire celles de Dieu et du Christ,

---

[2] **De son fondateur, Cornélius Jansen, évêque d'Ypres (B) – texte fondateur l'Augustinus en 1640 – Négation de la liberté humaine pour obtenir le salut. Les jansénistes étaient anti-jésuite. Le concile Vatican I (1869 – 1870) mettre un terme définitif aux débats dans l'Eglise catholique.**

pour vous transmettre ces sommes de connaissances acquises patiemment parfois dans la douleur. Pourtant, croyez-moi, j'en suis fort reconnaissant et fort aise aujourd'hui. Ceci étant bien entendu dit en toute humilité. Comprenez qu'à titre personnel, je n'ai été strictement en rien privilégié, ni ne possède de dons ou de charismes particuliers dits « surnaturels ». Hier comme aujourd'hui, je suis loin, très loin dans notre temps, comme de tous les temps, à être le seul sur terre ayant rencontré ou rencontrant encore Dieu et le Christ, fût-ce en 2017, 18, 19... Le tout de façon concrète, quelque part un jour dans la vie que tous nous avons.

Partant de ce constat, pourquoi encore aller payer des sommes d'argent souvent considérables chez des escrocs de la foi ; auprès de certaines soi-disant religions ; chez des gourous vous entraînant dans leur secte qui, naturellement sont toutes meilleures, et surtout plus fortes, les unes que les autres. De ces sectes qui vont vous promettre tout et n'importe quoi ; en jouant de votre naïveté ; de votre argent selon votre état de fortune ; et plus grave, de votre situation éventuellement de faiblesse du moment. Pourquoi dès lors s'engager dans des voies ; des courants ; des modes de pensée très « in » aujourd'hui, mais qui seront toutes aussi vite obsolètes, « out » dès demain. De ces théories brillantes et autres pratiques, a priori tentantes, mais se terminant le plus souvent par un abandon. Ceci, pour la simple et bonne raison, qu'ils ou elles, ne mènent strictement nulle part sinon au final, dans et vers une regrettable et légitime déception ou amertume. N'oublions pas de mentionner ces expériences actuelles, toutes plus originales les unes que les autres se terminant quelquefois pas bien du tout, mais avec pour corollaire de gros dégâts et autres blessures psychologiques profondes. Que de perte de temps et d'argent alors que, pendant ce même temps qui passe inexorablement, vous avez, nous avons tous, un coach perso, gratuit, fiable et disponible jour et nuit, en la personne de Celui qui s'appelle Jésus-Christ.

Cette série de livres contient au rythme de leur publication, tous les enseignements reçus, accumulés, par et dans la prière. Ils ont tous été consignés dans mes carnets de notes au fil des années de ma vie spirituelle et de ma vie d'homme passant si vite. Tout étant lié, vous recevrez ma perception du monde actuel et futur où, Dieu, Jésus-Christ, ses enseignements, tantôt par ignorance ; paresse ; ou faiblesse ; sont de nos jours niés ; reniés ; rejetés par un trop grand nombre ; quand encore, ces enseignements ne sont pas tout simplement déviés voire récupérés sans vergogne aucune, par la Science, en psychologie par exemple. Le tout en oubliant évidemment de mentionner l'auteur et la source ...

Pour conclure cet avant-propos, si la vie spirituelle peut sembler souvent exigeante et déconnectée du monde pour le commun des mortels vivant loin de Dieu, rien n'est cependant plus faux. La personne connectée avec le divin est en phase avec ce qu'il se passe dans le monde. Pendant qu'elle prie, elle ne vit pas dans les rêves et les songes d'un monde onirique. Elle vit la réalité concrète de Dieu mais aussi du monde. Vivant avec et en Dieu qui l'éduque patiemment, elle acquiert au fil du temps une conscience particulièrement éveillée faisant tant défaut à nos contemporains. Elle est intéressée et curieuse de tous les aspects de la vie, dont celle du monde qui l'entoure. Aussi, il est réellement devenu urgent pour les chrétiens d'oser affirmer publiquement sans crainte de se tromper, que oui, beaucoup sinon tout est fait de nos jours, ainsi que nous le verrons dans ce premier volume, pour empêcher l'homme de croire encore en Dieu et au Christ. Qu'au-delà du combat spirituel individuel et collectif, force est de constater qu'il existe bel et bien un combat politique acharné, entres autres choses, pour arriver à notre renoncement. Ce combat d'inspiration laïc athée et franc-maçon se trouve être singulièrement virulent partout dans la société occidentale où il est présent. Tout deux sont réunis dans une sorte, une espèce, d'union sacrée contre nature mais agissante contre la chrétienté, contre le christianisme et contre l'Église catholique. C'est vrai en Europe Occidentale, ce l'est tout autant sur le continent nord américain où, ils n'ont de cesse d'agir contre la Foi. Ayant ou acquérant connaissance et bonne compréhension de ces aspects de notre temps, il y a dès lors lieu de considérer et d'intégrer dans notre esprit ; que si nous choisissons fermement Dieu et le Christ ; par un cheminement spirituel personnel ; nous continuons concomitamment et parallèlement notre existence en tant que citoyen vivant dans l'aujourd'hui de notre temps.

Contrairement à une idée commune qui voudrait que Dieu ne fasse rien, qu'Il serait confortablement installé dans un « business seat » sur son nuage de toute éternité, nous regardant tous autant que nous sommes d'une manière désintéressée et passive quant au sort des humains, j'affirme au contraire, qu'Il est présent et actif dans ce même monde. La vie est toujours dans une efflorescence continue. La terre n'a pas arrêté de tourner. La vie est toujours présente, vous respirez, moi aussi et il continue toujours tout autant de pleuvoir sur les gazons des justes comme sur celui des injustes... En tant que personnes spirituels engagées, nous ne pouvons donc éviter de participer, fusse d'une manière la plus infime qui soit, à la vie du Monde. Oui Dieu agit, nous appartenant pleinement au quotidien, de lutter contre l'esprit et son prince tout aussi actif. Et sur ce sujet bien précis, je vous le dis clairement, nul n'en est dispensé. Certes, si les chrétiens sont menacés en bien des endroits sur la planète, selon l'ONU, ils sont même les premières victimes en nombre de morts pour cause de leur foi ; il n'en est pas ainsi partout sur terre et c'est heureux. Il n'empêche que la situation catastrophique des chrétiens d'Orient, se réduisant comme peau de chagrin suite à la guerre en Syrie et en Irak, sans remonter plus avant dans l'Histoire, avec par exemple, la longue et sanglante guerre du Liban, doit toujours plus nous ouvrir les yeux. Elle doit surtout nous interpeller sévèrement en notre conscience. Cette situation, toutes proportions gardées, rejoint quelque part celle des chrétiens d'Occident d'aujourd'hui. Ils sont toujours plus obligés par la pression sociale exercée sur chacun et chacune, de raser les murs de nos vieilles cités européennes. Je ne parlerai pas encore des trop nombreux actes anti-chrétiens survenus en France ou ailleurs ces derniers temps. Il existe dès à présent, un danger de banalisation de ces actes qui tous sont : inadmissibles et intolérables. L'assassinat scandaleux dans les conditions atroces que vous savez dont a été victime le père Jacques Hamel, le 26 juillet 2016 dans sa 86 année en l'église Saint-Étienne de Saint-Étienne-du-Rouvray en France (76), constitue une illustration parfaite, de ce vers quoi pernicieusement et vicieusement nous allons tous en l'état de notre société et de notre monde. La vérité toute simple est qu'ici en Occident, en 2017 on a plus peur de toucher aux chrétiens de manière morale, psychologique et physique ; en usant de violences diverses pour cause de leur Foi. Je n'hésiterai donc pas à utiliser l'oxymore de « silence assourdissant » pour le dire, le crier, le hurler. Pourtant, il y a des raisons d'espérer ainsi que nous le verrons plus loin. Après tout, Dieu, même assis dans son confortable « business seat » et moi, votre humble serviteur, assis derrière son écran, apprécions que comme dans les meilleurs films, les histoires finissent bien pour vous. Derniers mots aux critiques littéraires et autres. Il pourra vous sembler quelques fois ennuyeux lors de votre lecture, de constater l'emploi et l'usage de certaines répétitions. Ainsi, le mot Dieu est régulièrement utilisé. Je sais pertinament à l'instar d'autres mots ou vocables que celui-ci dérange énormément de nos jours. Ces répétitions sont à considérer dès lors, comme étant tout à fait intentionnelles.

L'auteur

Avertissement

Bien que catholique pratiquant et engagé, je précise en toute correction que ce qui est contenu et publié dans cette série de livres sous la forme de volumes numérotés, l'est sous mon entière responsabilité. Ils n'engagent donc que moi. Ils ne peuvent dès lors engager en rien l'Église catholique, son institution, S.S le Pape, ses évêques, ses prêtres, ses diacres, ses religieux et religieuses, vivant(es) ou ayant vécu. Ce, même si j'ai connaissance de leur approbation quant à mes écrits et de mon vécu spirituel dans le monde depuis des années. Tous ces écrits ne contredisent sur le fond, ni la Foi en Dieu et en Jésus-Christ, ni la Foi chrétienne et catholique dans son ensemble, ni ses dogmes dans leur entièreté, par ailleurs auxquels je souscris entièrement. J'aurais pu chercher à obtenir le « Nihil Obstat », ainsi que cela se pratiquait et se pratique encore de nos jours. Je n'ai pas entamé cette démarche afin de conserver, ma pleine et entière liberté de parole aujourd'hui, comme pour demain. Puis, comme le dit, la version traditionnelle d'avertissement dans les génériques, de début ou de fin de films et autres séries télévisées : « Toutes situations de lieux et citations de nom ou de personnes, ne l'auraient été que d'une manière purement fortuite et accidentelle. Ceci sans aucune intention malveillante de nuire, sous quelques formes que ce soit à rien, ni à personne ».

Je vous souhaite un cœur brûlant comme un poêle qui ne s'éteint jamais dans l'hiver de ce monde qui passe. Que rencontrant enfin, le « Vivant au Milieu de chacun d'entre nous », vous pourrez découvrir ou redécouvrir, toute l'étendue de la beauté, et la richesse inouïe de la vocation chrétienne, d'une manière vivante dans votre existence, pour vous-même et vos proches qui en seront les premiers bénéficiaires. Non plus par tradition, par ouïe dire ou par théorie, mais d'une manière concrète, active et vivante, entre votre « Présent », et votre « Quelque part » dans votre futur. Si tel est le cas, et du fond du cœur tel est ma prière, alors oui, je n'aurai pas écrit tout ceci en vain sous le regard bienveillant du Tout Puissant et Très Haut Jésus-Christ.

1 - Préparation
Entrons dans notre sujet...

Tout comme vous ne pourriez jouer au tennis sans une raquette et une balle, une partie de pétanque sans les boules et le cochonet, la première chose que je vous invite à faire dès à présent, est de sortir votre bible du placard, voire si vous n'en avez pas, n'en possédez pas, de vous en procurer une rapidement. Il en existe de différents formats, et dans différentes versions. Si vous ne maîtrisez pas l'hébreu, le grec, le latin ou l'araméen, la langue du Christ, même si l'on en perd toujours quelque peu de la saveur, parfois aussi malheureusement certains sens profonds de mots, suite aux traductions successives malgré tout le soin apporté par les auteurs, et les traducteurs successifs, il n'en demeure pas moins, que je vous invite à acquérir une bonne Bible officielle en français. La plus complète est la version catholique, que vous pourrez demander auprès de votre revendeur. Si votre état de fortune vous le permet, investissez dans la qualité. Une bible bien conçue est faite pour durer. Il peut être également intéressant de vous en procurer une seconde, dans un format plus petit, telle celle de Jérusalem dans son étui pratique au format de voyage. Vous pourrez de la sorte, l'emmener partout avec vous lors de vos déplacements.

Dès votre Bible acquise, faites-la bénir par un prêtre. Placez là chez vous en évidence à la vue de tous. Par exemple, sur un présentoir. Laissez-là ouverte sur un passage choisi au hasard lorsque vous ne l'utilisez pas. En agissant ainsi, vous ferez entrer chez vous la Parole Vivante de Dieu dès le début de votre cheminement. Souvenez-vous qu'une Bible ouverte apporte toujours beaucoup de bénédictions à la maison qui l'abrite. Non par superstition, mais par la simple présence de la Parole Vivante de Dieu chez vous d'une manière « physique ».

Petite digression dans le même ordre d'idée. Je profite de l'occasion pour rappeler que de faire bénir sa maison, sa voiture, sa famille par un prêtre qui le fera dans les règles établies par l'Église ; mais encore d'accrocher des croix bénies dans son logis, d'avoir de l'eau bénite, des eaux et des huiles saintes (Lourdes et St Charbel par ex.) chez soi à la maison, ne sont pas de la superstition. Même si tombées en désuétude ou tombée dans l'oubli de nos jours, elles sont de saines pratiques chrétiennes. Tous ces actes qui peuvent sembler anodins, ont leurs fonctions à ne pas négliger dans le combat spirituel.

Oubliez dès à présent les versions de la Bible des Témoins de Jéhovah et celle des Mormons. Elles auront peut-être été reçues gratuitement au détour d'une rue, et traînent encore chez vous. Sachez que ces livres ne sont pas les textes reconnus par les Églises chrétiennes, tous rites confondus. Le plus important est de vous sentir bien avec votre Bible, comme je l'espère, vous vous sentez bien avec ce livre. Ne négligez pas l'aspect confort pour votre lecture. Il faut que vous puissiez lire sans efforts, sans fatigues, sans avoir à vous arracher les yeux, ou encore sans l'aide d'une loupe autant que faire se peut, selon bien évidemment votre état de santé, l'état de votre vue. Que tout se passe de la manière la plus confortable possible pour vous dès à présent, est important pour le cheminement.

Personnellement, j'apprécie la Bible de Jérusalem, ainsi que la Vulgate[3]. D'autres apprécieront la TOB (La traduction œcuménique de la Bible), parue en 1975-1976. Elle est une traduction française de la Bible effectuée à l'origine, en commun par des chrétiens de confession catholique et protestante. À partir de l'édition de 2010, des orthodoxes se sont joints à la traduction, devenue donc

---

[3] **Voir Annexe en fin de Livre**

réellement oecuménique. Enfin, il existe également la Bible Osti, Segond et d'autres encore. Ce sera à vous de choisir, pour autant qu'elle soit conforme aux textes originaux, selon les canons établis par l'Église Catholique de préférence. Ceci pour la simple et bonne raison, qu'elles sont les plus complètes. Détail important que je vous demande de ne pas négliger : Si le français n'est pas votre langue maternelle, que vous ne maîtrisiez pas le français à la perfection dans sa compréhension, que vous ne pouvez penser en français, sachez ou n'oubliez, pas qu'il existe des versions de la Bible dans toutes les langues existantes sur notre planète. Elle est traduite actuellement en plus de 400 langues et 2160[4] si l'on compte les traductions partielles. Il est vendu dans le monde, chaque année, plus de 20 millions d'exemplaires. Ne vous sentez donc jamais frustré ou gêné, si vous préférez acquérir une Bible dans votre langue maternelle. Vous vous sentirez immédiatement plus à l'aise, et ressentirez d'avantage la profondeur du texte dans votre langue d'origine. Vous la trouverez dans toutes les bonnes librairies physiques de qualité (à la FNAC, chez Arte Houssard, magasin d'articles religieux sur Paris par exemple). Vous pourrez trouver facilement une bible répondant à vos choix et budgets près des sanctuaires mariaux tels Lourdes pour la France ou encore près les sanctuaires mariaux de Beauraing et Banneux en Belgique francophone.

Étant en 2017 à l'ère des nouvelles technologies et à titre d'exemple, existe la possibilité pour vous de commander directement votre Bible, sans avoir à vous déplacer physiquement via le site amazon.fr ou encore sur le site de la fnac.fr et fnac.be. Vous trouverez en annexe à la fin de ce livre, les liens directs raccourcis pour votre facilité vers ces versions de la Bible ayant ma préférence. Il vous suffira de les retranscrire dans la barre d'adresse de votre navigateur Internet sans avoir à faire des recherches sur Google ou autres moteurs. Pour les Belges, je vous recommande la librairie du C.D.D, 14/40 - Rue de la Linière à B-1060 Bruxelles au 5e étage.

---

[4] **La Bible, Albert Hari, édition du Signe**

Si rien ne vaut le contact, le toucher avec un beau livre, si vous n'avez pas les moyens financiers d'acquérir actuellement celle qui sera votre Bible préférée, il existe des sites Internet reprenant celle-ci gratuitement en version on-line, tel le site de l'AELF (www.aelf.org). Je tiens toutefois à préciser que selon les sites bibliques que vous trouverez via votre moteur de recherche, cette solution n'est pas ma préférée, loin s'en faut. J'ai en effet eu l'occasion de constater à plusieurs reprises, des erreurs importantes voire des versions carrément tordues ou farfelues. Enfin, une autre raison d'éviter les sites bibliques « on-line », est le cas où vous ne maîtrisez pas Internet et les navigations sur site à fond, vous risquez dans ce cas d'être rapidement découragé(e) et d'abandonner.

Je ne saurais omettre pour terminer si ces solutions proposées ne vous conviennent toujours pas, de vous inviter et de vous rendre tout simplement chez le curé de votre paroisse, ou chez le pasteur d'une assemblée voisine près de votre lieu de résidence. De leur demander si par chance, une bible ne traînerait pas dans un fond de grenier histoire de vous dépanner en attendant des jours meilleurs. Ce serait peut-être par ailleurs ainsi l'occasion, de renouer avec un dialogue enterré probablement depuis très longtemps, mais aussi d'entamer une entrée en matière concrète dans le monde chrétien et la vie spirituelle.

2 - Pourquoi une Bible avec cette série de livres ?

Dieu est présent de la première à la dernière page de la Bible. Il y manifeste en permanence sa présence. Son Nom est cité plus de dix mille fois... La Bible est un livre ouvert qui a été directement inspiré par l'Esprit vivant de Dieu aux hommes. Elle lève le voile sur l'Homme, son passé, son présent et son avenir, ceci aussi bien globalement qu'individuellement. Il ne s'agit donc en aucun cas, d'un livre de belles histoires, de contes de fées ou de récits systématiquement historiques. Cet aspect est important et il y a lieu d'en tenir compte en ce 21ème siècle, où l'on tente de nous faire croire à la pensée unique. On ne réduit ni l'Homme, ni Dieu à une pensée unique, jamais.

Je vous enverrai donc progressivement et de plus en plus régulièrement vers sa Parole à travers des versets précis de la Bible. Ils vous auront été bien entendu communiqués au fur et à mesure de l'état d'avancement de votre lecture des volumes de cette série. Après lecture d'un verset, d'un passage précis, je vous demanderai de les méditer, à votre rythme, mais de les méditer profondément. De prendre impérativement le temps pour ce faire. Le premier objectif n'est pas de faire de vous un Docteur es Théologie ou un exégète. Il est par contre de vous familiariser dès le départ du cheminement, avec le style d'écriture si particulier de la Bible. Le but n'est pas théorique je le rappelle, mais bien pratique. La finalité étant que vous ressentiez et viviez la Parole de Dieu. Que vous réalisiez que sa Parole est réellement vivante et qu'elle le soit toujours plus pour vous. Le Verbe de Dieu s'exprime, Il a beaucoup à vous dire pour vous personnellement. Considérez que vous ne le connaissez pas, du moins pas encore, insuffisamment ou pas du tout.

Soyez humble. Je souhaite que cette Parole vivante puisse vous accompagner, vous enseigner, vous guider, vous conseiller, vous protéger au quotidien de votre vie. L'ensemble des livres de la Bible n'est pas une belle histoire contée oralement puis écrite, il y a bien longtemps, par des illuminés ou des exaltés dont on a fait quelques films, qui pour certains il est vrai, sont de qualité. Ce Livre saint est vivant. Il n'y a rien à jeter, à éviter ou à modifier dans son contenu. À celui qui a l'Esprit, tout devient lumière et connaissances. L'orgueilleux lui, ne comprenant rien, les textes resteront comme « fermés ». Il ne résistera pas, refermera le Livre des livres et abandonnera. Ce dernier aspect peut être un indice révélateur pour vous dès à présent de votre état intérieur. Vivre la Parole et ses enseignements fait partie intégrante du cheminement spirituel de l'homme, mais par-dessus tout, qu'elle sorte de l'histoire simple de la narration, de la lecture littérale et fondamentaliste pour la vivre au quotidien dans toutes nos activités.

Je tiens particulièrement à vous rassurer si vous ne connaissez rien de la Bible et de Dieu. Tout le monde a un jour appris à marcher avant que de savoir courir. Petite remarque importante : Si vous êtes un(e) « débutant(e) » dans ce que l'on appelle communément la « vie spirituelle », Dieu et Jésus-Christ vous accorderont, à vous particulièrement, je n'en doute pas, énormément de grâces pour vous aider à cheminer vers Lui ; le comprendre ; en utilisant votre langage le plus familier au-delà de la lecture sèche de la Bible et de ce livre. Beaucoup dépendra de votre assiduité pour ce faire, je ne vous le cache pas. Il est évident que l'on ne devient pas champion dans une activité, peu importe par ailleurs la nature de celle-ci, sans un minimum d'efforts qui, en définitive ne vous sembleront jamais insurmontable, vous le constaterez rapidement par vous-même. En somme, juste une question de bonne volonté ...

3 – Contexte globale de la société occidentale face à Dieu

Pour peu que nous tendions l'oreille de nos jours, nous pouvons entendre quotidiennement dans les médias, de grands intervenants, de grands spécialistes de l'homme, de la femme et de l'humanisme qui tous, nous parlent de vous et moi au sens athée. C'est bien et par ailleurs souvent intéressant. Toutefois, dans tous ces beaux discours, si l'on parle effectivement de la dimension physique au sens large de l'humain, la dimension spirituelle, celle la plus importante de l'Homme, est niée, évacuée, rejetée, c'est mal. Or, je pense qu'il est utile, urgent et nécessaire de rappeler aux hommes et aux femmes de notre temps, que l'être humain est bien constitué de deux corps : un physique et un spirituel.

La société technologique athée décidant d'évacuer d'un revers de la main la dimension spirituelle de l'humain, la question ne se pose plus en termes de savoir :

- « Qui suis-je ? »

Demande par ailleurs, elle-même posée par le Christ à ses disciples en son temps

- « Et vous, qui dites-vous qui je suis[5] ? »

Mais bien de savoir dorénavant

- « Que suis-je ? »

Ou, sous-question, que suis-je encore face et dans ce désert moral et spirituel de ce monde ? ».

En tous cas, la plupart des gens devraient sérieusement se la poser de nos jours. Cette question nous touche tous en tant que citoyen

---

[5] Marc 8 : 29

vivant dans le monde oui, mais perd automatiquement de son acuité et son sens, si nous sommes proche de Dieu et du Christ. Par sa vie spirituelle, un croyant vivant réellement et concrètement sa foi au quotidien, sait instantanément, je dirais presque instinctivement, « qui, il est », et « vers qui et quoi il va ». Il sait entre autres choses dans une lucidité toujours plus accrue dans le temps, où se trouve sa place face et dans le monde ; et avantage non négligeable ; où elle ne l'est pas. Cela évite bien de funestes erreurs. De nos jours, combien de gens savent encore qui ils sont, où se situe leur vraie place dans la société et dans monde. De ces personnes accumulant malheureusement pour elles, erreurs sur erreurs, ce qui se traduit inexorablement par une vie ratée sur les essentiels de l'existence.

Un chrétien, une chrétienne bien dans sa tête et dans sa Foi, donc vivant pleinement sa dimension spirituelle, est une personne accomplie. Elle devient au fil du temps, une personne avisée par Dieu qui l'informe concrètement de ce qui est bon ou non pour elle. Elle vit alors dans un échange pleinement collaboratif avec Dieu et le Christ. Elle accepte et recherche la présence de Dieu, parce qu'elle sait que ce Dieu rejeté et nié de nos jours, est profondément Bon. Cet homme ou cette femme, recevra naturellement lorsque les situations de sa vie l'exigent ; vous savez, de ces moments où se posent à nous des choix vitaux et essentiels, elle recevra des motions de l'Esprit Saint sur les conduites à tenir. Ce, quelques soient les lieux et les circonstances. Non pas dans une dictature de l'Esprit de Dieu sur celui de l'homme ou de la femme, mais dans un échange devenu relation vivante entre Dieu, cet homme et cette femme. Un croyant, pratiquant et priant, se repère immédiatement à son visage. Il émanera toujours d'une telle personne, une grande paix intérieure se reflètant immanquablement sur l'extérieur. Elle affichera au monde, un visage doux, joyeux, souriant et lumineux. Elle présentera une « sorte de propreté naturelle », que quiconque la rencontrant, saura inconsciemment que cette personne est une bonne personne, à l'image du « Bon Dieu ». Or, toujours plus amputé de la dimension spirituelle propre à chaque être humain, parce que oui, c'est littéralement une amputation qui lui est faite, l'homme et la femme de notre temps vivent, respirent, mangent et boivent en perdant un pan entier de leur vie, sans même le savoir ou le réaliser. Le drame de l'humain au 21ème siècle, est que cette partie amputée et niée, est la plus importante de l'homme. Pourquoi ? Parce qu'elle touche toute la vie intérieure de l'être humain, donc vous et moi. Question que nous pouvons dès lors poser d'emblée, pourquoi et au seul profit de qui ?

À titre personnel, j'apprécie de temps à autres, une partie d'échec. Un grand champion de ce jeu de stratégie, « sait » parfaitement lire le jeu et anticipe les actions préparées par son adversaire. Au mieux il sera à même de lire le jeu de son opposant en cours de partie, au mieux il sera en mesure de contrecarrer la stratégie mise en place par son opposant. En agissant de la sorte, il finira par imposer en quelques coups, sa propre stratégie victorieuse.

Cet exemple est un peu à l'image d'une personne vivant concrètement sa vie en Dieu. En mesurez-vous les avantages ?

Pour nous engager concrètement dans le cheminement intérieur vers Dieu et le Christ, il est nécessaire, je dirais même impératif de parfaitement comprendre ce que nous vivons, voyons, et entendons au quotidien de notre temps en totale conscience. C'est un aspect sur lequelle j'insiste particulièrement. Ne vous étonnez donc pas si je reviens sur cet aspect au début de notre aventure. Hier, comme aujourd'hui, Dieu est présent et actif dans ce monde. Tout étant dans tout, nous ne pouvons donc faire l'économie d'une analyse, fut-elle sommaire, du contexte, des mécanismes et de la situation globale de notre société « humaine ».

Autant le dire de suite, si au départ de notre aventure vers Dieu, le tableau dressé sans concessions aucune sur l'état actuel du monde oscille, entre noir profond, et parfois carrément morbide, il est important de retenir que l'on ne peut faire omission ou abstraction de ces informations, avant que de commencer le chemin vers Dieu qui est la vie, et la vie positive encore bien. Zapper la partie négative dès notre arrivée sur la ligne de départ du chemin, nous priverait de bien des données importantes pour la suite.

Aller vers Dieu, c'est entrer ou rentrer dans sa famille. Cette famille-là, est une famille noble, solide, fiable et aimante, très aimante. Tout le contraire de la société occidentale actuelle qui divise tout, à commencer par les familles. Aller vers Dieu et le Christ est une décision personnelle sérieuse qui nous engage dans le temps et la durée. Elle se décide et se prépare individuellement, pour pouvoir ensuite la vivre dans la société et le monde. La décision d'aller vers Dieu est probablement la plus importante de toute notre vie. Décider fermement d'aller vers Dieu et le Christ, restera probablement la seule erreur que nous n'auront pas commise dans notre courte existence ici-bas. Dès le départ, ce cheminement ici proposé, doit nous amener à éveiller et réveiller toujours plus notre conscience sur l'état et les réalités de notre monde, mais encore de son devenir. De la sorte, il nous préparera dans une conscience toujours plus éclairée, de pouvoir choisir lucidement, d'accepter, de décider et de poser enfin concrètement, le choix de Dieu et du Christ. Ce choix se fera de façon définitive face au prince de ce Monde et de son esprit qui lui est, parfaitement éveillé et réveillé. Choisir et décider pour Dieu et le Christ se fera de la sorte, non plus par tradition ou éducation imposée par nos parents et grands-parents, mais dans la conclusion devenue évidence, que oui Dieu existe, mais encore que le Christ est le seul chemin vers la Paix et le bonheur authentique pour l'homme, ante et post mortem[6]. Ceci pour nous personnellement en tant qu'être humain ; comme pour l'humanité dans son ensemble. Si à titre personnel, il est bon de savoir d'où l'on vient ; pour savoir où l'on en est, nous pourrons de la sorte appréhender l'avenir sereinement. Il en est bien évidemment de même pour ce qui nous est totalement étranger. C'est-à-dire, là où nous n'avons que peu ou pas de prise sur rien. Comprenant enfin ce que nous vivons au présent dans ce monde, après avoir posé

---

[6] Ante et post mortem : avant la mort et après la mort de l'homme, de la femme.

lucidement le choix de Dieu et du Christ, nous saisirons ensuite, les pourquoi de notre cheminement qui nous aidera dès lors : à mieux appréhender la vie avec et en Dieu en toute conscience ; en devenant ses amis ; ses enfants ; ses collaborateurs. Parce qu'Il est amour, Dieu se donne. Dieu se donne parce qu'Il est l'Amour qu'Il est pour chaque être humain vivant sur terre. Engagé dans la vie spirituelle, nous découvrirons rapidement qu'Il est réellement le Père de tout et de tous, donc le nôtre. Nous le trouverons parfois exigeant et d'autres fois, même carrément intransigeant. C'est vérité de le dire. Il nous sera dès lors particulièrement secourable et consolant de savoir que ce sera toujours pour notre Bien.

4 - Dieu, Jésus-Christ ?
Embarquement immédiat !

L'essentiel nous est inconnu, aussi pourquoi voudrait-on que l'inconnu soit Dieu, Lui qui nous est si proche ? ... L'« inconnu » a cette particularité qu'il nous inquiète rapidement. Ironisant ou se moquant en voulant jouer le « malin » sur la question du Tout Puissant, passées les railleries, j'ai souvent pu observer lors d'entretiens avec des personnes vivant loin de toutes spiritualités, un malaise s'instaurer chez mes interlocuteurs. Malaise, gêne suivie aussitôt d'une certaine méfiance, voire même d'une certaine peur. C'est qu'en fait, l'être humain préfère le plus souvent se réfugier dans ce qu'il connaît et maîtrise parfaitement. Dans ce qui est pour lui ou elle, son concret visible, palpable, surtout enfin, dans ce qui le rassure. Ce qui se trouve au-delà de nos connaissances devient rapidement source de stress, de peurs voire d'angoisses. Si ces peurs et ces angoisses nous dominent, nous pouvons alors rapidement, devenir des essouflés de la vie jusqu'à perdre la raison. Être croyant en Dieu, être et vivre en chrétien catholique ou autres rites chrétiens,[7] de manière non plus théorique mais pratique dans notre quotidien, nous situe bien au-delà des sentiers faciles et connus. Gabriel Vahanian[8], Professseur et théologien français inscrit dans le courant athéiste, écrivait dans son ouvrage de 1996[9] : « La foi n'est pas affaire d'ascendance ou de descendance, mais de transcendance ». En rajoutant encore : « C'est quand il est libre et sans précédent, libéré de sa propre religion que l'homme peut enfin croire en Dieu. »

Par conséquent, ni Dieu, ni le Christ, ni l'homme, ne peuvent être figés en faisant du passé leur résidence. Tous sont au-delà de ce

---

[7] **Protestant, Orthodoxe, Copte**
[8] **Gabriel Vahanian, 1927 – 2012+**
[9] **La foi une fois pour toutes - Edition Labor et Fides, Genève, 1996**

passé. Ils sont dans le présent et dans la transcendance. D'où l'importance d'avoir pleinement conscience, que le désir de se convertir, que l'action de la conversion, se réalisant par la vie en Dieu, sont une complète et totale renaissance de notre esprit. Il sera transformé en profondeur par l'éclairage de Dieu pour et sur nous. Ceci entraînera inévitablement des répercutions positives pour la personne vivant cette renaissance. Le Christ ne disait pas autre chose à Nicodème dans l'Evangile de Jean lorsqu'Il spécifie que l'important n'est pas ou plus de naître mais de re-naître.[10]

Saisissez donc en conscience que d'aller vers Dieu et le Christ, fera donc de nous, de vous, un être nouveau, un être libre.

Comment trouver ou retrouver sa liberté, la vraie, dans un monde tout sauf libre ? ... Le monde, vous ne pouvez, ni ne pourrez jamais le changer si nous, vous ne vous changez pas d'abord et en tout premier lieu. Le message de Dieu et de Jésus-Christ que plus personne ou, si peu en Occident ne veut suivre, ne disait pas autre chose, mais il faut comprendre. C'est pourtant le seul chemin à suivre.

C'est ce que nous allons tenter de faire ensemble dès à présent. Le bonheur, on peut le trouver dans n'importe quoi, et dans n'importe quelle situation. Le problème, c'est que les gens vivant dans notre temps, ne sont plus satisfaits avec rien. Ils ont tout, mais ayant tout, ils n'ont en fait plus rien. En termes plus concrets, ils se sont vidés de l'essentiel pour se remplir avec rien. Alors, on se plaint et on se plaint beaucoup, sur tout et n'importe quoi. Et un être humain qui se plaint, du matin au soir et du soir au matin, c'est chiant. On n'est pas heureux, on maugrée sur tout, on gémit sur tout, on critique tout, à commencer par la poutre se trouvant dans l'œil du voisin d'en face sans voir évidemment l'énorme madrier se trouvant dans le nôtre. À notre époque, ce sont des aveugles qui conduisent les borgnes. Dès lors, tout est bon pour se plaindre,

---

[10] **Evangile de Jean 3 ; 7**

critiquer, gueuler sur tout qui n'est rien. Pourtant, si au lieu d'aller se plaindre chez le gouvernement dont on attend tout, les gens se prenaient en main en cherchant en priorité, celle puissante de Dieu, alors oui, le monde serait fort différent. À chaque être humain qui se tourne vers Dieu, c'est une nouvelle lumière qui éclaire le monde et devient capable de le transformer. Imaginer sept milliards et demi d'êtres humain remplis de Dieu et du Christ, ce serait enfin la Paix et le Bonheur sur terre. Ne manquant pas d'Espérance et avant d'en arriver là un jour, je ne pense pas rencontrer beaucoup de contradicteurs si, j'affirme que notre temps est particulièrement troublé. Que nous vivons un temps de chaos. Cette impression est en tout cas largement partagée et répandue chez nombre de nos contemporains. En parcourant les réseaux sociaux, il n'est plus rare ou exceptionnel de pouvoir lire l'expression « fin du Monde ». Il est vrai qu'au vu de signes quelques fois troublants qui nous sont donnés, nous pourrions légitimement nous poser la question de savoir si, oui ou non, nous sommes effectivement à la veille du « Jugement Dernier », et de la « Parousie[11] ». C'est particulièrement vrai, si l'on s'en réfère à l'Apocalypse de Jean, le dernier livre de la Bible. Pour l'exemple, il existe certaines descriptions que nous pourrions librement prendre et mettre en rapport avec des événements d'aujourd'hui. Ainsi en est-il de cette puce informatique sous-cutanée, que l'on a commencé d'injecter chez des "volontaires humains consentants". Cela se passe aux États-Unis ou dernièrement encore en Belgique. Nous pouvons surtout imaginer à travers ces évolutions technologiques, toutes les conséquences prévisibles et négatives à terme pour le futur de l'humanité. Dieu seul sait, si nous sommes et vivons l'Apocalypse selon Jean. Il est certain toutefois que nous réalisons actuellement et assurément, la fin d'un monde voire la fin d'une civilisation en mode « live ». Nous ressentons de façon perceptible et tangible, la fin de notre civilisation occidentale telle que nous la connaissions voici peu encore. Ce n'est pas la première fois dans l'Histoire de l'humanité, que l'homme est confronté à ce genre de temps ou d'époques troublées. Loin s'en

---

[11] **Parousie : Le retour du Christ – Voir Annexe en fin de livre**

faut, mais force nous est de constater, que dans ce que nous vivons, et ressentons actuellement au plus profond, de chacun et chacune d'entre nous, un basculement majeur de notre société ; et de notre civilisation est bel et bien en cours. Nous sommes tous volontairement ou involontairement partie prenante.

Que ce soit économiquement et financièrement, hormis pour une stricte minorité d'êtres humains scandaleusement nantie ; ou encore sociologiquement et socialement ; sans oublier les problèmes écologiques de plus en plus marqués ; que ce soit encore politiquement, peu importe le pays ; ou enfin spirituellement, rien ne va plus ou plus grand-chose pour une majorité de gens, notamment en Europe. Tous ou à peu près, nous ressentons intimement que quelque chose bascule, sans pouvoir en citer nommément la cause ni en fait, les buts ultimes encore cachés de ce basculement, de ce chaos. De nos jours, pour une personne vertueuse, il y en a 999 autres gueulant les vertus, s'indignant de tout, sur tout et n'importe quoi. On pleure, on geint, on allume une petite bougie, mais concrètement, on ne fait rien, absolument rien. Les lois votées passent au-dessus de tout et de tous, fussent-elles contre nous, humains. On baisse la tête, on accepte tout au nom de la démocratie, au nom de la majorité. En bon citoyen que nous sommes tous, nous votons. Le vote ... Probablement la solution la plus facile pour se décharger sur les politiciens de nos responsabilités profondes, après tout, ils les solutionneront pour nous. Et, s'ils ne le font pas, on gueulera encore et on recommencera. Bien que tous concernés, pour de plus en plus de gens consternés, ou alors carrément indifférents, nous sommes devenus des spectateurs très vertueux vivant par réseaux sociaux interposés. On crie aux injustices et aux théories du complot en tous genres, mais on ne fait strictement rien face à tous ces bouleversements majeurs nous arrivant en pleine face, à toutes ces injustices qui auront qu'on le veuille ou non, un impact direct sur notre existence et celle des futures générations. Si nous prenons l'image d'une voie de chemin de fer et de ses rails parallèles parfaitement alignés, nous pouvons constater que dans le même temps où, notre monde s'en va toujours plus dans le mur, depuis deux mille ans et plus ; si l'on s'en réfère à la Bible dans son entièreté, livre demeurant au passage et pour rappel, le plus vendu au monde ; des centaines de milliers d'ouvrages ont été écrits au sujet de Dieu et de Celui dont le Nom est au-dessus de tous noms : Jésus-Christ. Patiemment, courageusement, siècle après siècles, les Évangiles ; l'Ancien et le Nouveau Testament ; la Bonne Nouvelle ; les Enseignements du Fils de Dieu ressuscité ayant vaincu le Mal ; par sa Passion et sa mort sur la Croix, ont suscité des sommes incalculables d'enseignements théologiques et exégétiques. Le tout ayant été porté à la connaissance de tous les hommes d'hier et d'aujourd'hui. Nul homme sur terre en 2017, quelle que soit sa langue, sa religion ou ses convictions philosophiques, ne peut dire ou prétendre qu'il ne connaît pas le nom de « Dieu », d'« Allah », de « Je Suis », de « Yahvé », de « Iahvé », de « Jéhovah », de « Yhwh » ou « YHWH ».

C'est tout autant vrai pour le nom du « Christ » et son prénom Jésus. Pour info, ce prénom est dérivé du latin « Iesus », lui-même une translittération du grec ancien « Ἰσο – Iēsoûs ». Nous retiendrons qu'en arabe, nous appellerons Jésus « Yasouh » et que pour les musulmans, ce sera « Issa ». Il y aurait beaucoup à dire par ailleurs sur la version coranique du nom de Jésus en « Issa » mais je m'en abstiendrai ici, ce n'est pas le thème de ce livre. Souvenons-nous que l'homme Jésus était juif. Il vivait et assumait pleinement sa judéité dans une région du monde sous occupation romaine. Même si le prénom de Jésus est universel, son vrai prénom hébraïque historique, tout comme par ailleurs en araméen, langue véhiculaire du Christ est : « Yeshua » ou « Yehoshua » dans sa version longue. Sans être exhaustif, n'oublions pas de mentionner encore la Sainte Vierge Marie, ses disciples, ainsi que nombre de prophètes, de saints et de saintes, ayant rendu par leur vie, leur amour de Dieu et du prochain, un vibrant et authentique témoignage à la Vérité. Tout cela, les hommes et les femmes de notre temps le savent. Si pas encore, à présent, vous le savez. Hier comme au $21^{\text{ème}}$ siècle, nous sommes donc au milieu d'une sorte de face à face entre Dieu, le Monde et son esprit. Sans qu'il me soit besoin de le nommer, si le

Si vous pensez que l'aventure est dangereuse

je vous propose d'essayer la routine elle est mortelle

Citation Paulo Coelho

prince du monde est dans le monde, Dieu qui est au-dessus de tout, y est aussi, logique.

Nous aurons donc en tant qu'être humain dans le courant de notre vie, un choix à faire entre les deux ; le Bien vs le Mal ; Dieu ou le Monde. À moins que de n'être totalement aveuglé, spirituellement parlant, je précise de suite que ce choix sera de fait, rapidement inévitable.

5 - Je suis chrétien
Je suis un homme libre.

Un trait particulier de mon caractère fait que je n'ai jamais apprécié être classé, catalogué, trié ou étiqueté, c'est inné. De fait, il est bon de retenir qu'un chrétien par le Christ, est et doit rester un homme ou une femme libre, affranchi(e) de tout esclavage. Esclavage lié aux péchés oui en priorité, mais aussi de l'esclavage moderne de notre monde et de ses nombreuses addictions. Le saviez-vous ?... C'est en tous cas, un aspect du christianisme fondamental trop souvent oublié, dont on ne parle que trop peu surtout dans son enseignement. C'est d'autant plus vrai à notre époque où les mots « Liberté et laïcité » sont mis à toutes les sauces. Et il en est de ces sauces qui, comme une béarnaise ratée, ont mal tourné.

Par conséquent, **vous aussi pensez et soyez « libre »** dans votre esprit autant que possible dès à présent. C'est pourquoi, ne sachant toujours pas si Dieu existe, je vous propose maintenant de prendre une première initiative, de réaliser une première démarche spirituelle envers Dieu et le Christ, avant que de continuer votre lecture et ce parcours.

Je vous invite de dire et d'oser demander à Dieu dès à présent, à voix haute ou basse selon votre préférence, de bénir votre lecture ; de bénir votre cheminement spirituel ; de vous guider ; de vous garder en paix ; de vous protéger et, de vous libérer l'esprit en conscience pour vous permettre de réaliser pleinement ; et entièrement ce cheminement spirituel vers Lui. Osez et dites avec moi après avoir fait votre signe de croix, ce qui en soi est déjà une prière :

Au Nom du Père, du Fils et du Saint Esprit, Amen

Père Éternel, Dieu Tout Puissant,

Toi le Dieu d'Abraham, d'Israël et de Jacob, j'invoque ton Nom sur moi (dites votre nom). Je ne te connais pas encore mais je viens à Toi maintenant.

Je te demande par et dans le Nom de Jésus le Christ, ton Fils bien aimé, de m'accorder ta Paix, tes grâces et tes bénédictions ainsi que ta protection sur le reste de ma vie ainsi que dans ce cheminement spirituel que j'entreprends ici et maintenant.

Je te demande d'ouvrir désormais mon esprit à ta Vérité. De me garder et me protéger des erreurs ; des pièges de toutes sortes et du mensonge ainsi que de son père ; je te le demande pour moi et ma famille, partout, toujours et en tous lieux. Aide-moi, Toi le Dieu Éternel, par tes chemins à te connaître en Sagesse et en Vérité.

Libère mon esprit de tout ce qui l'encombre et facilite moi le chemin vers Toi, le seul Dieu. Je te dis merci dès à présent dans le Nom de Jésus Christ, d'exaucer ma prière dès à présent,

Amen

6 - Une société du mensonge à tous les niveaux.

L'esprit libre ou toutefois sur le point de l'être après avoir dit cette petite prière, nous savons que l'homme aime classer et coller des étiquettes sur tout et n'importe quoi. Triant de facto ses frères humains par catégorie, même si cela nous dérange, nous sommes donc à notre époque, face à trois situations personnelles :

1. Nous sommes croyants en Dieu (toutes les religions monothéistes confondues) ...
2. Nous sommes athées et nous ne croyons en un "rien absolu", éventuellement en une humanité de l'homme, à travers l'Humanisme. Ou alors, nous préférons et devenons adepte d'une autre philosophie, le bouddhisme par exemple.
3. Nous ne savons pas et nous adoptons la posture du « peut-être que oui, Dieu existe », ou du « peut-être que non, Dieu n'existe pas », nous sommes alors agnostiques.

Quelle que soit votre situation sociale actuelle parmi ces trois catégories reprises ci-dessus, que vous soyez fonctionnaire, indépendant ; employé(e) ; malade chez vous à la maison ou sur un lit d'hôpital ; chômeur et sans emploi ; isolé ; célibataire ; marié ou en concubinage ; riche ou pauvre dans la misère la plus noire ; avec ou sans enfants ; jeune ou vieux, tous un jour, nous cherchons des réponses claires à nos questions, lorsque vient pour chacun, le temps des quêtes de sens ; des vérités essentielles pour notre vie ; de celle de nos proches ; de notre famille ; de nos enfants ; de nos amis ; dans un monde et une société occidentale impitoyable ; fortement divisée ; gravement malade ; totalement décadente ; toujours plus athée et finalement vide de tous sens commun. Dans notre quête du saint Graal, nous comprenons dès lors que de savoir comment rencontrer Dieu, nous fait saisir sans peine les enjeux pour chacun et chacune d'entre nous. Si ce l'est effectivement pour tous, hommes et femmes au sens large, ce l'est encore davantage pour tous les chrétiens, en particulier dans notre temps de mensonges quasi généralisés. Ainsi en est-il lorsque nous apprenons par exemple que lors d'un sondage réalisé en France par Ipsos pour le "Journal du Dimanche" dans une édition de 2014, que 44% des français déclaraient ne pas croire en Dieu.

→ Combien dès lors en 2017 ? ←

Et bien, une première « bonne nouvelle » pour vous si vous êtes croyants(e), moins bonne si vous êtes athée, le journal "Zénith" que nous pouvons considérer comme étant sérieux, annonce dans une édition datée d'avril 2015, que le nombre de catholiques dans le monde est globalement de 1,254 milliard selon l'Annuaire Pontifical officiel et en augmentation ! ... Comme quoi, les apparences sont souvent trompeuses. Elles contredisent violemment en tous cas ce que ne cesse de vouloir nous faire croire les médias généralistes subventionnés par les pouvoirs politiques en place. Donc par notre argent. À ce chiffre, il y a lieu bien évidemment de rajouter les chrétiens non catholiques issus des différents rites et religions : Orthodoxes, Protestants et Coptes.

Une autre analyse réalisée par l'Église orthodoxe, datée du 28 août 2016 et portant sur l'état des religions dans le monde, nous apprend que toutes tendances chrétiennes confondues, ceux-ci représentent 33,06 % de la population mondiale qui compte plus de 7 milliards d'êtres humain. Soit environ 2 milliards 330 miilions de croyants en Dieu et en Jésus-Christ. En seconde position, nous trouvons l'islam avec 20,28% soit 1,4 milliard de personnes confessant être musulmanes. Les Hindous arrivent en troisième position avec 13,33% soit 910 millions de fidèles pour cette religion au demeurant fort inconnue ici en Occident. Les bouddhistes sont en cinquième position avec 5,87% soit, 410 millions de personnes adepte de la grande philosophie orientale. Le solde restant de la population mondiale se ventilant entre toutes les autres religions et autres philosophies existantes. Enfin, je considère cela tout à fait remarquable et encourageant, nous apprenons par ce classement que la dernière position est occupée par ... l'athéisme. Ici donc contrairement à une idée largement reçue et perçue comme telle en Occident par de plus en plus de gens, l'athéisme est très loin derrière et tout aussi loin d'être majoritaire au niveau mondial. Les apparences pour nous européens, voyant le triste spectacle d'églises abandonnées, démolies ou vides de ses fidèles, ces apparences sont donc souvent mensongères et trompeuses, n'est-il pas ? ...

J'espère que cette excellente première nouvelle vous remplira de joie, comme ce le fut pour moi en la découvrant. Que dès à présent, vous vous sentirez tout de suite « moins seul(e) » en tant que croyant(e) pratiquant si c'est le cas. Que si vous êtes en route vers la Foi en Dieu, vous serez encore davantage conforté(e) dans votre choix. Singulièrement, que non vous n'êtes pas arriéré(e) ou débile en croyant en Dieu, contrairement à ce que l'on essaie de vous faire intégrer ci et là, à travers des médias donnant largement la parole, aux philosophes gauchistes et autres idéologues politiques en vogue à Paris. Ces gens ont des accès privilégiés, des droits de citer dans la presse et sur les plateaux de télévisions que le commun des mortels n'a pas. Ils sont des stars, ils n'ont surtout aucuns contradicteurs et s'il y en a, rapidement minorisés, ils sont systématiquement étouffés et réduits au silence. Heureusement existe l'initiative privée, comme la chaîne KTO TV[12], ou encore quelques radios à l'instar de Radio Notre Dame pour la France ou de RCF[13] en Belgique, sans quoi... Bien entendu, il va de soi dans cette guerre, idéologique et spirituelle, que les mensonges proférés par ces élites bobos bien pensantes sont diffusés aux heures de grandes écoutes. C'est pourquoi définitivement, je vous dis à vous qui croyez en Dieu et en Jésus Christ, ne vous sentez jamais, ni seuls(e) ni isolés(e), ni une personne « anormale » à cause ou pour

---

[12] **KTO TV : La chaîne chrétienne francophone par satellite**
[13] **RCF : Radio Chrétienne Francophone**

cause de votre Foi. Osons dire les choses clairement, oui nous vivons dans un temps, une époque d'enfumages généralisés où l'on vous fait croire que ce qui est Bien est mal et ce qui est Mal est devenu bien.

La Foi n'a jamais été ni ne sera jamais une maladie, un déréglement psychologique, une déviance ou une quelconque maladie mentale. Réduire la foi à n'être qu'une faiblesse psychologique ou mentale d'un moment dans notre vie, est non seulement irrespectueux vis-à-vis des croyants dans leur ensemble, mais est de facto, un aveuglement spirituel que je retourne sine die à leur(s) auteur(s). Vous croyez aujourd'hui ou croirez demain en Dieu, là où quantité d'autres ont choisi le néant et le vide absolu des artifices, du fric et du matérialisme. Ce n'est pas rien. Dans un moment crucial de leur vie, je ne doute pas que l'immense majorité des gens ne s'intéressant qu'aux seules choses d'ici-bas, réalisera un jour avoir fait les mauvais choix dans leur vie. C'est en tous cas une espérance. Un choix diamétralement opposé au vôtre, qui avez déjà réalisé ou allez réaliser, je l'espère, que Dieu est là, vivant et en bonne santé, merci pour Lui. En le disant, en le proclamant, vous posez ou poserez ; manifestez ou manifesterez ; comme vous le faites ou le ferez en disant le début du Crédo[14], un acte de Foi. Vous manifestez, manifesterez ; affirmez et affirmerez votre confiance en Lui, le Tout Puissant qui votre Père dans l'Esprit. Osez affirmer votre foi dès que la possibilité vous en est ou vous en sera donnée haut et fort à la face du Monde. Non par esprit provocateur ou vindicatif, mais parce que si vous croyez en Dieu, vous êtes dans la Vérité. Celle particulièrement dérangeante que ce monde préférant le mensonge, ne peut, ni ne pourra jamais accepter. Ce classement des religions est plus qu'important, il est essentiel. Il y a lieu d'en saisir parfaitement son sens propre dans le contexte que nous vivons et connaissons actuellement. Il révèle avec acuité, le fossé créé et orchestré par le mensonge médiatique de masse, entre ce que l'on nous dit et ce qu'il en est véritablement. Nous sommes dans la

---

[14] **Crédo : Acte de Foi du chrétien, voir en Annexe en fin de livre.**

Toutes choses ont un pourquoi

Mais Dieu n'a pas de pourquoi

Citation de Maître Eckhart

civilisation de l'image, nous savons tous que des minorités agissantes se faisant passer pour victimes du système, face à la majorité dormante de la population maintenue dans un endormissement sciemment organisé, oeuvrent à travers ces médias aux ordres contre le christianisme et contre l'Église du Christ. Ces minorités actives se regroupent, s'organisent et agissent à travers des lobbies, eux-mêmes financés tant par leurs adhérents, que par des sources extérieures que nous pouvons librement imaginer, disons « occultes » pour la plupart. Ces groupements, ces lobbies, souvent inspirés par les politiques de « gauche » ou « d'extrême gauche », nous les retrouvons principalement en Europe, France et Belgique particulièrement ou encore, sur le continent nord-américain, États-Unis et Canada.

Leur tactique et stratégie de combat pour arriver à imposer leurs idées athées et décadentes repose toujours sur un même concept. Celui de la victimisation à outrance. Je dirais même, peu en importe le prix. Ils nous démontrent magistralement qu'en se victimisant dès le départ, avant même tous dialogues démocratiques, ils arrivent de la sorte, à exercer une pression de forte à extrêmement forte sur les esprits de tous, croyants et non croyants confondus. Ces pressions psychologiquement violentes, auront par la culpabilisation qu'elles entraînent sur la majorité des gens, une influence considérable. Elles finissent ou finiront par amener la majorité dormante, dont un nombre évident de croyants occidentaux, à renoncer à leur foi. Tout cela nous conduit au constat que dans les faits et en fait, ce sont toujours ces mêmes minorités qui changent la société en profondeur et non la majorité comme nous l'imaginerions dans une saine logique arithmétique. Toutes proportions gardées, les chrétiens des origines n'agissaient pas autrement à l'époque de la Rome Antique. Le procédé a simplement été récupéré, et affiné par l'utilisation intensive et agressive des outils de communication de notre temps.

Un exemple concret de ce qui précède le fut en France, avec l'affaire du « Mariage pour tous ». Dans la mesure où la communauté gay n'est pas et ne représente en rien la majorité de la population française. Cette minorité exigeant et revendiquant toujours plus de droits, réussira à les obtenir par la voie légale du vote parlementaire, au nom de la justice et de l'Égalité.

Un autre exemple de la manière dont les pressions sont exercées par ces minorités, nous a été donné lors de l'affaire de l'entartage commis sur Mgr André Joseph Léonard, Archevêque émérite de Belgique. Dans ce cas, l'acte crapuleux anti-catholique a été commis par une Femen présente dans l'assistance du prestigieux auditorium Solvay de l'Université Libre de Bruxelles (U.L.B.- Libres-Penseurs) où il avait été invité. L'évènement n'avait en soi rien de particulier justifiant une présence de la presse généraliste, sinon qu'elle avait été prévenue que quelque chose se produirait pendant la soirée. Le lendemain, cet acte photographié et filmé faisait la une des journaux et des télévisions belges. Leur message était passé. Je tiens par ailleurs à saluer, le courage et l'attitude exemplaire de Mgr Léonard qui ne réagit pas. Humble, baissant la tête, il se mit en prière en subissant cette agression inqualifiable. De fait, en 2017, on ne respecte plus les croyants, ni les religieux dans notre société.

La France, la Belgique et le reste de l'Europe ne sont pas et ne font pas le monde. Passé le temps des colonisations, des empires britanniques et français, cette époque révolue est déjà bien loin derrière nous. L'exotisme n'existe plus de nos jours dans nos vieux pays, dès lors que l'on rencontre l'autre en face de nous. N'en déplaise à d'aucuns. Non, l'athéisme ne fait pas figure de proue au niveau mondial sauf en Occident, quoi que l'on vous dise. En Afrique et en Asie, le nombre de conversions à Jésus-Christ est en nette augmentation. Il y a dans les faits, une courbe ascendante dans la progression, année après année. Si donc la tendance et l'hémorragie de la perte sèche de fidèles chrétiens semblent arrêtées et inversées dans le reste du monde hors d'Europe, l'arbre ne saurait cacher la forêt en Occident, partie influente certes, mais partie seulement de ce monde. Si, ce qui précède est positif pour les croyants, ne nous leurrons pas non plus dans un excès d'enthousiasme. Il y a bien des désaffections en expansion dans nos vieux pays de traditions et de culture chrétienne. Il est évident que les pressions sociales intenses et diverses, particulièrement pressantes ces derniers temps, ont joué leur rôle néfaste contre l'Église du Christ, et contre la Foi au seul profit des ennemis du christianisme. Ces pressions sont exercées, sur chacun et chacune d'entre nous au quotidien. Il est inutile de le nier.

Les chrétiens deviennent ainsi lentement mais sûrement en Occident, le « petit nombre », une minorité particulièrement trop silencieuse, trop discrète, là où hier encore, ils étaient une large majorité. Toujours plus mis dans le coin, ne voulant déranger personne, ils agissent comme s'ils étaient gênés d'exister. Le Christ était-Il gêné de vivre et de proclamer la Foi et la Bonne Nouvelle ?

Une majorité de chrétiens qui a oublié qu'elle l'était au niveau mondial, dont vous peut-être en ce moment. La situation actuelle, si elle devait perdurer encore longtemps, me fait penser que nous allons tout droit vers un retour aux origines du christianisme de la Rome antique. Ceci étant écrit bien entendu, toutes proportions gardées, et les lions en moins... enfin je l'espère. J'ai en tout cas toujours plus l'intime conviction, que nous retournerons vers un christianisme des origines. Ce retour s'opérera probablement par les communautés au sens religieux, oui certainement. Mais plus encore par l'aspect global que prendra petit à petit, la société occidentale de demain dans son ensemble. Notre société est encore et toujours en pleine mutation. Je dirais même à ses débuts. Ceci tant au plan social que politique ou technologique. On peut ne plus vouloir être du monde au sens spirituel, mais nous devons y vivre encore. C'est pourquoi, il arrivera un moment où, les chrétiens seront obligés de prendre leurs responsabilités, de montrer et d'assumer clairement à la face de ce monde leur christianité, s'ils veulent vivre ouvertement leur attachement au Christ de façon sincère. Non seulement, ils ne pourront pas y échapper, mais ils seront toujours plus obligés de se situer personnellement et collectivement face à cette nouvelle société pointant déjà plus que son nez. Les chrétiens devront pour pouvoir vivre leur foi encore ouvertement, toujours plus se regrouper, se rassembler entre eux, par quartier, par ville et village ou encore, par région entière. C'est ce que nous voyons déjà de nos jours petit à petit avec les musulmans qui ne procèdent pas autrement.

Ce ne sont pas dans les faits, Molenbeek st Jean, Roubaix ou St Denis qui me démentiront. Si comparaison n'est pas forcément raison, si aucun événement majeur, une guerre mondiale par exemple, ne survenait entre-temps, osons un horizon de 25 à 30 ans. Un espace-temps pendant lequel nous assisterons toujours plus à la mise en place, de la façon la plus naturelle qui soit, à une espèce de  libanisation de la société européenne. Un comble pour des chrétiens et des catholiques dont la vocation première, est de s'ouvrir sur le monde. Pourtant, à moins que de ne vouloir finir martyrs, nous n'y échapperons pas. Seuls, les naïfs ne manqueront pas de me démentir ou de me critiquer, de cela, je n'en doute pas. Les faits, tous les faits et rien que les faits. C'est en tous cas mon opinion si rien de miraculeux ne survient entre-temps.

7- Liberté, Égalité, Fraternité ! Au nom de la Diversité

Au nom de la laïcité et de la diversité ; du vivre ensemble et du multiculturalisme, on pousse les citoyens de souche subrepticement ou encore par force de lois, à renoncer à leurs racines culturelles, cultuelles et religieuses, les chrétiennes particulièrement. On amène dans les faits, petit à petit, les populations occidentales à renoncer en leur christianisme. À un christianisme installé depuis des siècles et des siècles. Un christianisme présent sur la terre de nos pères alors que dans le même temps, on impose à ces mêmes citoyens chrétiens, au pas de charge encore bien ; à accueillir l'islam, deuxième religion monothéiste, par son nombre de pratiquants dans le monde ; surtout dans la plus grande naïveté. À surtout accueillir, outre une autre religion ; d'autres mœurs et coutumes ; n'ayant strictement rien en commun avec la ou les cultures européennes historiques. Je ne vous apprendrai rien en vous disant que tout cela est rendu possible en permettant voire en encourageant, les yeux bien fermés et dans une candeur criminelle, une immigration massive, devenue incontrôlée et par ailleurs totalement incontrôlable, en provenance des pays musulmans ou du continent africain. Par-dessus tout, une immigration - migration, particulièrement invasive ; dans un manque total de préparation et d'accueil ; n'engendrant de la sorte que ses lots d'incompréhensions, d'agressivités, de rejets, de misères et de catastrophes humaines. Les vrais perturbateurs de la paix du monde ne sont pas forcément ceux à qui on pense... Comme si tout cela ne suffisait pas, on cherche encore par tous moyens utiles à imposer à la société occidentale de souche, une morale laïque athée directement inspirée du christianisme. Une morale athéiste humaniste paraissant séduisante, mais qui dans les faits se révèle totalement incapable d'égaler, ou de surpasser le christianisme tant par la hauteur morale qu'elle prétend défendre que par la hauteur spirituelle. Pas facile de remplacer le Christ...

Nous n'omettrons pas de rajouter dans ce « story telling » occidental, les changements de nom des congés scolaires. Ainsi la période de congé de Pâques devenue sur un coup de baguette magique, « Vacances de Printemps », les marchés de Noël sont transformés en « Plaisirs d'hiver » (Bruxelles). Il est encore question de temps à autres de supprimer des jours de congés chrétiens, pour permettre aux autres religions, c'est-à-dire dans les faits, les musulmans de prendre nos congés. Mais c'est que bientôt on nous changera les noms de nos mois de l'année, pourquoi ne pas en revenir à ceux du calendrier révolutionnaire[15] ? ...

Totalement anti-chrétienne, la belle morale athée tellement soucieuse de la vie, nous a apporté pêle-mêle et sans être exhaustif : la contraception ; l'avortement ; l'euthanasie ; la théorie de l'évolution ; les « Mariages pour tous » ; la transgenèse ; la théorie du genre ; l'homoparentalité et comme là où il y a de la gêne, il n'y a pas de plaisir, on supprimera dès 2020, le cours de religion en Belgique francophone, cours pourtant inscrit dans la constitution de ce pays pour le remplacer par un cours d'éducation à la philosophie et citoyenneté. Dieu ? ... Go Home ! ... Notons au passage qu'au Grand-Duché du Luxembourg, ces cours ont déjà été récemment supprimés, relevons enfin qu'il existe des tentatives allant dans le même sens pour les supprimer en Alsace, l'exception dérangeante de la République. Toutes ces valeurs et richesses spirituelles chrétiennes deux fois millénaires, venant en droite ligne des enseignements de Jésus Christ nous donnant la morale chrétienne, l'éducation chrétienne, la société chrétienne, une société ayant fait ses preuves partout dans le monde ont été balayées d'un revers de la main ou sont sur le point d'être éjectées de la vie des occidentaux sans aucunes limites et réactions. Nous sommes dans une déchristianisation sans précédents de l'Europe occidentale. Toutes ces valeurs et traditions pluriséculaires sont systématiquement attaquées et supprimées, au nom d'un vivre ensemble de façade, d'un multiculturalisme factice qui s'avère être dans les faits, un échec

---

[15] Le calendrier révolutionnaire ou républicain fut utilisé de 1792 à 1806.

sans précédents aucun. Pendant ce temps, les musulmans rachètent maison après maison au moyen de financements provenant pour beaucoup de banques islamiques, donc sans intérêts. Ils s'installent durablement et n'ont aucune intention de repartir. Rue après rue, ces quartiers désertés de leurs occupants de souche, deviennent de fait des quartiers musulmans. Trouver, acheter, un rôti ou une banale côte de porc dans ces lieux, est devenu impossible.

Cette situation et ce constat n'existe pas seulement en France ou en Belgique. La situation est identique aux Pays-Bas, en Allemagne, en Angleterre, au Danemark, en Suède. Les populations de souche quant à elles, déménagent vers l'extérieur des cités européennes dès qu'elles en ont les possibilités financières. C'est une évidence niée par le politiquement correct et autres grands penseurs de notre temps. Si Rotterdam et Londres sont déjà presque à majorité musulmane ou sur le point de l'être, elles sont dès à présent dirigées par des maires musulmans.

Vu la démographie négative actuelle des européens, qu'en sera-t-il demain de Bruxelles, Paris ou ailleurs ?... Il y a de quoi sérieusement se poser des questions pour l'avenir de notre société lorsque l'on apprend par la radio RTL France (Mars 2017), dans son édition matinale, avec force interview du recteur de l'Université de Paris Dauphine, que celle-ci vient d'installer un master en économie musulmane. Rien que cela.

Oui, on peut se poser des questions pour l'avenir car il faut savoir que « l'économie musulmane » dont on ne parle jamais, connaît une progression, une croissance très importante. Le Fonds monétaire international (FMI), la Banque mondiale et d'autres organismes financiers internationaux estiment que les avoirs des banques islamiques ont été multipliés par neuf à hauteur de 1 800 milliards de dollars entre 2003 et 2013, soit une progression de 16% par an. Ils dépasseraient actuellement selon des experts, les 2000 milliards. Sachons encore que plus de 40 millions de personnes dans le monde, sont actuellement clientes d'une banque islamique. Les spécialistes savent déjà que ce secteur va encore doubler de volume pour atteindre les 4 000 milliards de dollars vers 2020, selon les experts. Excusez du peu...

Eglise St Etienne Braine l'Alleud, Belgique
Calvaire, école brabançonne 16ème siècle

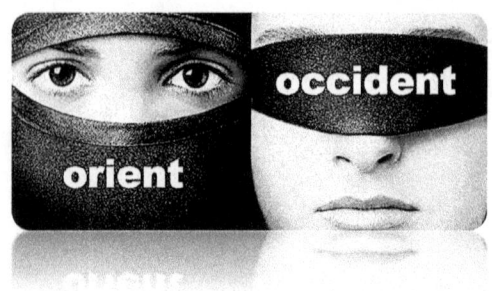

8 - Situation au Moyen-orient et comparaison.

Dans notre tour du monde des chrétiens en souffrance, plus loin à 5.000 Km de Paris ou Bruxelles, les martyrs chrétiens au Moyen-Orient, Syrie et Irak, se comptent par centaines de milliers de personnes. Beaucoup sont prisonnières, torturées, réduite en esclavage ou encore des femmes et des gamines vendues comme du bétail sur des marchés. Violées, mariées de force, mises enceinte, parfois, souvent exécuté(e)s sommairement en totale inhumanité et impunité. Je n'omettrai pas de joindre dans ces horribles souffrances bien que non chrétiennes, les femmes yazidies dans ce calvaire abject et infâme instauré par Daech et ses affidés que l'on retrouve ailleurs, en Afrique dans certaines régions encore occupées par Boko Haram. Qui a financé et permis ces horreurs faites à des êtres humains ?

Un quart de la population syrienne est en exil, dont un nombre incalculable de chrétiens. Personne en Occident n'a daigné bouger son cul, ni encore moins manifester en masse dans les rues ces dernières années pour dénoncer ces actes d'une barbarie sans nom. Telle est la réalité. Où sont les lobbies gays, si prompt à hisser le joli drapeau arc-en-ciel des « LGBT » alors que pendant qu'ils dansent techno lors des « gay pride », les islamistes de Daech balancent dans le vide les homosexuels qu'ils attrapent. Ou encore ceux des « Droits de l'Homme », toujours si prompts à réagir pour un éternuement ou une parole de travers immédiatement qualifiée de raciste ; de nazie ; de populiste ou encore de fasciste, etc. L'esprit matraqué de nos jours, on se contente de lire en survolant puis de « partager » éventuellement, selon notre intérêt, les news de notre fil d'actualité sur Facebook et Twitter, mais quoi d'autres ? A contrario, que l'on touche à un cheveu d'un musulman ci ou-là, et c'est tout un quartier, une banlieue d'une grande ville européenne qui se révolte. On en est même arrivé à parler quelques fois d'un début de guerre civile en France lors de l'élection présidentielle de 2017, mais chuuut... Silence ! ... Pour un chrétien torturé, assassiné, rien, nada. Passé la vague condamnation officielle, tout le monde s'en fout ou à peu près. On lit, on entend, on voit, éventuellement on commente, puis on oublie, surtout on oublie dans une résilience de bon aloi, le dernier mot à la mode suite aux attentats mais tout à fait de circonstance. La vérité fait mal, je vous choque ? ... Mais où donc est Dieu dans tout cela ? ... Avec en sous-question : Où sont les chrétiens d'Occident ? ... Ah oui, on me rétorquera qu'ils sont tous occupés de prier, qu'ils n'ont pas le temps. M'ouais... Je dis, heureusement qu'il existe des initiatives de l'Eglise pour venir en aide aux chrétiens d'Orient et d'ailleurs, sinon...Devenu incapable de pouvoir encore se faire respecter, la vérité ne serait-elle pas qu'ils ont soit peur, soit qu'ils sont devenus comme le « reste » des populations européennes, c-à-d. indifférents ? ...

Après tout, il y a deux milles ans, les disciples du Christ avaient peur aussi et se cachaient souvent. Pendant ce temps, le Christ "appelle" beaucoup et partout y compris chez les musulmans. À titre d'exemple, des conversions et des baptêmes ont lieu en Égypte, ailleurs aussi. Évidemment, ce genre d'informations, vous ne les trouverez nulle part ici en Europe occidentale. Motus et bouche de plus en plus cousue est devenue la règle, sauf ci et là dans les réseaux sociaux ou lors de rencontres fortuites avec des convertis. Je tiens par ailleurs à saluer le courage inouï de ces convertis ex musulmans qui font ce pas décisif vers le Christ. Ils le font le plus souvent au risque de leur vie, hélas souvent aussi en perdant tout, famille, travail, argent. J'ai connu une égyptienne vraiment courageuse, dentiste de son état, elle était aisée avant sa conversion survenue au Caire. Elle vit à présent dans un logement pour étudiant d'une grande capitale. Quel occidental accepterait de descendre de la sorte dans la hiérarchie sociale pour monter au Ciel ?

9 - La chute de l'homme

Constat d'une grande tristesse, non seulement l'homme occidental ne veut plus croire en Dieu mais bien qu'il s'en revendique, il ne croit même plus en l'Humanisme. Il est planté là comme une herbe abandonnée, desséchée. Devenu à force lobotomisé, il est comme halluciné. Vous les verrez sur un quai de métro, un abri bus ou marchant en rue casque sur la tête, nez sur son smartphone dernier cri acheté à crédit. Il est devenu totalement incapable de se centrer sur lui-même. Dans un calcul mathématique et une logique marketing impitoyable, son attention fixée sur son écran en se promenant, l'algorithme de la plateforme visitée ne manquera pas de rappeler notre marcheur citadin à l'ordre par notifications interposées lui arrivant non-stop. Allez vous concentrer et prier dans ces conditions, c'est impossible. Bien entendu elles sont, ces notifications, toutes plus urgentes les unes que les autres. Elles requièrent surtout votre réponse, donc votre attention, immédiatement. Le fait est que l'homme est toujours plus incapable de descendre en lui-même, de voir son voisin, voire même sa propre famille quand elles ne sont pas déjà éclatées. Dès lors quelle place cet homme peut-il laisser encore à Dieu, je vous le demande ? ... Pourquoi encore s'étonner de trouver tant de personnes en total manque de sens pour leur vie, et de bon sens pour le reste, tout le reste. Déjà étiqueté, l'homme d'aujourd'hui est devenu sans qu'il s'en rende compte totalement déconsidéré, tant par le politique que par le financier. Loin de Dieu, l'homme est devenu une espèce de consommable consommé par le système à petit feu. Une sorte de concept, une marchandise comme les autres, un bien de consommation. Eduqué dès son plus jeune âge à perdre son humanité et son identité, il n'est déjà plus qu'un vague numéro impersonnel composé de chiffres s'alignant les uns derrière les autres sur de quelconques formulaires à remplir. Il ne lui manque plus qu'un code barre ou QR sur le front. Cela ne vous rappellerait-il rien ? C'est que l'homme du 21ème siècle doit se soumettre et se taire. Surtout se taire pour obéir. Obéir pour pouvoir consommer. Consommer pour s'endetter et travailler au profit de quelques multinationales en étant le plus rentable possible pour les actionnaires anonymes. Il le fera toute sa vie professionnelle durant, le système l'a dit. Si demain, la loi mettrait la pension à 80 ans, je suis prêt à parier qu'après 15 jours de contestation syndicale, les gens baisseraient la tête et reprendraient le travail. Ils s'en trouveraient même trouvant cela très bien, je n'en doute pas. La déshumanisation en est devenue tellement effrayante que l'on a dû créer "la journée du voisin" pour se "rencontrer", découvrir que ceux qui habitent en face sont eux aussi des êtres vivant, qu'ils existent tout simplement. Dès lors, pour ce qu'il se passe d'atrocités ailleurs, en Syrie, en Irak ou en Afrique...

L'occidental d'anesthésié qu'il était, s'est déjà dans les faits, euthanasié. Le plus souvent inconsciemment mais avec son plein consentement. Il est tellement plus facile de répondre aux sirènes faciles de la société de consommation. Où est la limite dans cette consommation ? ... Ne sommes-nous pas nous-même fortement tentés de répondre positivement à ces sirènes, il est vrai quelques fois fort alléchantes ?

Constat dur, socialement, nous vivons dans un monde hypocrite, peuplé d'hypocrites, où il n'est pas rare de constater que les gens vous sourient en face vous faisant croire qu'ils vous aiment, vous apprécient, tout en souhaitant votre chute pour n'importe quels buts inavouables. La vérité est que l'Humanité perd toujours plus son humanité.

10 - Occident - Moyen-Orient : Guerres, sang et larmes.

Hormis pour quelques trafiquants d'armes et autres collectionneurs crapuleux d'objets culturels historiques, voire pour un temps encore de quelques pétroliers, l'état islamique du Levant, encore appelé ISIS ou DAECH, ne représente et ne représentera jamais rien d'autres que son propre vide abyssal de tout ce qui fait la vie. Donc loin de Dieu qui Lui est la vie. Ce califat mort-né en devenir, composé de futurs morts encore vivants, ne pouvant qu'apporter la mort là où ils passent, ne crée, ni ne créera jamais rien. Il n'apporte, ni n'apportera jamais rien à l'Humanité sinon son propre néant dans un nihilisme absolu. Condamné tôt ou tard à disparaître, il n'a aucun avenir, aucun crédit à présenter, mais bien un seul bilan : la mort sur terre.

Pourtant, lorsque ce califat aura physiquement disparu de la surface de la terre, tous les territoires encore occupés libérés ; son idéologie elle, continuera d'exister encore longtemps dans le monde. Là sera alors, le plus grand danger. Lorsque la victoire militaire sera consommée, les survivants de Daech disséminés aux quatre vents, combien se rangeront ? Combien d'autres se raseront la barbe pour se fondre au sein des populations et accomplir leurs basses besognes criminelles et assassines ? Combien sont en Occident en 2017 ? Trop nombreux dans tous les cas. Militairement parlant, si l'Occident l'avait voulu sérieusement, il y a longtemps que ce cauchemar aurait été terminé, des centaines de milliers de vies épargnées et des millions de souffrances évitées. Ce califat venu d'un autre âge n'aurait été qu'une anecdote faisant quelques milliers de morts. Oui mais voilà, l'Occident des Lumières a proclamé, aux quatre coins de la planète voici quelques années, qu'elle se donnait le droit d'ingérence au nom de l'Humanisme. La belle affaire, quel mensonge et quelle hypocrisie... Qu'en a t'il été fait de ce droit dans le conflit syrien, en Irak, en Libye ou contre l'état islamique ? Rien, sinon avoir provoqué de manière irresponsable des désordres intolérables sans jamais apporter de solutions véritables pour ces peuples qui ne demandaient rien à personne. On calcule, on calcule surtout beaucoup. On hésite, on tergiverse, on recule, puis on a peur. Sur le fond, rien n'a changé depuis l'époque coloniale. Toujours attirés par l'exotisme tout en ne comprenant rien à l'islam et aux musulmans, encore moins aux mœurs et cultures orientales locales, les occidentaux, les américains billes en tête, ont joué les apprentis sorciers dans toutes ces régions du monde. Ils ont surtout oublié qu'un apprenti reste d'abord apprenti, avant que de devenir sorcier. Il ne fallait pas se prendre les pieds dans le plat oriental sunnites vs chiites, ils ont plongé dedans et à deux pieds encore bien. Pendant ce temps, on a continué et on continue de massacrer encore et encore. On retient prisonniers des chrétiens, des yézidies, des musulmans aussi. Moi, je vois prioritairement des hommes, des femmes et des enfants en grandes souffrances qui ne demandaient et ne demandent qu'à vivre en paix pour l'immense majorité d'entres eux. Comme par ailleurs, c'est toujours le cas lors de tous conflits, quelque soit la région du monde.

Dieu et la religion ont toujours eu bon dos pour justifier tout ce qui est totalement injustifiable. Il est approprié de rappeler aux hommes qu'au regard de l'Histoire, ce sont toujours des politiques et des financiers qui au nom de leurs intérêts occultes, se sont saisis des religions comme d'un paravent pour aveugler les

Tant qu'il y a un seul homme que tu aimes moins que toi-même
Tu ne t'es jamais vraiment aimé toi-même.

Citation de Maître Eckhart

peuples. Si ce n'est pas la religion qui est utilisée à ces fins, ce sera alors au travers d'une idéologie politique du moment. L'islam ne déroge en rien à la règle sinon que le politique, le religieux et le financier agissent de concert ouvertement au nom de cette religion. Il est utile aussi de rappeler que l'islam est bien plus qu'une simple religion. Non, Dieu n'a rien à voir dans toutes ces monstruosités commises, ni hier, ni aujourd'hui. Pour notre époque, cherchez les vrais intérêts de la création de Daech, de Al Qaeda et consorts. Si on tue beaucoup au nom de Dieu, il m'étonnerait fort que vous y trouviez une once de divin dans tous ces actes barbares. Dans le cas de Daech, je ne reviendrai pas sur la théorie de la « minorité agissante » vue plus avant. Elle s'applique pleinement ici encore en Occident dans une stratégie de conquête par les violences tant psychologiques que physiques exercées sur les populations occidentales au travers des attentats sanglants dont vous avez connaissance. Tout cela n'ayant d'autres finalités que d'affaiblir moralement les populations de souche en instaurant la peur auprès du plus grand nombre possible. Inspirés par quelques versets coraniques d'un autre âge, ces fondamentalistes islamistes utilisent la mort comme d'une servante, particulièrement contre les chrétiens et régulièrement en Egypte pour l'exemple. Même si de nos jours, il n'y a pas ou plus d'attentats, soyons conscient que Daech œuvre dans l'ombre en Occident. L'organisation terroriste agit au sein des banlieues occidentales. Elle est présente dans les quartiers des grandes villes françaises ou autres villes européennes auprès des jeunes musulmans. Ils n'ont pas recruté que des esprits faibles, immatures ou en rébellion contre la société occidentale. Ils ont aussi recruté des gens parfaitement formés dans les universités occidentales. Combien de combattants ont-ils recruté en Europe et sont partis en Syrie ? 10, 20, 30.000 voire d'avantage ? ... Personne ne le sait et règne un grand silence sur ce sujet. Tout est vague et reste vague. Lorsque le thème est abordé dans les médias, on minimise bien entendu les chiffres, histoire de ne pas affoler les populations. Il peut être légitime d'agir ainsi, mais je pars du principe qu'une société menacée, a le droit de savoir la vérité sur ces sujets abordés avec trop de parcimonie. On n'ose pas dire la vérité. Encore une fois, on a peur. Peur de quoi ? ... Combien d'autres djihadistes dormants formés sont en Europe ? ... Chiffre global peu cité par les médias, les attentats survenus en Europe de l'Ouest ces deux dernières années, ont fait plus de : 350 morts et 1000 blessés. Que n'avons-nous lu plus attentivement et surtout retenu ce que nous disait, le Bienheureux ermite, Charles de Foucault[16], dans ses lettres éclairantes écrites du fin fond du désert saharien sur le sujet du monde musulman. Elles étaient adressées à René Bazin de l'Académie Française[17], c'était il y a un siècle...

En regard de tout cela, toujours plus éloigné de Dieu et du Christ, l'homme occidental ne veut pas comprendre, s'en fiche comme de l'an 40 et s'enfonce. Un arbre, on en mesure sa qualité à ses fruits. L'indifférence, la passivité et la lâcheté occidentale, ou alors en agissant au gré de ses intérêts mercantiles au Moyen-Orient aura causé pour cause de non intervention directe et par peur des russes, le déplacement de millions de personnes pour la plupart innocentes. Obligées pour sauver leur peau de prendre la route en abandonnant tout derrière elles pour rejoindre : le Liban, la Jordanie, l'Europe via la Turquie, qui peut intrinsèquement les en blâmer ces populations ? Elles ne sont et n'auront été que des jouets entre des mains ne pensant qu'à leurs seuls intérêts. N'ayant pour seul choix que de décider entre combattre les armes à la main ; ce qui sous-entend que vous posséderiez des armes de guerre ; de choisir entre Daech et Al-Qaida ou Al Nosra, vous parlez d'un choix ou encore d'un régime dictatorial massacrant à l'arme chimique ce 04-04-2017, dans la plus totale indifférence mondiale, sa propre population, que feriez-vous ou qu'auriez-vous fait, si vous étiez dans la situation de ce peuple ? L'homme aime tuer mais n'aime pas de mourir. Sauf pour ces islamistes ayant réussi l'exploit de transformer leur propre mort en un paradigme à atteindre. C'est que ça se mérite soixante-douze vierges. Elles sont toutes prêtes à vous accueillir pour autant que l'on tue du chrétien, beaucoup de chrétiens.

---

[16] **Charles de Foucault, lire la lettre Annexe en fin de livre**
[17] **René Bazin, Voir Annexe en fin de livre**

Un vrai génocide sous nos yeux est occupé de se dérouler dans l'indifférence généralisée. Quand je pense que les occidentaux pensent naïvement qu'ils sont partout aimés dans le monde... Ce qui frappe encore dans ce conflit global syro, turco, kurde, irakien, devenu tout à fait international avec la présence et l'implication militaire des russes, c'est l'extrême barbarie dont les camps en présence ont fait et continuent de faire preuve. Alors, je repose la question, où sont les « Droits de l'Homme » et l'Humanisme ? ... Est-ce cette philosophie humaniste mettant en terre l'homme qui va remplacer le christianisme emmenant l'homme au Ciel près de Dieu ? ... Chacun ses choix, le mien est fait et vous me permettrez de dire : mdr.

On aurait pu légitimement penser qu'arriver au 21ème siècle, à l'ère technologique et du world wide web (www), nous n'aurions plus à voir ces horreurs. On aurait pu rêver que l'« homme » avait « comprit » et « grandit » depuis Jésus Christ. Hélas, non. On fin d'ignorer que toutes ou presque ces nouvelles technologies, du digital, du numérique, dont Arpanet devenu Internet, n'ont eut et ne continue encore d'avoir par le développement qui en est fait, que pour but premier, le dessein militaire. Ayant parfaitement compris l'importance stratégique de ces nouvelles technologies de communication, Daech ; comme ce fut le cas avec Al-Qaida et le 11 Septembre à New York ; lors des attentats détruisant les « Twice Tower » de Manhattan ; ne se prive pas de les maîtriser et de les utiliser. Il n'a jamais existé, ni n'existera jamais de guerre dite pudiquement « propre ». De Stalingrad à Berlin ; de Dresde à Rotterdam ; de Hiroshima à Nagasaki pour arriver de nos jours à Alep ; que ce soit il y a plusieurs siècles ou aujourd'hui ; il y a la guerre et c'est tout. La guerre toujours avec ses violences ; ses cortèges de déplacés ; de blessés ; de veuves et d'orphelins ; de torturés ; de mutilés et de morts. Le chaos et c'est tout. Les européens redécouvrent ainsi à travers cette guerre, des images enfouies bien loin dans la mémoire des destructions passées de nos villes, que nos parents et grands-parents, avaient connue lors des deux guerres mondiales. On pensait ces choses devenues impossible de nos jours et pourtant dans les faits, non rien n'a changé.

L'homme aime beaucoup penser comme un grand qu'il se croit être, mais il n'a toujours rien appris des leçons du passé. Avant, on pouvait se cacher derrière le paravent du : « je ne savais pas » ; maintenant « on sait ». Il n'y a plus aucune excuse. La responsabilité comme une chape de plomb nous en incombe à tous sans exception.

Que vaut la peau d'un être humain au $21^{\text{ème}}$ siècle face à toutes ces horreurs ? ... Rien. Comme si tout cela ne suffisait pas, non seulement ces millions de syriens et autres ont dû fuir leur pays pour sauver leur peau, mais sont devenus objets d'un chantage ignoble de la part du pouvoir turc en place contre monnaie sonnante et trébuchante payée par l'U.E, donc vous et moi. Cette position moralement indéfendable est tout aussi inacceptable. La menace d'une ouverture des frontières vers l'Europe, permettant de la sorte à ces millions de réfugiés de forcer le passage, pour venir s'établir de manière sauvage et totalement incontrôlée, est scandaleuse et abjecte. Face à toutes ces horreurs décrites, de voir enfin de l'autre côté de la Méditerranée devenue cimetière, ces grappes humaines sur ces zodiacs faisant aussi ses morts par noyade, oui, nous sommes en plein cauchemar. La mort est omniprésente, partout. Surtout, on ne veut pas la voir, ou alors en cachette, par curiosité malsaine.

L'Occident politique, totalement impuissant et décadent a fait montre dans ces conflits et ces migrations de populations, de sa totale incapacité à résoudre quoi que ce soit, à commencer dans ses propres banlieues. Dès lors à quelques milliers de kilomètres...

De tout ceci, il ressort néanmoins que si la vie d'un homme reste la vie d'un homme, la vie d'un chrétien vaut beaucoup moins politiquement et financièrement que celle d'un musulman vu d'un point de vue politique occidental et européen. J'avais déjà pu l'apprendre lors du conflit au Liban dans les années 80' où, les populations chrétiennes pro occidentale, avaient été trahie et abandonnée par ce même Occident que pourtant elles aiment. On se demanderait bien pourquoi. Le nouveau Président des États-Unis, Monsieur Donald Trump, semble lui vouloir inverser cette tendance scandaleuse pour nous chrétiens. Nous verrons dans les faits ce qu'il en adviendra de ses promesses dans quelques temps. Pour l'heure, laissons-lui au moins, le bénéfice du doute. Une note positive et de l'espérance tout de même dans ce tableau tout à fait noir et morbide, nous la trouverons dans l'attitude exemplaire des chrétiens, des religieux, des ecclésiastiques et de l'Église à travers ses œuvres sur place en Irak aujourd'hui, en Syrie demain. Sans haine mais dans un réel fossé d'incompréhension entre musulmans et chrétiens,

La volonté de la vie

courageusement, il faut le dire aussi, beaucoup d'enfants du Christ sont restés sur place. Ils n'ont pas fui et refusent d'envisager l'exil. Ils prient et reconstruisent là où les lieux ont été vidé et libéré de ce qui a été détruit par Daech. Ainsi par exemple, je ne puis passer sous silence un magnifique projet en cours de réalisation dans le diocèse d'Alqosh, dont les bénéficiaires seront les filles et les femmes dans la plaine de Ninive. Cette plaine historiquement déjà présente dans la Bible... Lisons attentivement ce que nous dit l'évêque de cette région irakienne, du diocèse de Alqosh, Mgr. Michael Makdasi, dans une lettre. Certaines descriptions sont dures, mais elles sont la réalité de ce que les femmes chrétiennes et yézidies ont vécu. Souvenez-vous en lisant ces descriptions, que des femmes chrétiennes syriennes vivent encore de nos jours le même calvaire que ces filles et ces femmes irakiennes ont vécu voici peu. Des faits que les européens n'ont en réalité que trop peu conscience ou alors sont totalement indifférents. Si ce projet vous touche, que vous souhaitiez le soutenir, vous trouverez les références de contact en annexe à la fin de ce livre. L'Église du Christ à travers Mgr. Makdasi, montre toute sa présence contre l'obscurantisme des « fous d'Allah ». Elle aurait pu partir, quitter l'Irak. Courageusement, elle est restée et œuvre à la reconstruction des biens mais surtout des personnes en grandes souffrances en préparant aussi l'avenir à travers ce nouveau projet. Il faut savoir que dans ce conflit, les femmes et les filles ont été ces dernières années, les principales victimes de Daech. Je reproduis ici un extrait avec l'aimable autorisation du Père Charbel Eid, de l'Ordre Libanais Maronite, fondateur du C.S.C.O.[18] pour la Belgique.

Je cite,

... « L'un des cas des extrêmes de violences commises à l'égard des femmes ces dernières années est celui exercés par les djihadistes du groupe islamique à l'encontre des femmes et des jeunes filles irakiennes. Lorsque le 6 Août 2014, les villes de la plaine de Ninive tombent aux mains du groupe état islamique, des milliers sont tués, torturés et réduits à l'esclavage. Les femmes capturées comme des prises de guerre, sont utilisées et vendues comme esclaves sexuelles. En l'occurrence, les femmes yézidies. Les soldats de Daech ont systématiquement séparé les jeunes femmes et les fillettes de leurs familles et des autres prisonniers. Ils ont ensuite déplacé ces filles et ces femmes d'un lieu à l'autre en Irak et en Syrie, violant et battant nombre d'entre elles, et en ont fait des esclaves sexuelles. Ce cauchemar n'a pas fini, les impacts négatifs sont là, sur le visage des filles et des femmes irakiennes. Ces femmes qui vivent même avant Daech, comme des servantes, dans leur foyer, sans aucun droit, dans une société patriarcale. Les dirigeants de l'état islamique tentent d'utiliser la religion pour légitimer l'asservissement et le viol des femmes yézidies. Dans un document apparemment publié par son département de recherches et de fatwa, le groupe propose son interprétation extrême de la loi islamique et expose qu'il autorise les relations sexuelles avec les « esclaves non-musulmanes » - y compris les fillettes pré pubères – tant qu'elles sont « adéquates » pour les rapports. Le même document se réfère aux femmes esclaves comme

---

[18] C.S.C.O. – est le « Comité de soutien aux chrétiens d'Orient » - Voir références et contact, voir rubrique Annexe en fin de livre

à des biens, ce qui autorise le commerce et les corrections disciplinaires. D'anciennes prisonnières m'ont confié que des combattants de l'état islamique se vendaient des filles et des femmes entre eux pour des sommes qui pouvaient aller jusqu'à 2000 US dollars. Ainsi, la violence sectaire a aussi eu des effets négatifs considérables sur la situation sociale des irakiennes. Les taux de divorce ont augmenté, causant des dommages matériels et psychologiques aux femmes. La femme irakienne se sent comme si elle était à l'intérieur d'une grande prison. De plus, la situation financière et économique des hommes a empiré surtout après la démolition des villages à Sinjar et la plaine de Ninive, ce qui fait peser un fardeau supplémentaire sur les épaules des femmes. Chaque famille vit dans la peur de ce qui pourrait arriver à chacun de ses membres. Pourtant, en tant qu'individus vivant dans notre société, nous gardons le silence sur ce qu'il se passe. Dans de telles circonstances, la femme est impuissante ; elle ne pourra être active, elle tourne dans un cercle infernal, société patriarcal, violence sectaire, Daech et l'esclavagisme des femmes et les coutumes et les mœurs qui sont contre la femme, il est temps de tirer la sonnette d'alarme et multiplier les actions pour leur venir en aide.

La femme irakienne vit un véritable enfer...

Selon des chiffres non officiels, il y a actuellement en Irak, 1.5 millions de veuves – en raison notamment des diverses guerres, violences et attentats – sans parler des femmes abandonnées ou divorcées. Près de 11 % des ménages sont tenus par des femmes seules, il leur est très difficile de trouver du travail pour nourrir leur famille – 71% sont sans travail – Seule une minorité reçoit une rente de veuve de guerre. Alors qu'en 1970, la quasi-totalité des irakiennes étaient alphabétisées, seules 40% fréquentes aujourd'hui les salles de classe. L'analphabétisme s'est répandu dans les campagnes. On a même entendu la Ministre d'état de la Condition Féminine, Ibtihal Ai-Zaidi, déclarer qu'elle ne croyait pas à l'égalité des sexes. La ministre chiite a même dit que son époux voulait une deuxième femme, qu'elle irait elle-même la chercher... Ensuite, de nombreuses jeunes filles irakiennes dans la plaine de Ninive ne sont plus en mesure d'aller à l'école, tandis que beaucoup de jeunes femmes ne peuvent travailler et subvenir aux besoins de leur famille. Les manques d'accès à l'information et la barrière entre les sexes, les obligent à rester chez elles... » (fin de citation)

Statue de la Ste Vierge Marie
Détruite par Daech dans une église de la plaine de Ninive - Irak

Ils pourront détruire toutes les statues
Ils ne détruiront jamais la Foi des chrétiens d'Orient

11 - Dieu bénit la vie, pas la mort.

À travers ces horreurs, ces souffrances et la mort, nous pouvons voir que la vie finit toujours par gagner. On ne tuera jamais Dieu. On ne tuera jamais le Christ. C'est pour cela que les islamistes ne gagneront jamais. Il nous appartient à nous chrétiens d'Occident de soutenir les chrétiens d'Orient activement mais aussi surtout généreusement. Il est devenu vital que le christianisme perdure sur ses terres historiques que sont toutes ces régions du Moyen-Orient. Cela, il faut le défendre envers et contre tout. A travers ce conflit, Dieu et le Christ, malgré ces légions de cadavres martyrs, œuvrent. Si vous ne le saviez pas ou pas encore, Dieu et le Christ sont présents et oeuvrent à travers les hommes et les femmes de bonne volonté partout sur toute la terre. Il est plus que temps que les européens athées ou non, comprennent qu'on ne chasse, ni Dieu, ni le Christ. Jamais. Ils sont Un et ce Un est l'Eternel. Dieu a béni Jésus-Christ, Dieu a bénit le christianisme, et celui-ci n'a jamais cessé d'être bénit et de vivre partout sur toute la terre des hommes. Dieu a béni le christianisme et l'a fait fructifié pendant ces deux milles dernières années. Jamais, l'athéisme, la franc-maçonnerie ou le croissant, ne supplanteront la croix du Christ, jamais. N'en déplaise à certains.

Petite digression et message tout personnel ... Je profite de l'occasion qui m'est donnée au travers de ce livre, pour lancer un appel pressant et rappeler fermement, à tous ceux prétendant aimer et servir le Christ, que le Fils de Dieu a bâti une seule Eglise, la sienne. Les schismes et les divisions entre chrétiens doivent cesser. Les chrétiens du Nord, du Sud, de l'Est et de l'Ouest, aiment et servent tous le même Dieu et le même Sauveur. Si en divisant les chrétiens, on ne divise, ni n'affaiblit le Christ Eternel ; en divisant les chrétiens, on affaiblit le christianisme. Quelque soit le rite, ceux préférant ne voir que les lois, les rites et le vêtement, ne font pas mieux que les Pharisiens que le Christ condamnait sévèrement. En persistant dans cette tragique erreur, ces divisions lient les mains dans le dos de Notre Seigneur. Le Diable ne se divise pas mais vous persistez les divisions des chrétiens. Le Christ est le Chemin, la Vérité et la Vie. Ce chemin, cette vérité et cette vie ne se divise pas. Ils sont Un comme le Père, le Fils et le St Esprit, sont Un.

Chrétiens ? ... Unissez-vous ! ...

Ce qui ne rassemble pas, disperse. Toutes ces divisions n'ont apporté au travers de l'Histoire que le malheur et fait couler le sang chrétien. Elles ont dangereusement affaibli le christianisme en plusieurs endroits sur terre. Spécialement là où l'on pensait la cause entendue pour l'éternité. Face aux défis particulièrement dangereux de notre temps, sans qu'il me soit nécessaire de les citer, il est temps que les responsables religieux de toutes les Eglises chrétiennes dans le monde des vivants, se rassemblent sous une seule et même bannière, celle de Jésus le Christ Notre Seigneur. Le reste c'est blabla. Il est temps de mettre l'orgueil au placard et de laisser la place à la seule humilité. Refuser cette réunification au nom de dogmes instaurés par des hommes et non par le Christ est faire le lit de Satan et de personne d'autres. Assez ! ... Merci, fin de la digression et du message personnel.

§ § §

12 - L'Église dans ce chaos ?

Bien qu'il y ait beaucoup à en dire, je ne parlerai pas ici de la politique ou des erreurs de l'Église. Je le ferai peut-être un jour dans un autre livre mais ce n'est pas le thème de cette série. Malgré des erreurs commises par des hommes, l'Église a toujours annoncé la Parole de Dieu, donné les sacrements et surtout, le Corps du Christ par l'Eucharistie. Elle a toujours rempli ses missions natives : être présente auprès des plus pauvres, des malades et des plus démunis de tous les temps. Malgré ses nombreux ennemis, elle a sur terre, une place connue et reconnue au niveau international. Elle est irremplaçable et par ailleurs, jamais remplacée. Par ses œuvres caritatives, elle aide, panse et relève là où, le monde au gré des guerres, des courants de pensée, et des idéologies en place, n'a eu et ne cesse encore de continuer de détruire. Il n'est que justice de le dire et de le reconnaître. Pour avoir connu de nombreux prêtres, moines et moniales au court de ces vingt dernières années, ils sont tous admirables, et pour la plupart dans l'humilité vraie. Loin des plateaux de télévision, loin du star système, loin des ors des Palais. Ils prient et tous sont fidèles au Christ. Ils ont tout donné, chacun dans leur vocation de servir. Aidant à relever ce qui avait été abaissé, reconstruire ce qui avait été détruit. Ils sont vraiment tous admirables. Respectez-les et défendez-les. Un pays, une nation chrétienne, fut-elle laïque, mais sans prêtres, est une nation ayant perdu son âme. Par le Christ que tous ces hommes et ces femmes représentent sur terre, il y aura toujours une chance pour la Paix, la vraie. En lieu et place de « bouffer du curé », pour un oui ou pour un non, les anti-cléricaux de tous poils feraient souvent, très souvent beaucoup mieux de se taire au lieu de braire. Que font-ils eux, pendant ce temps ? ... Rien, sinon la plupart du temps, brasser du vent sur Facebook et ailleurs au café du commerce. Deux milles ans ont passé depuis que le Christ à donner à Pierre, la charge suprême. Combien ont essayé de la détruire ? Des centaines de milliers de personnes à travers les âges, assurément. Pourtant, l'Église est toujours là. Les hommes passent, l'Église reste. Elle est ainsi que le Christ l'a promis, éternelle comme Lui-même est Eternel. Malgré des erreurs gravissimes, criminelles parfois de certains de ses serviteurs, les portes de l'Enfer n'ont jamais eu, ni n'auront jamais de prise décisive sur elle. C'est à mon sens le plus important, et c'est ce qu'il y a lieu de retenir en priorité dans

notre cheminement spirituel vers Dieu. Souvenons-nous en avant que de partir, de la quitter sur un coup de tête, quelques soient les causes, ou les raisons invoquées. L'Église est vivante. Je le dis haut et fort, oui, Dieu et le Christ sont dans l'Église. Les hommes de notre temps aiment relativiser et

ne veulent plus de Dieu en Occident. On a rejeté la morale sociale de l'Église comme on fête la libération après une guerre. Pour quels résultats ? ... Quels sont les fruits recueillis pour l'édification et la vie de l'homme de ce rejet organisé par la laïcité occidentale ? La question mérite et doit être posée à notre conscience. Prenez vraiment le temps de réfléchir à cette question. Pour ceux qui en veulent encore de l'Église, il est vrai, bien des incompréhensions se sont accumulées au fil du temps depuis le Concile de Vatican II. Les relations entre hommes de bonne volonté, dont il est fait état dans la Bible et l'Église institution n'ont pas toujours été reçus ou écoutés. L'Église sur ce point précis est toujours et depuis toujours, largement une guerre en retard dans sa communication. Malgré de grandes espérances, elle ne répond pas toujours aux attentes qui sont pour certaines parfaitement légitimes pour ses fidèles. C'est juste aussi de le dire. Mais d'un autre côté, pour ces déceptions combien de saints et de saintes sont sortis par et dans l'Église. Combien d'hommes et de femmes ont apporté de Bien au Nom du Christ à l'Humanité en souffrance. C'est encore juste de le dire aussi. Même si au départ dans votre souhait ou votre volonté d'aller vers Dieu et le Christ, vous n'aimez pas ou avez peur de l'Église en tant que telle, celle-ci sera toujours sur votre chemin tôt ou tard. Si telle n'était pas le cas, je vous le dis tout net, il y a un souci. Vivre Dieu en dehors de la communion de l'Église par ses fidèles, est tout simplement : impossible. Penser que l'on peut vivre Dieu en dehors de l'Église, s'est se mentir et n'est qu'un piège du Malin sur votre parcours. Dire et claironner être croyant(e) en Dieu et en Jésus-Christ, sans participer à cette communion dans l'Église, est faux et entraîne la personne concernée dans l'erreur. C'est ce qui fera toujours in fine la preuve irréfutable de votre conversion authentique. En dehors de l'Église, « point de salut ? » Rien ne vaut l'expérience personnelle, essayez, vous verrez...

« France, qu'as-tu fait des promesses de ton baptême ? »

Lançait à la foule transie et détrempée, le 1er Juin 1980, feu le saint Pape Jean-Paul II lors de sa visite dans l'hexagone. Ce n'est pas faire révélation d'un grand mystère de dire que la France que j'aime, va mal, tout le monde le sait. Pourtant, je suis admiratif devant la jeunesse chrétienne française. Elle existe, elle est vivante, dynamique et bouge beaucoup. Elle constitue dans le climat actuel particulièrement tendu, une très grande espérance pour le devenir du christianisme et du catholicisme français. Elle se doit d'être impérativement soutenue et encouragée par tous les chrétiens. N'oublions jamais que cette jeunesse constitue le noyau de la promesse pour demain. Je suis encore souvent étonné par le nombre de vocations en France. Dans toute cette morosité ambiante, il est heureux d'apprendre que 4 503 adultes ont été baptisés dans la nuit de Pâques 2017. Ces chiffres furent annoncés par la Conférence des évêques de France (CEF) et sont en hausse de 5,58 % par rapport à 2016, et de 55,39 % sur dix ans !

Selon une étude statistique communiquée toujours par la CEF, les catéchumènes de cette année sont 4 208 en métropole, dont presque 1 500 pour la seule province ecclésiastique de Paris. 73 % d'entre eux ont moins de 40 ans, et 38 % moins de 30 ans. Ils sont en majorité issus de milieux chrétiens, mais 19,4 % viennent de milieux sans religion, et 5,4 % sont d'origine musulmane.

La CEF rappelle que cette hausse régulière du nombre de nouveaux baptisés adultes doit être mise en lien « avec la baisse des célébrations de baptêmes des bébés commencée il y a 30 ans ». Il existe aussi un lien fort avec le mariage. En effet, 56 % des futurs baptisés préparent conjointement leur baptême et leur mariage, civil ou religieux[19]. En tout cela, dans une grande espérance, nous pouvons voir l'action opérante du Christ sur le cœur de ce qui fait et fera la France de demain.

Pays que je connais bien pour y vivre encore, c'est loin d'être le cas en Belgique pour l'exemple. Sachant parfaitement la présence influente historique que possédait l'Eglise catholique dans ce pays ; elle fut littéralement « massacrée » tout au long de ces dernières années par les affaires de pédophilie. Les médias se sont repus à souhait de ces scandales. Lorsque l'on sait l'influence de la presse et des médias sur les populations de nos jours, pédophilie et médias ont largement contribué à provoquer nombre de désaffections auprès de la population belge.

Ces scandales provoquant par ailleurs le déchaînement des politiques anti-cléricaux et anti-catholiques, l'Eglise belge prise au piège a adopté un profil particulièrement bas. Depuis les faits incriminés et condamnés, à force de vouloir se diluer dans la société laïque et le vivre ensemble, j'ose dire que le christianisme et le catholicisme sont à l'agonie dans le plat pays de Brel. Dire que ce petit royaume prospère était encore, il y a une bonne trentaine

---

[19] Source : CEF France relayée par le le Journal La Croix, dans son édition du 11-04-2017

d'année, une nation phare du catholicisme dans le monde... Que dire aujourd'hui sinon que la situation actuelle est hélas révélatrice de la chute abyssale de ce pays comme d'autres en Europe, tant sur le plan spirituel qu'économique. Jamais bon de s'en prendre à Dieu ou au Christ. Il fut un temps où, la Belgique envoyait aux quatre points cardinaux des missionnaires courageux. Un pays encore souvent cité en exemple sous le règne de feu le Roi Baudoin Ier (1930 + 1993). Malheureusement, en Belgique comme en France et ailleurs en Europe, j'ai réellement l'impression d'assister à une mise à mort lente programmée du christianisme dans ces pays. Jésus avait prévenu en disant ... Cependant, le Fils de l'homme, quand il viendra, trouvera-t-il la foi sur la terre ? [20] ... Pourtant, je prie et nourris l'espérance que l'Eglise belge, nettoyée de ses scories ayant porté si gravement tort à tant d'innocents et à l'Eglise du Christ, se redynamisera avec le temps.

Je ne doute pas que le Christ perpétuellement en mouvement œuvre ici aussi. Notamment avec l'arrivée discrète des chrétiens d'Orient en regard de celle bruyante des musulmans. Ces chrétiens sont pour moi, les derniers vrais défenseurs de la Foi chrétienne par l'exemple et le courage inouï, dont ils font preuve partout dans le monde. Eux connaissent les musulmans. Sans idéaliser le moindre du monde nos frères chrétiens orientaux, ils sont à mon sens, un exemple pour tous les chrétiens occidentaux qui devraient apprendre et s'inspirer beaucoup d'eux. Souvenons-nous toujours en Occident qu'ils ont été nos précurseurs dans la foi chrétienne. Pour terminer ce très et trop rapide tour d'horizon, retenons que le même problème de la désaffection chrétienne se pose aussi chez les protestants. Nous pouvons ainsi apprendre par Aleteia, qu'en Suède,

---

[20] **Luc 18 : 8**

l'église luthérienne majoritaire dans ce pays scandinave a perdu pas moins de 90.000 fidèles pour l'année 2016...

Ce qui m'amène à dire :

« Europe Occidentale, qu'as-tu fait de ton baptême ? »

Sous question que je vous pose,

« Qu'avons-nous fait individuellement de notre Baptême ? »

13 – L'argent
Roi de ce monde.

Il est une règle immuable dans notre système capitaliste ultra néolibéral qui est la suivante et qui je l'espère, vous interpellera fortement si vous ne la connaissiez. À savoir que les pauvres paient toujours plus cher que les riches. Tout ce qu'un pauvre achète lui coûtera toujours plus cher que pour le riche. Injuste ? ... Oui, c'est injuste. Un Euro dépensé par une personne pauvre, n'aura jamais la même valeur que pour une personne fortunée. Ceci induit que tout ce qui permet de se faire plaisir, tout ce qui permet de se soigner, de se vêtir, de se nourrir, de s'amuser, de pouvoir se détendre et partir en vacances, coûtera systématiquement plus cher pour une personne pauvre que pour une personne fortunée. Ce point précis n'est pas un simple point de détails, loin de là ... L'argent protège l'argent. Moins de dix pourcents de l'humanité pour faire large, contrôle les quatre-vingt dix restant. Nous sommes d'emblée dans l'injustice la plus flagrante, la plus honteuse qui soit. Ainsi que nous l'avons vu précédemment, nous sommes dans un monde qui au nom d'intérêts politiques et financiers internationaux ont réduit l'homme dans la plus totale déconsidération ; à une espèce de concept ; une marchandise car telle est bien la réalité d'aujourd'hui.

Jésus-Christ[21] n'a pas menti en disant : **« Des pauvres, vous en aurez toujours avec vous, et, quand vous le voulez, vous pouvez leur faire du bien... »** ...

Les injustices sociales, économiques et financières, n'ont probablement jamais été aussi grandes que de nos jours. Si nous ne sommes pas encore dans du Zola de la meilleure veine, nous n'en sommes plus très loin non plus. Réduisant et divisant au détriment

---

[21] **Marc 14 - 7**

de la classe moyenne et de la socialement défavorisée, notre société en deux pôles principaux : les riches strictement minoritaires et les pauvres strictement majoritaires. Plus grave encore, ces mêmes injustices s'en vont progressant, selon toutes les statistiques économiques récemment établies. J'ose ici un parallèle tout à fait personnel où je constate que, dès que l'on tente de chasser Dieu et le Christ de nos vies, au pire est la situation s'aggravant partout.

On apprend ainsi avec effarement, pour qui a encore une conscience éveillée, que des bébés de nos jours ont faim (!) dans la capitale de l'Europe, Bruxelles. On les retrouve dans la rue dès le printemps venu pour cause de fermeture des structures d'accueil, généreusement mises à disposition par les représentants des communes pendant la période hivernale. De préférence bien entendu, sous l'œil compatissant des caméras de télévision. Le système, donc la majorité du peuple, doit avoir la conscience tranquille, et la certitude que l'État s'occupe de nous en « Bon père de famille ». Il est triste de constater que trop souvent, les politiques élus par les peuples, ont littéralement oublié en route, qu'ils avaient été portés au pouvoir pour effacer les injustices sociales d'abord et avant toutes choses. Où est encore le souci du « bien commun » de tous dans leur esprit ? ... Ils n'assument plus rien dans les faits que l'économique et le financier en le faisant et l'imposant au-delà de toute morale chrétienne ou non. Ce n'est plus l'argent qui est au service de l'homme mais l'homme qui est devenu le serviteur du fric. Ces enfants en bas âge dépendent donc de nos jours uniquement du bon vouloir, de la générosité et du dévouement sans bornes des volontaires et bénévoles des associations caritatives et humanitaires ainsi que des donateurs. Heureusement, il en existe encore, sans quoi...

En Europe, chassée toute morale chrétienne et quasi toute conscience, l'absurde a rejoint depuis longtemps le surréalisme cher

> Il n'y a rien que l'on désire autant que vivre ?
> Qu'est-ce que vivre ?
> C'est être mû de l'intérieur, par sa propre impulsion.
> Ce qui est mû de l'extérieur ne vit pas...
> Nous pouvons et nous devons oeuvrer par nos propres forces de l'intérieur.
>
> Citation de Maître Eckhart

aux belges. On jette la bouffe depuis des années en quantité astronomique chaque jour partout ; chaque soir de fermeture des grandes surfaces, tout en interdisant aux plus pauvres de se servir. C'est un scandale de plus contre cette société alors que cette nourriture pourrait être en presque totalité redistribuée. En l'état, rien ne m'enlèvera de l'idée que le maintien de ce système totalement absurde, totalement inique, est arrivé à bout de souffle.

Avec une classe moyenne disparaissante, il ne ne subsiste plus qu'un monde bi-polaire en devenir entre riches et pauvres. N'est-ce pas finalement le but inavoué tenu par certains économistes et grands financiers ? à force de maintenir une logique économique complètement nocive pour l'être humain, on chercherait à faire de la France un pays avec 70 millions de clochards, que l'on ne s'y prendrait pas autrement. Cette dernière remarque vaut bien entendu pour d'autres pays de l'Union Européenne.

14 - La Charité par la Divine Providence
ou
Le Pape, la politique et moi face au Monde.

Royaume temporel, Royaume spirituel, le Christ a tranché en recevant une banale pièce d'argent de l'époque. Pour le mettre en difficulté et le confondre, les Pharisiens n'hésiteront pas à lui envoyer des complices, tous chargés de lui poser une question qui sera tout sauf innocente :

« Est-il permis de payer le tribut à César ? »

Jésus, s'étant fait montrer la monnaie du tribut, sur laquelle figure l'effigie de César, leur dit :

« Rendez donc à César ce qui appartient à César
Et à Dieu ce qui appartient à Dieu[22] ».

Le Pape a récemment invité les chrétiens, à s'engager, à prendre et assumer leurs responsabilités dans la vie sociale et politique de notre société. Je cite : « On peut devenir saint en faisant de la politique », a affirmé jeudi 30 avril 2015 le pape François, en saluant « les nombreux catholiques » qui ont réalisé une « politique propre » et « bonne » au service « de la paix dans les pays ». Devant les milliers de laïcs italiens du mouvement ignatien CVX réunis en congrès, le pape a alors donné l'exemple du Français Robert Schuman (1886-1963), dont le procès en béatification est en cours, et de l'Italien Alcide De Gasperi (1881-1954). » ... Si l'Église « n'est pas un parti politique » et si la création d'un parti catholique en tant que tel « ne sert à rien », a soutenu le pape, un chrétien « doit »

---

[22] Math. 22 : 21

néanmoins « se mêler » de la politique. « Il le doit ! », a insisté le chef de l'Église catholique interpellé sur le sujet par un membre de la CVX lors de cet échange. Reconnaissant que la politique était un milieu dur et corrompu, le pape a affirmé que cet engagement était « une forme de martyre ». « Mais c'est un martyre quotidien, a-t-il ajouté : chercher le bien commun dans les petites choses », « sans se laisser corrompre ». « Faire de la politique est important », a ainsi assuré le pape, tout en précisant : « la petite politique et la grande politique ».

Un « catholique ne peut « regarder depuis le balcon ! »

Et le pape François de conclure...

« Donne le meilleur : si le Seigneur t'appelle à cette vocation, vas-y, fais de la politique, cela te fera souffrir, peut-être cela te fera-t-il pécher, mais le Seigneur est avec toi. Demande pardon et va de l'avant ». Un « catholique » ne peut « regarder depuis le balcon ! » a aussi lancé le pape, reprenant une expression déjà utilisée devant des étudiants d'universités romaines le 30 novembre 2013.

Quels sont les pièges menaçant les chrétiens tentés de se détourner de la politique, questionnait en Mars 2014, un journaliste du journal « La Croix », à Jean-Michel Vienne,[23] philosophe. Je cite, « Notre pays connaît aujourd'hui un niveau de défiance préoccupant à l'égard des élus et de la politique. Les chrétiens eux-mêmes n'échappent pas à cette tendance. Pourtant, parce que le Dieu auquel nous croyons est un Dieu incarné qui œuvre dans ce monde, contrairement à celui des juifs ou des musulmans, les chrétiens ont toutes les raisons de trouver dans le politique matière à s'investir, sans céder à la déprime environnante ou à la funeste tentation du "tous pourris". Pour comprendre, livrons-nous à un rapide historique de la notion de Royaume. Dans l'Ancien Testament, le Royaume s'identifie au territoire ; il existe un lien direct entre le

---

[23] **Jean-Michel Vienne : voir Annexe en fin de livre**

croyant et la "structure" politique. L'avènement du christianisme engendre, pour ainsi dire, l'excès inverse : le Royaume cesse d'être une réalité temporelle pour devenir un ordre purement spirituel. C'est le sens littéral du fameux : "Rendez à César ce qui est à César et à Dieu ce qui est à Dieu"[24] (Marc 12). Royaume céleste et royaume terrestre étant séparés, le chrétien se recentre pour l'essentiel sur les rapports interpersonnels – la charité –, en négligeant quelque peu les structures nécessaires à l'organisation de la cité. Pouvoir royal et pouvoir religieux allant plus ou moins de pair durant un millénaire et demi, l'autonomie pleine et entière du politique n'intervient qu'avec la séparation – relativement récente – d'avec le religieux.

L'avènement du Royaume

En régime laïque, qui plus est dans un espace mondialisé, la diversité des appartenances religieuses et/ou idéologiques sur un même territoire empêche tout accord unanime sur le "bien commun" – ce dernier n'étant plus défini par une seule et même foi. Rechercher ce bien commun, en se donnant des lois, est précisément ce qui constitue la "nation" – c'est-à-dire le consensus, l'envie, le plaisir d'être ensemble. Pour y prendre part, le chrétien doit accepter d'entrer en discussion avec d'autres groupes. C'est tout l'objet de la politique, qui se donne pour cela des structures : l'État, les collectivités territoriales... Qu'on le veuille ou non, c'est dans ces structures que se joue en réalité l'avènement du Royaume. On en trouve déjà trace dans les Évangiles lorsque Zachée, le collecteur d'impôts, décide de rendre ce qu'il a pris aux pauvres et d'établir des lois justes. "Le Royaume est entré dans cette maison", dit Jésus, reconnaissant par là la possibilité d'amender des structures potentiellement pécheresses, de les convertir sans cesse en les orientant vers la recherche du bien commun. Plutôt que de se réfugier dans la condamnation a priori de tout ce qui existe, au nom

---

[24] **Evangile de Marc : 12**

d'un idéal de perfection, c'est à la conversion permanente des "structures" que le chrétien est donc invité. Pour y parvenir, changeons notre regard sur la politique. Reconnaissons, par exemple, ce qui existe déjà en matière de solidarité, de lien social, même si tout n'est pas parfait. Un élu non croyant qui parvient à faire adopter une législation favorable aux plus fragiles travaille, sans le savoir, au Royaume de Dieu. Ce sont ces signes qu'il revient au chrétien de discerner. Espérer est un combat ; ce n'est pas attendre des jours meilleurs où la politique sera parfaite. » Tout en soutenant que l'espérance, notamment face à la corruption, était « une des vertus les plus difficiles à comprendre », le pape a cité l'auteur français Charles Péguy (1873 - 1914) : « un de ceux qui disaient que l'espérance est la plus humble des vertus, parce qu'elle est la vertu des humbles ». Lors de son échange direct avec les laïcs italiens, le pape a en outre fustigé encore une fois « le dieu argent » et « la culture du déchet », évoquant les « enfants que l'on tue avant de naître » et les personnes âgées « que l'on écarte (...) parce qu'elles ne servent plus » (fin de citation).

Les États, les gouvernements et l'Union Européenne ont tous lamentablement failli dans la gestion de la chose publique, c'est évident. Érigeant la « crise » en système rentable, profitable et durable depuis les années 70', n'ayant plus que les mots « austérité » et « relance » pour seul vocabulaire. Une dialectique clairement inspirée par les financiers internationaux et autres banques à leurs seuls profits. Le peuple, les sans grades, les ratés par la faute à « pas de chance » peuvent crever, en silence et dans l'indifférence de préférence, merci.

Toute l'économie est vérolée par la Finance internationale. Pendant ce temps, les peuples eux, crèvent petit à petit. Le premier revenu du travail ne suffisant plus, il n'est plus rare de nos jours de rencontrer des personnes obligées de cumuler deux jobs pour s'en sortir, tel que cela se pratique souvent au Liban par exemple. La situation alarmante est pire encore dans le soulagement et

> Les deux tiers des enfants du monde meurent de faim alors même que le troisième tiers crève de son excès de cholestérol.
>
> Citation de Pierre Desproges

l'éradication définitive de la pauvreté et de la misère. Il est grand temps que les hommes et les femmes réfléchissent par eux-mêmes, non plus au travers des partis politiques. Que les hommes et les femmes retrouvent leur liberté dans une société devenue toujours plus répressive au seul véritable profit des états, et des oligarchies en place. Que les gens cessent enfin de confier aveuglément à des partis politiques leur vie. Il est temps que les gens cessent d'attendre tout de l'état providence et osent s'assumer en défendant eux-mêmes, les plus démunis, avant que de ne le devenir peut-être un jour eux-même. Personne n'est à l'abri. Qu'ils arrêtent de confier leur avenir et celui de leurs enfants à des gens incapables de résoudre une crise née en 1973. Une crise passée depuis au pluriel systémique, mais dont nous voyons en 2017, les dégâts immenses où, les politiques n'écoutant que leurs intérêts personnels partisans et celui de la finance, ont entraîné les populations. Les actuelles élections présidentielles françaises sont un parfait exemple de mon propos. Aujourd'hui, on ne vote plus pour un programme, dont la plupart du temps, on ignore superbement le contenu, mais pour un visage photogénique, sur la façon de s'habiller d'untel ou encore des activités de son épouse.

L'argent est un outil au service de l'homme
Le fric a réussi à en faire son esclave.

Il est plus que temps de mettre fin à cette logique absurde dans laquelle les humains de notre temps vivent, celle qui veux que l'homme soit au service de l'argent et non son contraire.

Ayant pendant participé pendant plusieurs années à cette solidarité à titre tout à fait personnelle, lors des froides et longues nuits d'hiver, j'aurai ici une énorme pensée pour tous ces milliers de bénévoles anonymes. Loin des projecteurs et des caméras de télévision, n'appartenant à aucune organisation officielle, mais qui prenant en conscience leurs responsabilités un jour dans leur vie par l'initiative individuelle, se lancent avec un « cœur gros comme ça » dans l'aide humanitaire au plus démunis, aux SDF, les nuits froides de gel. Qui donnant une couverture ; qui des fringues adaptées aux rudes conditions climatiques ; qui encore distribuant un bol de soupe chaude ou de café ; qui encore du pain, des biscuits sans quoi ... Dans ce monde-là, nous ne sommes plus dans la vie mais dans la survie.

Terrifiante réalité de notre société lorsque l'on sait que pour la France seule, ce ne sont pas moins de 7.000 SDF que l'on a retrouvé morts dans les rues et les parcs ces deux dernières années (2). Le saviez-vous ? ... Que selon le SAMU Social de Paris pour ce premier trimestre 2017, ce ne sont pas moins de 400 familles avec enfants qui dorment à même les trottoirs de la ville lumière. Gare du Midi, Bruxelles, les sans-abris sont alignés à même le sol en rang d'oignons. Ici encore, il y a aussi des enfants. Le réalisez-vous ? ... Combien d'êtres humains comme vous et moi subissent le même sort dans les autres grandes villes européennes ?

Saviez-vous que selon des statistiques dont je ne me rappelle plus la source mais qui est sérieuse, il ne faut guère plus de 6 mois pour devenir vous-même un SDF jeté à la rue dans des cas de circonstances particulièrement défavorables ? ... Tout peut basculer très vite dans la vie de notre temps. Vraiment, il ne faut pas grand-chose pour que la chute infernale ne s'engage, hélas souvent définitivement. En effet, devenu sans-abris, sans-emploi, il est extrêmement difficile pour ne pas dire impossible d'encore remonter la pente, de se sortir de la misère et reprendre une vie disons : « normale ».

Ce fut le cas pour un homme de 43 ans rencontré lors de l'une de mes sorties nocturnes. C'était vers les 01 heure du matin pendant l'hiver 2008. Il errait dans un quartier de boîtes de nuit et de magasins de luxe sur Bruxelles. Vêtu trop légèrement pour la saison, je le remarquais de suite. Visiblement, il avait froid. Il vint vers moi me demander une pièce. N'ayant pas de monnaie à lui donner, il me dit alors l'air suppliant :

- « *Monsieur, j'ai faim ! ...* »

Je le regardais sans le quitter des yeux. Nous étions de nuit, après tout, on ne sait jamais les intentions d'un inconnu vous accostant dans ces heures-là. Bien que costaud, je devais penser aussi à ma sécurité vu l'endroit où je me situais dans la ville.
- Vous avez de la chance, lui dis-je, j'ai justement de quoi vous aider dans le coffre de ma voiture. Je sortis de celui-ci du potage chaud, préparé à cette intention de l'une des bouteilles Thermos que j'emmenais chaque jour, ainsi que du pain frais. J'en avais toujours en accompagnement pour distribuer. Je le sentais gêné, très malheureux et engageais la conversation.

- Êtes-vous dans la rue depuis longtemps ? Lui demandais-je encore, pressentant que ce ne pouvait l'être depuis des mois, vu l'aspect général du bonhomme. Il me répondit qu'il avait 43 ans et que cela faisait sept jours qu'il était SDF. Il venait d'avoir été expulsé hors de son domicile. à l'inverse de la France, il n'y a pas de trêve hivernale en Belgique concernant les expulsions. Sa femme l'avait quitté dans la foulée... N'ayant plus d'argent depuis 48 heures, il n'avait plus rien mangé depuis, tout juste avalé un peu d'eau reçue ci et là. N'en pouvant plus, il éclata en sanglots. C'est toujours dur de voir un homme pleurer. Gêné de m'avoir avoué sa situation, il mangea de bon cœur tout en rendant grâce à Dieu de m'avoir mit sur son chemin. Avant de nous quitter, je lui donnais encore une adresse où, il pourrait dormir au chaud pour la nuit. Ensuite de quoi, nous nous sommes séparés, chacun reprenant son chemin et son destin. Ainsi agit la divine Providence.

Autre cas, autre exemple, autre expérience. Elle me fut donnée de la vivre lors d'un hiver rigoureux, cette fois en plein jour. Il avait abondamment neigé la nuit durant, la ville était recouverte d'un épais tapis blanc. Sortant, retrait effectué d'une agence bancaire où se trouvait un ATM, un homme était assis à l'extérieur, près de l'entrée. Ne l'ayant pas remarqué lors de mon arrivée dans l'agence, il venait probablement juste d'arriver. Il avait le visage ensanglanté au niveau d'une arcade sourcilière, un gros hématome ouvert à la mâchoir complétait le triste spectacle de l'homme blessé. Il était vêtu d'une chemise et d'un pull-over en piteux état, assis mi dans la neige, mi sur le rebord de la devanture de la banque. Les gens entraient et sortaient de l'agence sans lui prêter aucune attention, passaient dans une totale indifférence. Voyant l'homme grelotter de froid, il tremblait, je m'enquis de savoir vu sa situation, s'il avait besoin d'aide. Visiblement, il avait besoin de soins et d'être conduit rapidement au chaud. S'exprimant avec difficultés, il m'expliqua que suite à un contrôle d'une patrouille de police s'étant très mal passé, ayant perdu son calme, il avait fini par devenir grossier et qu'en réponse, il avait été tabassé par l'un des deux agents sous le regard impassible de son collègue. Les faits s'étant déroulé de nuit, il fut emmené au poste et là, se prit encore quelques baffes, avant que d'être jeté dehors matin venu sans autres formes de procès. Effectivement, il y avait bien un commissariat de police à peu de distance d'où nous étions. Lui demandant s'il voulait que j'appelle une ambulance ou que je le conduise à l'hôpital, il refusa poliment me disant surtout qu'il avait très froid. La neige venait de se remettre à tomber. J'avais revêtu mon gros parka en sortant de chez moi et décidais de le lui donner. L'homme blessé et tremblotant de froid fut saisi de stupeur par mon geste et l'émotion le gagnât avec ici encore, des chaudes larmes coulant de plus en plus abondamment sur son visage tuméfié. Il me dit merci je ne sais plus combien de fois en me disant que c'était moi qui allait à présent avoir froid. Je lui dis de ne pas s'inquiéter pour moi, que j'allais être au chaud dans la voiture quelques instants plus tard. Heureusement, j'avais revêtu le matin un gros pull tant il faisait vraiment très froid. Je le serrais contre moi pour lui dire au revoir et lui souhaiter bonne chance.

Malgré les douleurs dues à ses blessures, il se leva et m'accompagna jusqu'à la voiture en ne cessant de me remercier visiblement peu habitué, par tant de générosité et de sollicitude à son endroit. Hormis un jeune homme qui, me voyant accroupi près de l'homme blessé, vint vers nous pour proposer son aide, les allées et venues n'avaient pas cessé vers et hors de l'agence où se trouvait l'ATM, sous le regard totalement indifférent des gens. Il aurait pu crever de froid là sur place, personne n'en avait strictement rien à foutre. Nous en sommes là de nos jours, dans une société qui se prétend humainement civilisée, évoluée et prétend vouloir donner des leçons au monde entier.

Comprenons pour notre cheminement spirituel que Dieu met sur notre chemin de vie dans ce monde devenu toujours plus abjecte, des personnes en souffrances. Aveuglés spirituellement pour l'immense majorité des gens, ils passent indifférent, le cœur fermé à toutes ces détresses humaines là chaque jour, sous leurs yeux, ne voulant pas, refusant même de voir la terrible réalité de ce que vivent et subissent, des hommes et des femmes comme vous et moi, non pas à 10.000 kilomètres, mais là chez nous, en face de nous.

Combien de fois, n'ai-je pas entendu autour de moi lors d'une demande d'argent pour une œuvre de charité, les : « Encore ?! » suivi normalement du célèbre : « pfff !? » ... Certains donnent parce qu'ils se sentent obligés, d'autres sont gênés de dire, non ; d'autres encore fuient en tournant la tête, pour éviter d'avoir à croiser le regard. Ici encore, je constate. C'est du vécu et non, je ne juge pas.

Les pauvres, les SDF, les exclus ?... On évite soigneusement de les approcher ; de leur parler ; de leur adresser ne fut-ce qu'un sourire ; une poignée de main ; un salut. Par peur encore de se salir parce qu'on les trouve dégueulasses et puants. On refuse de les voir par peur aussi de l'inconnu nous regardant, les yeux dans les yeux. On refuse de voir cette personne dans la merde, qui n'est en fait

> Celui qui a un jour été blessé doit se demander : Cela vaut-il la peine de remplir mon coeur de haine et de traîner ce poids avec moi ?
>
> À ce moment-là, il recourt à l'une des qualités de l'Amour qui s'appelle Pardon.
>
> Citation de Paulo Coelho

qu'un miroir de nous-mêmes. Par peur de ce que ces êtres humains vivent là, devant nous, ne nous arrive un jour. Par peur de partager les biens et ce que nous avons ; qui dans les faits, tout venant de Dieu, ne nous appartiennent pas. Nous n'en sommes que les intendants pour un temps, celui de notre vie sur terre. Nous ne sommes selon notre état de fortune et à sa hauteur, que les distributeurs de ces dons. Ce qui est vrai à l'échelle individuelle, l'est tout autant des richesses au niveau planétaire. Sans donner un cours d'économie, n'étant pas qualifié pour ce faire, ce que je sais, c'est qu'une crise financière personnelle ou mondiale n'est jamais que l'obstruction du flux financier s'arrêtant brutalement. L'argent circule et tout va bien. L'argent est bloqué, tout s'arrête. Un peu à l'image d'une canalisation trop entartrée, empêchant l'eau de sortir du robinet pour y remplir son verre. Évidemment, ne pouvant boire, on a vite soif. Ces crises économiques et financières à répétition, perdurant depuis des décennies, ont toujours été provoquées, et entretenues par des minorités d'individus responsables, devenus des irresponsables. Elles ne bénéficient qu'au seul profit de quelques-uns, bien entendu au détriment de l'immense majorité qui paie la note, et crève. Combien d'hommes et de femmes n'ai-je pas vu les nuits occupés de faire les poubelles des snacks, des sandwicheries, des brasseries, espérant trouver de quoi, non plus vivre, mais tout simplement survivre. Arriver à ce stade de la pauvreté et de l'exclusion, peut-on encore parler de dignité humaine ?... Ce mot si cher dans la bouche des politiques lors des élections ? Selon la

FAO[25], 01 enfant meurt de faim toutes les 06 secondes quelque part sur la planète. Au Yemen, pays en guerre, un enfant meurt toutes les 06 minutes. Or, la nourriture actuellement produite sur terre, est suffisante pour nourrir, 12 milliards d'êtres humain[26] qui en compte aujourd'hui, 7,5 milliards. Si vous ne le saviez pas, sachez qu'il est d'ores et déjà annoncé par les spécialistes en démographie que la population mondiale estimée pour 2100, sera de : 12 milliards d'êtres humain. Pendant ce temps, nous ne cessons de pomper toutes les ressources naturelles possible de la planète. Entendons-nous bien, pas vous ou moi directement en tant qu'individus, mais les multinationales oui, et nous en tant que consommateurs, et clients de ces sociétés. Une de celle pour qui peut-être, vous travaillez aujourd'hui. Les ressources naturelles, ne sont pas extensibles à l'infini, il en resterait pour environ, 30 à 35 ans à peine. Ici, ce n'est pas Dieu qui le dit, c'est la Science pure et dure qui l'affirme. Selon les spécialistes, la disparition progressive des abeilles que nous connaissons actuellement, suite aux pollutions occasionnées par l'homme, doit être considérée comme étant un signe extrêmement grave de la situation écologique sur terre. Elle constitue en tous cas, une alerte sérieuse pour le devenir de l'humanité. Aussi, je vous pose la question vitale de savoir, que ferons-nous encore sur une planète épuisée ?

Bon, peut-être pas vous et moi, mais nos enfants et petits-enfants ?

Et bien, si rien n'est fait pour stopper rapidement, toutes ces folies commises par des abrutis, n'ayant pour seul horizon que la thune ou le pognon ; tous nos laisser faire ; toutes nos indifférences d'aujourd'hui sur ces problématiques devenant vitales ; feront que lorsque l'homme de notre temps aura terminé de tout épuiser et consommer vers 2050 – 2060 ; l'homme de 2100 n'aura plus d'autres choix que de pouvoir encore se sustenter avec la fameuse et délicieuse nourriture transgénique produite par quelques sociétés

---

[25] **FAO : Organisation des Nations Unies pour l'alimentation et l'agriculture.**
[26] **La population mondiale en 2017 compte environ 7,5 milliards d'habitants**

multinationales. J'imagine Curnonsky, le célèbre prince des gastronomes, très heureux d'être au Paradis et, Jean-Pierre Coffe, célèbre critique gastronomique, occupé de nous dire en regardant cette bouffe du futur : « C'est quoi cette merde !? »

Bon exercice pour l'esprit, essayez d'imaginer l'homme ou la femme dégustant la dernière fraise, la dernière pomme ou la dernière salade produite de façon naturelle par la terre. Imaginez encore combien, cette personne aura dû payé ce dernier luxe de ce qui était encore ordinaire de nos jours mais qui sera devenu l'ultime festin extraordinaire sur notre planète.

Si l'homme de 2100 pourra vivre en ne se nourrissant plus que d'une alimentation industrielle génétiquement modifiée ; de viandes produites par des fermes industrielles, il sera aussi devenu entièrement l'esclave soumit par un système voulu, imaginé, planifié, entretenu, développé et imposé, par l'oligarchie financière et industrielle internationale actuelle. N'ayant plus, ni ne connaissant plus rien de naturel dans sa vie de tous les jours en 2100, à ce moment de l'Histoire de l'humanité, nous pourrons dès lors considérer de manière irréversible, que ce système aura définitivement gagné contre l'humain. Plus aucun retour en arrière ne sera alors possible. Tout cela n'est pas une vue de l'esprit, un quelconque délire d'un type occupé de vous parler de Dieu ; les faits sont déjà devant vos yeux. La boucle sera alors définitivement bouclée. Chouette et sympathique perspective, n'est-il pas ?
Pensez-vous sérieusement que ce Dieu Créateur de tout ce qui vit au ciel et sur la terre, n'avait pour seul dessein, qu'une telle évolution pour la planète abritant les hommes ou alors, est-ce l'homme gonflé d'orgueil dans un ego surdimensionné, ses désirs de puissance et de domination sur tout et n'importe quoi dans le plus grand irrespect de tout, qui aura provoqué ces désastres ?

Malgré ses faiblesses et ses erreurs humaines, d'un message et d'un système chrétien bi-millénaires tous deux bienveillants pour l'homme et la planète ; ne subsiste plus de nos jours en Occident que le message du Christ toujours plus dilué, toujours plus inaudible. Dans les faits, nous avons dès maintenant commencé à basculer dans un système particulièrement méchant, totalement malveillant, pour le présent et l'avenir de l'homme, comme celui de la planète.

Pour l'avoir déjà dit, du fric, de l'or et des richesses, il y en a plus qu'assez sur terre. Tout n'est qu'une question d'organisation, de décisions et de répartition entre les humains. Ne pas le comprendre, ne pas l'accepter, est littéralement faire du tort à l'autre qui attend, à celui qui souffre aujourd'hui et qui souffrira encore davantage demain. Par la peur absurde et égoïste encore de perdre le peu que nous avons, nous laissons provoquer la misère sur terre.

Face au capitalisme néolibéral, il existe une solution, au moins une, elle s'appelle « l'économie de transition ». Elle est une solution possible pour l'avenir, si nous la prenons au sérieux. Elle est un succès partout où on lui laisse la chance de se développer. Pour cela, il faut que l'homme retrouve son imagination perdue par la peur d'entreprendre. Je vous invite de vous informer sur cette nouvelle économie. Vous constaterez rapidement que non seulement, elle est parfaitement possible, mais qu'elle est économiquement et écologiquement saine. Je pose dès lors la question, qu'attendons-nous pour passer et développer ces « économies de transitions » ? ...

Enlevons nos peurs ! Osons plutôt que de ne rien faire et laisser mourir notre humanité. Après tout ce que j'ai vécu, il est une vérité essentielle et éternelle que j'ai apprise : nous perdrons toujours par effet de boomerang, ce que nous avons eu peur de perdre et critiquons, car oui et c'est une leçon sur le chemin spirituelle que nous verrons plus loin, tout est Prière. Notre monde, notre société ne va pas dans le mur, elle y est déjà. Prétendre le contraire est une insulte à l'intelligence et être atteint de cécité grave. Je vous demande de méditer sérieusement à tous ces aspects de notre temps. Je ne suis ni de gauche ni droite ou du centre, je suis simplement moi dans ce monde où je vis. Je ne fais que constater ce que vous-même pouvez constater tous les jours si vous ouvrez les yeux. Si ce n'est pas le cas, je vous invite dès lors à les ouvrir sans tarder ...

Il est devenu plus qu'urgent de comprendre par tous ces politiques au pouvoir sans exception, peu importe le pays où ils gouvernent, que lorsqu'on est pauvre, que l'on a faim, ou vivant et souffrant la misère, on ne l'est pas à mi-temps, c'est du plein-temps pendant les 365 jours que compte une année civile. Non seulement l'hiver. Tout n'étant qu'une histoire de répartition des richesses sur terre n'en déplaise, aux économistes et autres financiers. Dire le contraire est faux et n'est encore qu'un mensonge de plus, grossier, vulgaire et scandaleux mais perdurant depuis des siècles. Après la négation de l'existence de Dieu, c'est probablement la deuxième plus grosse insulte jamais faite à l'intelligence des hommes. Dès lors, imaginer des enfants en bas âge, souffrant la misère et de faim dans la capitale de l'Union Européenne, Bruxelles est hallucinant, scandaleux, inique et totalement écœurant.

En 2017, méditons, méditons beaucoup car pour reprendre une citation de Félix Lobo :

« Nous vivons dans un monde où ceux qui gagnent 100.000 € par mois persuadent ceux qui en gagnent 1.800 que tout va mal à cause de ceux qui vivent avec 535 € et ça marche ! » (Sic)

Il n'y a définitivement, ni il n'y aura jamais pour moi croyant en Dieu et en Jésus-Christ ou même par simple humanité, aucune justification, aucun mot, aucune excuse pour accepter et justifier l'inacceptable. C'est une honte pour ce système, une honte pour ces politiciens, comme pour sa population totalement amorphe qui pour la plupart s'en moque complètement, mais ira verser dès un réseau 4G accessible, sa petite larme sur Facebook. C'est une honte pour ce pays comme pour n'importe quel autre pays affichant pareille statistique[27] : 4 bébés / 10 naissent et vivent dans la misère en 2017,

---

[27] Source : SAMU Social Paris et Bruxelles

au cœur de l'Europe, à Bruxelles. Combien dans quelques années ? ... Ne pensez-vous pas qu'Il est devenu plus qu'urgent que l'humain en chacun de nous soit sorti de son oubliette ?... Chacun à son rôle à assumer dans le réveil des hommes et des femmes de notre temps. N'en doutez-pas, vous aussi maintenant...

Petite pause...

En regard de tout ce qui précède, marquer une pause dans votre lecture de ce volume 1, vous l'avez bien mérité. Je vous invite donc de prendre votre Bible, de lire et de surtout méditer attentivement les passages suivants avant que de reprendre votre lecture. De mettre ces versets que vous allez lire et méditer, en rapport, en relation avec votre vécu passé et présent.

Laissez aller votre imagination, imaginez que vous êtes en face de Jésus-Christ qui vous enseigne ces versets Lui-même. Analyser ensuite vos réactions avec ce que vous venez de lire. Que ressentez-vous ? ... Ici, ne vous faites aucun cadeau, jouez honnêtement le jeu. Êtes-vous d'accord avec ce que vous dit le Christ ? ... ou au contraire, rejetez-vous ces Paroles ? ... Acceptez-vous tout ou partie de ces versets ? ... Sortez de la lecture fondamentaliste, comment vous situez-vous dans ce contexte ? ...

Ce qui est important pour le moment, c'est de vous situer par rapport à ces versets, de les comprendre, de les mettre en relation avec vous, votre vécu passé et ce que vous vivez aujourd'hui. Soyez à l'aise, respirez profondément. Passez-y une heure ou plus si vous en ressentez le besoin puis, reprenez votre votre lecture.

Dans votre Bible,

1. Évangile de Matthieu Chap.5 ; 1 - 10
   Ce passage est appelé aussi : « Les Béatitudes »

2. Évangile de Mathieu Chap. 25 ; 38 – 40

15 - Les atteintes à la vie, une culture de la mort

Nous l'avons vu, atteinte à la vie par les guerres, atteinte à la vie par la misère ; atteinte encore à la vie par la contraception, née des progrès de la science et de la pharmacologie dans les années 60'. La fameuse pilule totalement encouragée et financée par la laïcité et la franc-maçonnerie dans un but « humaniste » devait assurer au départ un contrôle des naissances non désirées, non souhaitées. La thèse de départ sera vite reprise au nom de la « liberté de la femme européenne » d'abord mais sur fond de slogans idéologiques féministes de Mai 68' – « Mon corps est à moi » ou autres « Il est interdit d'interdire ». Combien de milliers de femmes perdront la vie suite aux effets secondaires sur le long terme par cette "pilule » ? ... Curieusement, il n'y a pas de statistiques officielles publiées, je n'en ai en tous cas pas trouvés. Devenant rapidement remboursée par la Sécurité sociale, elle rencontrera un vaste succès. Elle amènera rapidement avec le temps, la libération sexuelle et toutes ses dérives pour contrer, il faut l'avouer, très efficacement la morale de l'Église par trop rigide, en regard d'une soif de liberté de la génération de cette époque et de la post soixante-huitarde. Le tout pour en arriver en 2017 où l'on se rencontre sur un « speed dating », puis on prend, puis on jette, puis on reprend quelqu'un d'autre, puis on rejette.

Tout est devenu consommable et marchandise sur le mode "Fast Food" du sexe. Ne pas approuver ces comportements fait de vous un être abruti aux yeux de la société. Vous n'avez rien compris. Vous êtes un rétrograde voire un dangereux catho. En cas « d'oubli » de madame dans l'empressement, pas de problème, il y a la « pilule du lendemain ». C'est hygiénique, on commande, on paie, merci et au revoir... Désirés ou non, je me demande combien de centaines de millions d'enfants ne sont jamais venus à la vie pour cause de cette pilule qui aura, nous le verrons plus loin, des conséquences inattendues... Ensuite dans le genre « je ne veux vraiment pas de cet enfant », il y a les avortements. Que dire encore de ces millions de fœtus avortés depuis la « Loi Veil » dans les années 70 en France, en Belgique plus tard, aux États-Unis et ailleurs ? ... Perso, ayant eu connaissance, il y a quelques années des chiffres officiels pour la France du nombre d'enfants avortés, chiffre exprimé en millions[28], j'appelle cela un génocide, un vrai. Historiquement, les avortements ont toujours existé, c'est vrai. Compte tenu des conditions médicales précaires selon les époques, très loin de celles que nous connaissons de nos jours, les accidents hémorragiques et autres infections mortels n'étaient pas rares, c'est vrai de le dire aussi.

De nos jours, au nom de l'Humanisme, on pratique et encourage copieusement l'avortement devenu hygiéniquement et médicalement sain. Tout en oubliant, opération terminée, les séquelles psychologiques parfois irréversibles que cette opération entraînera sur la femme. Après un léger accompagnement psychologique dans le meilleur des cas, la femme restera le plus souvent seule face à ses grandes souffrances et détresses morales. Personnellement, je ne suis pas pro avortement, loin s'en faut, même si humainement parlant, je peux parfois comprendre un tel geste. Je pense particulièrement aux cas de viols avérés. Il ne m'appartient pas de juger le choix abortif fait par une femme, mais ce dont je suis certain par mon vécu et mon expérience, c'est que toucher à la vie ne se fait jamais sans conséquences ultérieures. Dire le contraire, c'est mentir ou être aveugle, en tous cas être de très mauvaise foi.

Un avortement reste un avortement et ne peut jamais être prit à la légère, « comme une lettre à la poste ». C'est une décision et un acte grave. Il ne s'oublie, ni ne s'oubliera jamais par une femme l'ayant vécu. Certes, chacun fait ce qu'il veut de sa vie et de son corps, mais je pense qu'il est utile de le rappeler aussi bien aux femmes qu'aux hommes. Ces derniers ont aussi leur part de responsabilités lorsqu'une femme, choisit cette extrémité du refus de

---

[28] **Les statistiques sont accessibles sur le Net**

donner la vie à un enfant. Je regrette de le dire mais combien d'hommes assument et prennent leur part dans ces situations ?

Dans tous les cas, l'avortement est un échec. Il ne peut qu'évoquer à terme et systématiquement, que de très grandes souffrances morales, et de très grandes meurtrissures pour la femme.

Que dire enfin de l'euthanasie vendue légalement en kit en Belgique et aux Pays-Bas à qui le demande comme un paquet de bonbons ? Certes, pour votre mort souhaitée et hâtée dans ces deux pays, il vous faudra tout de même remplir préalablement quelques formulaires ad hoc lors d'un entretien avec un médecin. On ne badine pas avec l'administration, même pour passer l'arme à gauche. Pour l'euthanasie à domicile, la mort sera décidée et planifiée pour un jour et une heure, comme pour un rendez-vous. L'injection létale sera comme il se doit, pratiquée dans les règles de l'Art médical par un médecin.

Pour y avoir assisté à deux reprises, la cérémonie des adieux se passe autour d'un café et un morceau de gâteau. On n'est pas des chiens tout de même, on sait vivre en Europe. C'est surtout que votre mort devenue programmée comme une lettre à la poste, doit se faire dans des règles administratives strictes, oserais-je dire : ouf !? ...

Pourtant ici encore, on ne peut évacuer la question de l'euthanasie au seul prétexte de l'humanisme. Je pose la question de savoir jusqu'où ira-t-on ? Qu'en sera-t-il fait dans quelques années sur les personnes âgées, les malades incurables refusant de mourir rapidement, de ces personnes handicapées coûtant trop cher à la société, voire qui sait ? ... Bref, de toutes personnes devenues non rentables pour le système ? ... Je ne suis pas dans de la science-fiction, très loin de là. À les lire sans les citer, ce ne sont pas les scrupules qui étouffent certains de nos jours. Les déficits publics sont tels en France, en Belgique et ailleurs, que l'on rabote toujours plus

> D'aucuns veulent voir Dieu avec leurs yeux, comme ils voient une vache, et L'aimer comme ils aiment leur vache –pour le lait, le fromage et le profit qu'elle leur rapporte.
>
> Citation de Maître Eckhart

les acquis sociaux gagnés de hautes luttes par nos parents et grands-parents. Au profit de qui ?

Les dettes en souffrances doivent être apurées par des citoyens n'ayant rien demandé à personne, ni encore moins commis aucunes dettes. Il est curieux de constater qu'en démocratie, personne ne demande des comptes sur tous ces déficits et ces dettes, non ? Or, nous savons parfaitement que lorsque l'économique et le financier prennent le dessus sur l'humain, toutes les dérives peuvent dès lors survenir en toute légalité. Bien entendu ce sera encore au doux nom de l'humanisme, cette-fois économique. Les financiers n'ont jamais été étouffés par les scrupules en matière d'austérité pour autant que cela rapporte. Peu importe le nombre de gens laissés sur le carreau. Cela, nous ne le savons que trop bien avec cette crise économique systémique incurable. Il est tout de même très curieux de constater que personne ne se décide d'euthanasier cette crise et ces dettes, ne fusse que par humanisme, ce mot si « cher » à nos contemporains. Hormis quelques syndicats servant de soupape pour la bonne cause du pouvoir, personne n'a réagi en masse contre ces lois économiques favorisant les multinationales au détriment du peuple. Tout se passe dans la plus grande indifférence et dans une soumission absurde. Dès lors, que dire de ces lois contre la vie, contre Dieu qui est la vie, qui est la source de tout ce qui possède la vie, sinon qu'elles ont engendré une société monstrueuse. Sommes-nous dans une civilisation de mort ? Oui, nous le sommes. Les hommes de notre temps ont-ils encore une conscience ou l'ont-ils déjà vendue au diable ? ... Je vous laisse le soin de répondre par vous-même à cette question radicale. Et vous, comment vous situez-vous dans ce contexte ?

Une simple, bête et stupide question m'interpelle toujours. Comment peut-on imaginer un instant qu'en chassant Dieu de la vie des hommes, oui, comment peut-on s'imaginer que l'humanité soit et sera heureuse, épanouie, en bonne santé, juste et prospère pour tous ? ... AUCUN système, aucune idéologie n'ont JAMAIS réussi à remplacer Dieu. Pas même Friedrich Nietzsche, le célèbre philologue, philosophe et poète allemand, qui proclamait que "Dieu est mort". Une chose est assurément certaine que nous pouvons affirmer, c'est que lui est mort et enterré en Allemagne, à Röcken précisément dans le Land de Saxe-Anhalt.

Toutes les idéologies se sont cassées les dents et ont disparu ou sont sur le point de disparaître. Même le capitalisme ultra néolibéral arrive au bout si ce n'est déjà fait, de son système que nous connaissons, vivons et subissons selon que l'on est riche ou pauvre. Il serait temps, grand temps que les humains le réalisent, non ?

On ne tuera jamais Dieu, Il est immortel. On ne vaincra jamais Dieu, Il est invincible et bienheureux celui pour qui Dieu est à sa droite. Oui, bienheureux celui qui en a fait son rocher, son abri, sa forteresse contre la folie assassine des hommes.

Partant de tous ces constats sur notre civilisation, arrivé à ce stade du bilan de notre époque, bilan sommaire bien évidemment, je vous souhaite concrètement de persévérer dans la rencontre du Vivant au Milieu de chacun et de chacune d'entre nous. Vous n'aurez jamais de meilleur refuge tant nous sommes tous concernés par ce qui précède tout comme tous, nous sommes les enfants de ce Dieu Amour tellement décrié, rejeté, renié en Occident de nos jours.

§§§

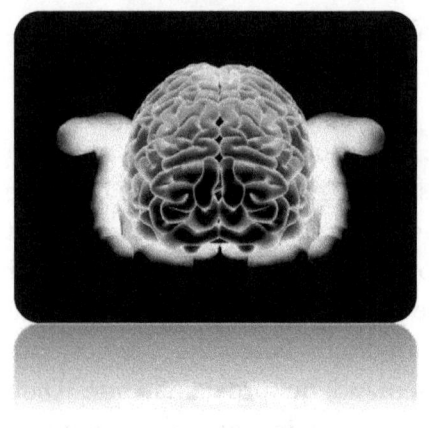

16 - Dieu, intelligent ?
Oui, mais vous ne le serez jamais plus que Lui

S'il est un mot que je déteste mais utilisé à raison par bien des écrivains et autres c'est le mot vulgarisation C'est particulièrement vrai lorsqu'il s'agit d'exprimer quelque chose ayant trait au divin. Une de mes lignes directrices en écrivant ces lignes a été de les rendre le plus accessible possible à tous, sans exceptions aucune, directement et immédiatement par le plus grand nombre. En d'autres termes, en utilisant un langage actuel, simple, fort, direct et sans fioritures aucune. En évitant particulièrement le vocabulaire, la dialectique propre aux ouvrages pointus catholiques. Tous ouvrages réservés un club fermé d'érudits initiés. En écrivant cela, je sais pertinament que je ne vais pas me faire que des amis et cela m'est complètement égal. Pourtant si ces personnes disposant d'un grand et très estimable savoir, savaient combien leurs bouquins font davantage fuir le commun des mortels que de les rapprocher de Dieu...

En 2017, les gens lisent peu paraît-il. Certes ils ou elles, lisent beaucoup sur Internet et les réseaux sociaux, mais dans les faits, ils ne lisent plus ou trop peu. C'est particulièrement vrai pour la jeunesse et c'est un très sérieux problème. On ne se casse plus la tête pour réfléchir, descendre en soi. On invoque désormais comme une évidence, la faute à pas le temps. Donc on survole tout et n'importe quoi au gré des fils d'actualités. Comme pour le reste, on exige des solutions immédiates à tous nos problèmes. Quelque soit la nature de ceux-ci. C'est tellement vrai que j'ai longtemps hésité avant que de me lancer dans le projet de cette série et de ce premier volume. Ce fut en tous cas un sujet de réflexion intense pour moi, mais aussi de discussions autour de moi.

Une vérité que j'ai apprise tout au long de mon propre cheminement spirituel, est que l'on n'intellectualise pas Dieu ou Jésus-Christ, on le vit ! ... Avec Dieu, l'intelligence du cœur sera toujours plus payante que celle de l'esprit et de la connaissance pour la connaissance. Combien d'hommes et de femmes n'ont pas quitté l'Église pour raison d'un beau langage trop châtié, mais aux antipodes du langage commun de la très grande masse du peuple, fut-il chrétien et éduqué. Le fait est que tout simplement, le beau langage est devenu rébarbatif pour l'homme de la rue de nos jours. Or, Jésus savait se faire comprendre en utilisant des mots et des paroles simples auprès du peuple. Bien sûr, on pourra me rétorquer qu'Il est le « Verbe » et c'est vrai. Toutefois, je ne doute pas une seconde que s'Il s'était incarné à notre époque, l'homme Jésus aurait adapté son discours et ses enseignements dans le langage d'aujourd'hui. Il aurait utilisé Twitter et aurait exprimé une parabole en 140 caractères. Ces aspects de la communication sont pour moi essentiel dans la transmission de l'Enseignement du Christ. Hélas, cette fameuse « com » est beaucoup trop négligée chez les catholiques. Elle l'est beaucoup moins chez les protestants qui savent parfaitement maîtriser l'outil. L'accessibilité de la Parole est déterminante de nos jours, c'est à mon sens, une des raisons du succès des évangélistes. Qu'il s'agisse de livres ou de conférences, engoncés dans leur certitude d'avoir raison, beaucoup trop de ces personnes élitistes ne parlent pas, elles s'écoutent parler. Bien qu'adepte du beau langage, passée la conférence, combien de fois n'ai-je pas entendu des : « Ô » comme ils, elles, parlent bien, mais dont les trois-quarts en quittant la salle n'ont rien compris ou à peine. Bon, vous me direz qu'il en reste un quart, on se console comme on peut. La lassitude des chrétiens ne vient pas seulement d'une paresse spirituelle inscrite dans la modernité et la liberté du temps présent. Elle provient aussi d'une incapacité orgueilleuse des principes qui gouvernaient et gouvernent encore de temps à autre l'Église et ses satellites. En cela, des hommes comme le Pape Jean-Paul II et le Pape François sont exemplaires de modernité pour leur époque. Ce n'est pas pour rien que l'actuel Pape rencontre un vif succès. Il est temps que ces gens des élites catholiques prétendants aimer Dieu et le Christ, ce dont je ne doute pas, réalisent qu'elles font fuir plutôt que rapprocher l'homme du Très Haut et Tout Puissant Jésus Christ. J'aime à me dire comme me le faisait remarquer un ami, que le Verbe fait chair en Jésus était le plus anticlérical des anticléricaux de tous les temps. Cet aspect de la question de l'intellectualisme nous est magistralement démontré dans les Évangiles à travers les nombreux apartés et pièges tendus par les scribes et autres pharisiens de l'époque. Jésus n'y allait pas par quatre chemins pour leur dire leurs vérités à ces élites de l'époque. Ce qui lui vaudra bien des inimitiés qui l'amèneront un jour à la Croix. Le Christ parlait un langage simple, direct, souvent imagé. Tout le contraire de ces prêtres, de ces pharisiens regardant le peuple de haut. Son attitude entraînera bien des jalousies dans son sillage. Et de toutes les jalousies, les plus terribles sont les spirituelles. Ce ne sont pas les moines et les moniales qui me contrediront. Je vous invite à lire au sujet des jalousies, certains passages du « Journal d'une petite âme » de sainte Thérèse de l'Enfant Jésus, Docteur de l'Église ou encore la vie de St Padre Pio qui eut beaucoup à souffrir des jalousies de certains haut milieux de l'Eglise. S'agissant encore de l'anticléricalisme de Jésus, cela ne veut bien entendu pas dire qu'il faille fuir les prêtres et religieux de notre génération, au contraire ! ... Il faut les soutenir, ils en ont vraiment besoin ! Mais de fuir certains discours et autres lectures inaccessibles aux communs des mortels, oui ; tant ils peuvent dégoûter voire égarer complètement, celui ou celle, qui cherche Dieu en vérité. Mettez trop ou pas assez de sel dans un plat, il perdra toute la saveur voulue et recherchée par le cuisinier. Or, Jésus qui aimait le sel et visiblement de cuisiner aussi, ne se privait pas d'engueuler vertement et sévèrement, ces intellos prêtres de ce temps-là. Ceux pour qui, comme encore de nos jours, laisser crever un quidam blessé sur le bord du chemin un samedi, jour de Shabbat chez les juifs, était et sera toujours plus important que de lui prêter assistance avec cœur, bonté et charité. Ne doutez jamais que c'est bien là dans ce genre d'exemple et de situations concrètes, que Dieu et Jésus Christ nous attendent tous. De vous en souvenir dès à présent, vous sera d'un grand secours dans votre vie spirituelle, lors de vos connexions avec le divin, comme au jour du Jugement qui nous arrivera tous au soir de notre vie sur terre.

[29]17- **Dieu est simple ...**

Je n'insisterai jamais assez par mon vécu spirituel sur le combien Dieu est simple et accessible immédiatement à celui ou celle qui fait cet effort. Ce pas décisif peut changer toute une vie, la vôtre peut-être si vous le décidez. La changer surtout et toujours pour un bien, loin, très loin des courants et modes de pensée du moment. Dieu a un rêve pour chacun et chacune d'entre nous. Pourrions-nous imaginer que ses rêves soient des cauchemars ? Voulant et nous réduisant uniquement aux malheurs sous toutes ses formes ?... Non bien sûr !

Tous les témoignages avant et après Jésus Christ jusqu'à nos jours, insistent toujours sur la très grande bonté, la bienveillance de Dieu pour les hommes et les femmes qui l'écoutent. Faisons donc cet effort capital pour notre vie. Rejetons tous les artifices et mettons-nous à nu avec confiance devant Celui qui nous a créé. Après tout, Adam se promenait nu dans le Jardin d'Éden, pourquoi pas vous ? Mais que veux dire « Nu » ?

Entendons-nous bien, il ne s'agit pas de s'en aller se promener dévêtu en rue ou sur une plage criant «Jésus, Jésus, Jésus » ; vous prendriez non seulement froid, mais risqueriez rapidement des problèmes avec les autorités. Ce que bien évidemment, n'est pas le but recherché. Mais d'accepter librement de nous dénuder complètement ; totalement intérieurement ; dans un laisser agir ; un laisser faire face à Dieu en totale confiance, oui. Comprenez définitivement que quelque soit votre passé, le Tout Puissant ne nous veut aucun mal, jamais. Celui ou celle qui vous dirait le contraire est un menteur ce que je ne suis pas. Une règle d'Or donc pour vous à intégrer rapidement dans cette quête de votre connexion avec Dieu :

---

[29] **Moine libanais maronite**

être simple. Apprenons ou réapprenons la simplicité, tant intérieure qu'extérieure, et ne nous prenons jamais devant Dieu et le Christ pour ce que nous ne sommes pas. C'est-à-dire, des intellos bobos, cathos ou pas. Nous ne sommes, ni ne serons jamais plus intelligent que le Tout Puissant. Nos diplômes, nos qualifications, nos situations et notre position sociale dans la société, ou encore dans une hiérarchie professionnelle, Dieu s'en fout complètement.

Ceci veut encore dire et c'est important ; que Dieu accepte de rentrer en relation avec tout être humain sans distinction de race, de couleur, de statut social, de culture, de lieu géographique, de langue, de naissance, de résidence, de votre passé. Vous vivez, vous respirez, vous pouvez entrer en connexion avec le divin. Il ne peut et il n'y a strictement aucun préalable, sinon votre désir profond et sincère.

18 - Dieu est Esprit

« Le vent souffle où il veut et tu entends sa voix mais tu ne sais d'où il vient, ni où il va : ainsi en est-il de quiconque est né de l'Esprit »[30]

Dieu est Esprit. Un Esprit hors du commun et hors du temps. Totalement libre mais éternellement présent au présent de votre présent. Il est "Je Suis" tel qu'Il se définit Lui-même dans la Bible, mais aussi auprès des hommes l'ayant rencontré un jour dans leur vie. Il est infiniment supérieur à tous les autres esprits, dont parmi ceux-ci, celui de l'homme. « Je Suis » n'est pas l'homme et l'homme n'est pas Je Suis.

Ce n'est pas parce que l'homme pense qu'il est « Je Suis » ; mais parce que Je Suis lui permet de penser. L'homme en soi n'a aucune prise ni sur sa pensée, ni sur Je Suis. La seule réelle prise de contrôle qu'il peut avoir sur sa pensée, consiste dans sa liberté authentique accordée par Dieu, non par l'homme lui-même, de pouvoir choisir entre le Bien ou le Mal, Dieu ou Satan, le blanc ou le noir. Je Suis est donc Dieu en l'homme qui n'est pas Dieu, même si l'homme est créé à son image[31]. Je Suis – Dieu, est en hauteur, largeur et profondeur totalement illimité et rien ni personne, ne peut l'arrêter ou le contenir. Il contient en Lui toute la Connaissance ; l'Intelligence ; la Sagesse universelle. Capable de création ; Dieu est d'une puissance sans limites aucune. Rien ne peut arrêter Dieu que Dieu Lui-même. Sa seule et unique énergie ; elle-même totalement sans limite aucune à notre connaissance, est l'Amour qu'Il renferme ; L'Amour qu'Il contient ; l'Amour qu'Il est. Dieu est l'Amour parfait.

---

[30] Jean 3 : 8
[31] Lire la Genèse

Il aime sa Création dont l'homme est sa plus belle réalisation puisque créé à son image et qu'à son image, Il le créa. Dieu dit ; Dieu fait. Il est fidèle à sa Parole donnée à l'homme. Il tient ses promesses et ne trahit jamais celui ou celle qui se confie en Lui ; qui se donne à Lui ; dans une confiance totale et filiale.

Par l'Amour qu'Il est, Il pardonne tout soixante-dix fois sept fois[32] c'est à dire à l'infini. Ceci pour autant que la demande de pardon soit sincère et sans calcul aucun de la part de celui ou celle qui le demande. Tout ce qui vit au ciel comme sur la terre ou au plus profond des océans comme de l'Univers, vit parce qu'Il contient en Lui la vie que Dieu est ; parce qu'Il est la vie infinie et Éternelle. Tout ce qui compose la création est équilibré pour nous permettre de vivre. L'air que nous respirons, l'eau que nous buvons, tout dans les limites qu'Il a lui-même fixée. Dieu par sa nature aimante est profondément et infiniment Bon. Le temps n'a aucune prise sur Lui, à l'inverse de l'homme qui sait ses jours comptés dès sa conception. Comme Dieu est équilibre parfait en plénitude, Il aime ce qui est juste et équilibré. Dieu aime l'homme, tous les hommes et toutes les femmes. Sans exceptions aucune. Il ne fait aucune distinction de race ; de couleur ; de culture ; de religion ; de langue ; de coutumes.

Dieu aime la compagnie de l'homme et recherche inlassablement sa collaboration car oui, Dieu cherche des collaborateurs à l'Amour qu'Il est. Attention ici ne nous trompons pas. Dieu ne nous doit rien, strictement rien et peut, s'Il le veut, se passer de nous. Autrement dit, Dieu n'a pas besoin de nous pour être Dieu. Il est Celui qui est depuis toute éternité. Avant notre naissance, Il était Dieu, après notre mort physique, Il sera toujours Dieu. L'homme est incapable de rajouter quoi que ce soit à Dieu. Tout comme il est impossible à l'homme de retirer, de retrancher quoi que ce soit à Dieu. Mettre notre esprit à la disposition de Dieu, nous fait entrer dans l'éternité. Rejeter Dieu, renier Dieu selon les cas, nous éloigne voire nous prive définitivement de Lui.

---

[32] **Mathieu 18 ; 21 - 22**

Dieu est toujours gagnant. L'homme désireux de se mesurer à Dieu sera toujours perdant. Les règles du "jeux" sont simples et nous les verrons en profondeur dans le deuxième volume. Soit nous les acceptons et les vivons pleinement et sincèrement, soit nous les rejetons et nous privons librement de Dieu.

Tout vient de Dieu, tout retourne à Dieu. Toutes bénédictions viennent de Dieu. Il est l'Auteur par qui arrive tous « Bien » et toutes Grâces. Dieu n'a pas de demi-mesure, Il est entier. Il n'y a pour l'homme aucun marchandage possible avec Dieu. Certaines personnes posent quelques fois des ultimatums à Dieu mettant en avant leurs mérites, leurs innombrables prières. "Si tu ne me donnes pas ce que je te demande, je ne prie plus", est le genre de phrases qu'il est courant d'entendre. Ou encore, j'ai prié comme un malade pendant 5 ans, tu me dois ce que je t'ai demandé. Si vous envisagez votre relation avec Dieu sur ces bases-là, laissez tomber. Vous n'obtiendrez jamais rien et perdez le précieux temps de votre vie. Si Dieu donne, c'est par pur amour pour vous d'une manière totalement désintéressée et gratuite. Il vous donne parce que c'est sa volonté qu'il en soit ainsi pour vous et rien d'autres. Il le fait parce qu'Il estime que c'est bon pour vous ou encore parce que cela fait partie de son rêve sur vous et votre vie, c.-à-d. le fameux "plan de vie" imaginé par Dieu de toutes éternités pour chaque être humain. Une des prières les plus "intelligente" que vous puissiez lui adresser, est de lui demander qu'Il réalise son plan, son rêve sur vous et votre vie. Demande bien entendu faite librement et sincèrement. Rappelons-nous qu'Il lit notre cœur et nos pensées.

Si vous laissez faire Dieu dans un laisser agir librement consenti, soyez assuré(e) que votre vie sera réussie et heureuse pour la simple et excellente raison que Dieu ne se trompe jamais. Belle assurance, non ? Détail et non des moindres : Dieu est possessif et jaloux. Dieu peut vous mettre à l'épreuve dans votre fidélité et généralement, Il le fait. Ces épreuves sont parfois « salées » mais si vous comprenez qu'il s'agit bien d'une épreuve de Dieu pour vous, que de grâces et de bénédictions pour vous ensuite !

Je vous souhaite tout de même beaucoup de courage pour les surmonter si elles arrivent. Prenez le bien, ce n'est pas gai du tout mais comme toutes épreuves, elles ont leur limite et ne dure qu'un certain temps. Bon, c'est tout de même un temps certain aussi, mais comme Dieu est le seul à pouvoir rajouter des jours à vos jours ici-bas... Oserais-je dire : « LOL » ... Si vous n'avez aucune idée des épreuves que le Tout Puissant peut vous donner, je vous invite de lire attentivement le Livre de Job dans votre Bible. Il se trouve côté Ancien Testament. De savourer chaque mot malgré parfois des longueurs, et surtout comme d'habitude maintenant de bien méditer l'action de Dieu. Vous verrez à quelle vitesse vous vous reconnaîtrez dans l'histoire de cet homme.

Chez les musulmans, Dieu - Allah, possède 99 qualificatifs ou attributs[33]. Cette série à mon sens limite Dieu alors qu'Il est sans limite. Rencontrer Dieu, c'est donc rencontrer l'Esprit au-dessus de tous les esprits existants dont le vôtre. Être avec Dieu, c'est établir la connexion entre votre esprit, votre âme et son Esprit éternellement amoureux de vous. Le but étant que les deux esprits se rejoignent et s'unissent. C'est alors l'Esprit dans l'esprit et inversement. Ce qui fera de vous par extension et de fait sa sainte demeure. Ce qui l'intéresse, c'est notre cœur, notre âme, notre esprit et ce qu'il y a bien évidemment dedans. Ce qui l'intéresse encore, ce sont nos blessures remontant sans cesse du passé pour les guérir. Tout ce qui nous empêche de vivre pleinement notre vie au présent et de pardonner, de se pardonner. De tous nos manques, de toutes nos incapacités de savoir pardonner à autrui, qui ou quoi que ce soient. À la maison ou à l'extérieur de la maison, en ce compris cette autre personne vous ayant fait ou occasionné de profonds dégâts personnels.

---

[33] Voir Annexe : liste avec les 99 qualificatifs donnés à Dieu dans l'islam.

« Le Cantique de Marie »
est éloquant lorsqu'elle parle de Dieu :

Mon âme exalte le Seigneur,
Exulte mon esprit en Dieu, mon Sauveur !
Il s'est penché sur son humble servante
Désormais, tous les âges me diront bienheureuse.
Le Puissant fit pour moi des merveilles ; Saint est son nom !
Son amour s'étend d'âge en âge sur ceux qui le craignent.
Déployant la force de son bras, il disperse les superbes.
Il renverse les puissants de leurs trônes, il élève les humbles.
Il comble de biens les affamés et
Renvoie les riches les mains vides.
Il relève Israël son serviteur, il se souvient de son amour, de
la promesse faite à nos pères, en faveur d'Abraham
Et de sa race, à jamais.

19 - Qu'est ce que l'âme ?

« ...Alors Yahvé Dieu modela l'homme avec la glaise du sol, il insuffla dans ses narines une haleine de vie et l'homme devint un être vivant... » [34]

Comme pour le mot péché, bien des personnes se retrouvent dans le mur lorsqu'il s'agit de définir ce qu'est une âme. Essayons donc de passer par-delà ce mur. Il est totalement impossible de parler de Dieu, de la vie avec et en Dieu, sans parler de l'âme de l'homme donc de la vôtre aussi. Parce que oui, comme Dieu existe, vous aussi avez en vous par conséquent une âme. Logique. Comme vous prenez soin de votre corps, maintenant que vous savez en avoir une, il vous appartient dès lors et c'est votre responsabilité, de prendre soin de votre âme. Si vous n'avez pas connaissance de votre âme, si vous ignoriez même le fait que vous en possédiez une, ce point est donc fait pour vous...

Avez-vous déjà été en présence d'une personne décédée, d'un être humain devenu état de cadavre ? ... C'est le plus souvent une expérience douloureuse, marquante, parfois même traumatisante. Au-delà de la peine et de l'émotion ressentie suite au décès d'un proche, l'expérience est souvent désagréable parce qu'elle nous met toujours et systématiquement en face de notre propre fin ici-bas. Mais elle est aussi très intéressante si nous prenons le temps de regarder attentivement une personne décédée. Oserais-je dire de la regarder « froidement » en étant débarrassé de tout l'aspect émotionnel. A moins que de n'être soi-même dans le corps médical ou de travailler dans une morgue ou encore les pompes funèbres, ce n'est pas évident, je le concède bien volontiers. Pourtant, en présence d'une personne décédée, on sait catégoriquement que ce qui était, n'est plus. Cela peut sembler idiot de le dire mais ce qui frappe toujours face à une personne morte, c'est que nous savons

---

[34] **Gn. 2 ; 7 – Veuillez lire le récit et méditer le récit de la création.**

> Nos jeunes aiment le luxe, ont de mauvaises manières, se moquent de l'autorité et n'ont aucun respect pour l'âge. À notre époque, les enfants sont des tyrans.
>
> Citation de Socrate

qu'elle est morte. Pourquoi ? ... Comme l'électricité invisible à l'œil nu, la « vie », cette « chose » impalpable, intouchable que l'on ne peut saisir physiquement, a quitté ce corps devenu froid, étalé devant nous. La vie est sortie et a donc quitté ce corps. Tous, hommes ou femmes, nous connaîtrons et passerons par cet état. Ce qui frappe toujours dans l'état de mort, c'est le regard pour peu que les yeux du défunt soient encore ouverts. S'ils le sont, nous pouvons constater qu'ils sont définitivement figés sur l'infini. Ce regard est devenu « vide ». Vide de cette fameuse « lumière du corps », de cette « lumière » qui faisait que ce corps aujourd'hui sans vie, mangeait, buvait, embrassait, riait, pleurait, aimait ou n'aimait pas. Tout est énergie autour de nous, Dieu qui est la source de toute vie est énergie. L'âme habitant pour un temps le corps humain est cette étincelle de la vie et c'est Dieu qui donne cette étincelle. Elle est une part de Lui-même pour que nous puissions vivre. Lumière, étincelle, énergie, avec la mort, Dieu, l'énergie et l'étincelle ont quitté le corps de l'homme ou de la femme décédée.

Ce qui m'amène à dire que l'âme, c'est vous, c'est votre vie, toute votre vie et rien que votre vie. De tout ce que vous l'avez remplie en bien, en mal, de joies, de peines, de souffrances, de victoires ou d'échecs avec et par l'énergie reçue à votre naissance. L'âme est aussi pour prendre une image actuelle, est « comme » un disque dur (Hard Drive Disk – HDD), celui par exemple de votre ordinateur. Il enregistre toute votre activité, ce que vous lui aurez inscrit au fil du temps, année après année. Regarder un bébé les yeux ouverts est toujours un spectacle en soi, on y voit la vie à l'état pure. En mourant, cette énergie ne s'éteint pas, elle part. Si le corps mort est devenu « vide », cela veut donc dire que l'âme sort de notre corps au moment X de notre mort. Cela sous-entend par conséquent qu'elle possède son propre corps, son propre volume en hauteur, largeur et profondeur. L'âme n'est pas physique et visible à l'œil humain mais elle est bien spirituelle et invisible. Comme vous avez une main gauche et une main droite, un être humain est donc composé de deux corps, l'un physique que l'on peut saisir, toucher, embrasser et l'autre, spirituel et invisible pour tous sauf pour Dieu qui l'a créé et vous l'a donnée dès votre conception. De là vient par ailleurs, le débat de la contraception et de l'avortement, de savoir à partir de quand, quel moment précis, un enfant en gestation dans le ventre de sa maman est composé des deux corps, le physique et le spirituel. Autrement dit, à quel moment cet enfant en devenir reçoit effectivement la vie... Contrairement à une idée reçue, l'âme n'est pas immortelle, elle peut donc mourir et disparaître définitivement. Séparée de Dieu, là est alors la vraie mort de l'homme. Nous sommes donc responsables de notre corps, oui mais plus encore de notre âme qui est notre vie et ce que nous en ferons.

Nous avons été créés à « l'image de Dieu et ce qu'Il a créé, Il l'a jugé « bon, très bon » (voir genèse 1 et 2). ... Au plus nous allons vers Dieu, au plus notre âme se remplit de Lui. Au plus nous nous éloignons de Dieu, par exemple par une vie dissolue, une existence complètement déréglée selon ses préceptes, ses commandements, ses règles, au plus nous nous vidons de Dieu et « tuons » littéralement notre âme. Tous ces « virus » accumulés au fil du temps, détruise notre « disque dur ». Ce n'est pas Dieu qui nous tue, c'est nous-mêmes. A notre mort, nous n'emporterons ; que et seulement que ; notre « disque dur ». Dieu, Jésus Christ lisent maintenant et liront au jugement son contenu. Heureux celui qui connaît le Sacrement de Réconciliation, la fameuse confession. Celle-ci agit « comme » un nettoyage de votre disque. Une remise à zéro. Disons une réinstall system ?... Un nouveau départ : oui.

Un grand saint libanais, Naamtalha el Hardini, disait que :

« Le brave est celui qui sauve son âme ».

Il en a fait sa devise et l'a enseignée à St Charbel Makhlouf, le plus grand saint du Liban, tous deux très vénérés au pays des cèdres ; mais aussi en Belgique, en l'Abbaye de Bois Seigneur Isaac, Monastère St Charbel ; où, avec le Saint Sang, il est également très vénéré.

Quelque soit la spiritualité pratiquée ; ignatienne ; carmélitaine ; franciscaine ; bénédictine ; dominicaine ; maronite ou autres ; c'est toujours vouloir sur le fond, même si ce l'est fait inconsciemment, vouloir sauver son âme en la reliant à Dieu qui nous appelle. Sachant tous instinctivement, qu'un jour nous allons mourir, nous voulons donc que la vie, notre vie perdure et soit autant que faire se peut, éternelle. Dieu seul a la capacité de nous accorder cette éternité recherchée par l'homme et personne d'autres, ni au Ciel, ni sur la terre. Par nous-même, cela nous est totalement impossible. En tout cela, Il y a quelque chose de véritablement instinctif, d'inné pour ce faire chez l'homme, quelque soit l'âge de sa vie. L'âme est donc un « principe de vie ; de mouvement et de pensée de l'homme ; différent de l'esprit ; conçu lui comme une activité intellectuelle et fréquemment opposée au corps ; du moins dans la tradition judéo-chrétienne. L'âme au sens littéraire étant le siège de l'activité psychique et des états de conscience de quelqu'un, elle est encore l'ensemble des dispositions intellectuelles, morales, affectives qui forment son individualité, son moi profond. « Elle est esprit, intellect, cœur, conscience : Connaître l'âme humaine. Avoir l'âme d'un poète selon le dictionnaire bien connu « Larousse ».

Nous pouvons donc conclure que l'âme humaine, c'est l'homme, vous et moi à qui s'adresse le grand paradoxe de l'annonce évangélique révélé par le Christ :

« Celui qui veut garder ou sauver sa vie, la perdra »

c-à-d. la psyché de l'homme ; sous entendu, celui qui veut égoïstement garder sa vie pour lui, en fait une vie perdue, ratée, à contrario, celui qui l'aura perdue en se donnant au Christ, sauvera sa vie et la retrouvera. Par l'âme, nous savons d'instinct que l'être humain en face de nous ne se réduit pas à n'être qu'un corps physique. Nous nous devons donc d'aimer cette personne comme nous nous aimons nous-même. Assassiner une personne, c'est lui ôter la vie physique, c'est lui ôter la vie donnée par Dieu à cette personne. C'est pourquoi l'interdiction nous est faite de tuer au 5ème commandemant de la Loi de Moïse que le Christ n'a pas aboli.

En fait, tuer son prochain, c'est se tuer soi-même. L'être humain a toujours eu l'intuition de l'âme. Cette intuition est relevée et reprise dans la Bible.

Nous avons la capacité de ressentir, de percevoir chez une personne assise en face de nous, son âme, sa profondeur infinie, sa complexité, notamment lorsque ses sentiments sont sur le point d'être ou sont déjà engagés. Pour prendre un exemple concret, nous pouvons vivre cette complexité et cette profondeur lorsque chez un couple venant à peine de se rencontrer, l'un des deux amoureux aime déjà pendant que l'autre hésite encore. Particulièrement si nous avons affaire à une personne toujours assise entre deux chaises. Certaines personnes hésitent de la sorte à s'engager toute leur vie. C'est là que nous réalisons concrètement toute la complexité de la pensée et de l'âme humaine.

Ne parle t'on pas des états d'âme d'une personne... Tous un jour dans notre vie, nous en ressentons les effets. Ils seront d'une profondeur abyssale si elle malheureuse. A contrario, lorsque celle-ci est super heureuse, nous dirons alors qu'elle est au septième ciel, soit dans le bonheur absolu sur terre. L'âme dépasse la raison. Elle lui est donc le plus souvent incompréhensible. Un artiste doté d'une grande âme créatrice, aura une imagination débordante et créatrice qui lui permettront de mettre sa « patte » dans son œuvre.

À la différence du corps et de l'âme dans ses différents aspects, une personne ne peut ni ne pourra donc jamais être perçue comme un objet. C'est un des problèmes majeurs de notre société ultra capitaliste actuel qui a fait de l'être humain, une marchandise. Il apparaît donc que celui-ci est et sera toujours prioritairement et définitivement un sujet, une personne. Elle est la profondeur indépassable à la fois du corps, de l'âme et de l'esprit humain. La personne vivante transcende à la fois les trois. Elle est le for intérieur de toute individualité humaine, c'est elle qui est, à proprement parler, marqué du sceau de l'image divine puisque crée à l'image de Dieu. La boucle est ainsi bouclée.

20 - Comment pouvons-nous prendre soin de notre âme ?

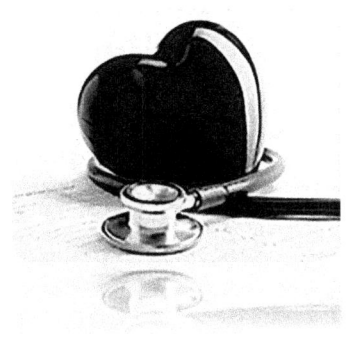

Nous savons que notre âme ne devient immortelle qu'en participant à la divinité. Elle n'est pas immortelle en elle-même et par elle-même selon la conception biblique. Elle est donc éternelle lorsqu'elle est unie à Dieu, au Christ. Elle le devient par les œuvres de Charité, de Foi et d'Espérances, les trois vertus théologales de l'Église. Elle l'est encore par le Baptême et la participation à tous les sacrements de l'Église. Vivre en chrétien au quotidien de la vie que nous avons, sortant de la théorie des textes pour l'appliquer, nous assure donc l'éternité de notre âme avec et en Dieu avant et après notre mort. C'est un choix, une décision, une responsabilité personnelle. « Oui m'sieur mais bon, moi je suis honnête, je n'ai jamais tué personne, je suis sage et je n'ai pas besoin de Dieu ou du Christ dans ma vie... Aller à la messe, ça ne sert à rien et le dimanche, je préfère dormir ».

Dans ce cas déjà entendu de nombreuses fois autour de moi, il ne m'appartient pas de vous juger ou de vous promettre l'enfer. Par contre, ce que je puis vous dire, c'est que vous privez votre âme de la lumière de Dieu qui est vivifiante puisque source de toutes vies. Vivre avec Dieu, c'est nourrir votre âme. C'est l'unir à Dieu, à Jésus Christ, à l'Esprit Saint qui prennent soin de votre âme mieux que vous ne pourrez jamais le faire. Une âme bien disposée ne s'éloigne jamais de Dieu. Elle y est attachée et rien au monde ne pourrait l'en séparer tant elle s'en trouve bien. Rien que cela. À vous de choisir.

Simple, non ?

Prenez à présent votre Bible et rendez-vous
Chez Ézéchiel qui nous attend au chapitre 37 – 1 à 14
Pour une lecture et une méditation...

21 - Pardonnez comme vous voulez mais pardonnez !

Savez-vous que le manque de pardon, que ce soit pour une chose précise, un événement précis appartenant désormais au passé ; où pour n'importe quoi d'autres ; que de ces manques de pardon, vous en avez même réussi, à vous en faire une religion à vous tout seul(e) ; et bien, mauvaise nouvelle pour vous ; tous vos manques de pardon bloquent littéralement votre existence. C'est tellement vrai ce que Jésus Christ nous a enseigné sur ce sujet il y a deux mille ans, que même les psychologues et la science le confirment de nos jours. Que vous soyez déjà un ou une priante ou pas du tout, mais que vous n'avez pas pardonné une ou plusieurs choses dans votre vie ; à commencer par vous-même ; ex. en n'étant pas devenu, le médecin, le pilote de Formule 1, le mathématicien, une artiste, un plombier que vous auriez aimé être, que vous vous en voulez de ne pas avoir atteint votre objectif, je vous le dis : pardonnez-vous ! ... Soyez bon avec vous-même, aimez-vous et pardonnez-vous. Le faisant vous pourrez alors, « aimer votre "prochain ». L'enjeu est de taille, je dirais même qu'il est capital et essentiel tant pour vous-même, que pour votre relation avec Dieu ... Je sais parfaitement pour avoir moi-même rencontré énormément de problèmes avec le pardon, combien cela peut être de prime abord difficile. Parfois dans un premier temps, même être carrément impossible. Personne ne peut vivre et ressentir votre, vos souffrances à votre place. Les personnes extérieures peuvent juste les envisager, les comprendre humainement parlant, en vous apportant le réconfort. Seul Dieu peut comprendre et ressentir en plénitude ce que vous vivez et ressentez, en toutes choses vous concernant. Acceptez-vous comme vous êtes et acceptez de pardonner, sont des conditions sine qua non dans votre réussite pour établir la connexion avec Dieu. Toute la Loi mosaïque, les dix commandements que nous verrons plus loin dans un autre volume, tous les enseignements du Christ et toutes les Bibles du monde vous le dise, votre âme aussi. Comprenez qu'en ne vous pardonnant pas tout comme à autrui ; vous l'empêchez de trouver la Lumière ; la Vérité ; l'Amour de Dieu ; en persistant dans cette erreur parfaitement voulue par la société ; et cerise sur le gâteau, parfaitement entretenue par le Malin. Permettez par votre pardon que le Seigneur vous pardonne à son tour, Lui qui n'attend que cela ; Lui qui n'attend que de vous guérir de vos blessures de quelques natures qu'elles soient. Là est la vérité et nulle part ailleurs. La politique de « l'œil pour œil - dent pour dent » a-t-elle amené la Paix en Israël ? ... A vous de voir. La haine n'engendre que la haine. La Paix obtenue par le pardon véritable donné ou reçu, permet de construire ; de reconstruire ; de se reconstruire. Je tiens aussi à éclaircir un point particulier important peut-être pour vous. Pardonner ne veut pas dire oublier. Pardonner ne veut pas dire de faire semblant de pardonner, que tout va bien ; ou d'être dans un déni naïf. Les juifs et les arméniens n'ont jamais oublié les génocides dont leur peuple a été victime. Je les comprends. Les turcs n'ont jamais demandé pardon pour les atrocités commises contre les arméniens. Tant que cela n'aura pas été fait, combien de souffrances perdurent encore de nos jours ?! ... Il faut garder et faire mémoire mais sans tomber non plus, dans des excès quelques fois regrettables ainsi que je le constate sur les réseaux sociaux. Le passé est le passé. Bien ou moche, doux ou terrible, sanglant ou pacifique, pauvre ou riche, le passé ne nous apprendra jamais rien de nouveau, ce qui n'est pas jusqu'à preuve du contraire, la négation de ce qui a été vécu tant individuellement que collectivement.

> **Ne faites plus de votre passé
> un lieu de résidence mais un lieu de références !**

Saisissez que le manque de pardon, votre manque de pardon touche votre âme, votre inconscient personnel comme celui du collectif. Dieu ne vit pas dans le passé. Jamais ! ...

Il est « **Je Suis** ».

Autrement dit, Il est l'Éternel Présent. Si vous ruminez sans cesse au fond de vous votre passé et ce qu'il s'y est déroulé ; que celui-ci revient en permanence à la surface de vos pensées ; vous ne vivez pas votre présent intérieur. Vous ne pouvez pas le vivre, ni rencontrer Dieu en vérité, sauf grâce spéciale bien évidemment. En laissant la porte ouverte, vous ne permettez pas au passé d'éteindre votre incendie intérieur qui vous ronge là, tout au fond de vous quel que soit le vernis brillant au-dehors. Il refera toujours surface tôt ou tard.

Vous êtes un ou une prisonnière de votre passé. Des milliards de prières sont adressées chaque jour à Dieu aux quatre coins de la terre. Des dizaines et des dizaines de millions de chrétiens sont à genoux chaque jour, chaque heure, chaque seconde dans la supplication ou la louange et ne voient jamais le fruit de leurs prières exaucées. Et bien, je vous affirme que toutes les prières que vous faites, que vous pouvez faire, toutes les bougies que vous avez achetées et allumées, tous ces pèlerinages accomplis, ne servent de rien si nous ne savons, ne pouvons, n'accordons pas notre pardon.

Je vais peut-être vous paraître dur et j'en suis sincèrement désolé. Mais que vous ayez été violé(e) un jour dans votre vie, que vous ayez souffert comme un martyr quoi que ce soit, pardonnez. Et selon les cas, pardonnez-vous !... Si vous ne pouvez le faire, ce qui est quelques fois humainement tout à fait compréhensible, demandez à

Dieu de vous aider à pardonner, mais que votre prière aille en tout premier lieu en ce sens. Je le répète encore, pardonner ne veut pas dire oublier, ni encore moins nier ce qu'il s'est produit dans votre vie. Ce qui est arrivé, est arrivé. Il ne s'agit en aucun cas de nier les faits, jamais. Mais si vous réussissez à faire cette démarche du pardon en adressant votre demande à Dieu, croyez-moi, Il vous aidera et ira même jusqu'à effacer tout ou partie de vos souffrances antérieures remontant sans cesse à la surface. La règle absolue : Dieu pardonne tout, pardonnez aussi ! ... Je vous invite de lire la vie et le cas de Ste Maria Goretti qui eut un comportement exemplaire en matière de pardon. Pour vous faire comprendre l'enjeu du pardon, détaillons autant que possible les effets de celui-ci par différents cas de figure.

Vous avez pardonné ?

Vous allez recevoir de Dieu sa Paix, sa guérison intérieure, voire même d'avantage selon sa Volonté. Votre vie va pouvoir reprendre son cours d'une façon toute autre pour votre bien. Ce pardon donné vous sanctifie aux yeux de Dieu.

Pour votre ennemi vous ayant lésé(e), sa peine, sa punition, au milieu des hommes, il devra la payer avec ou sans votre pardon. Si son cœur est ouvert, Dieu peut parfaitement le convertir en prison par ses chemins, les exemples sont nombreux sur ce sujet. Il aidera la personne fautive à devenir bonne, en la convertissant par exemple. Peine accomplie, c'est un homme nouveau qui sortira de prison, et poursuivra son existence sous le regard de Dieu.

Vous avez pardonné sincèrement mais votre ennemi, votre adversaire, se moque complètement de votre pardon, il en rigole ou cela ne l'intéresse pas ; voire il n'en a même pas connaissance ? Vous, soyez en paix. Dieu vous la donne. Il va vous aider à continuer votre chemin de vie et redresser votre situation. Pour la personne vous ayant lésé(e), vous n'entendrez généralement plus parler d'elle, où alors plus tard, beaucoup plus tard. Cette personne au cœur endurci, paiera au prix fort par les chemins de Dieu, les torts qu'elle aura commise sa vie durant à autrui. Si l'on observe le parcours de tels personnes lorsque c'est possible, généralement, la fin de ces gens est souvent, très souvent, sans rémission de leur part, des plus moches et pénibles. Elles finissent seules, abandonnées de tous, terminent leur vie souvent gravement malade, meurent dans la violence, pour disparaître définitivement au Ciel comme sur la terre, très souvent dans l'oubli le plus total des hommes, ou alors si l'on s'en souvient, ce sera de façon négative.

Nous devons comprendre, qu'en accordant notre pardon sincère envers l'auteur des faits, c'est « comme » si, nous donnions la note à payer à Dieu, qui se chargera de lui faire régler la facture par ses chemins et par des voies, qu'il ne nous appartient pas de connaître. Nous, nous continuons pendant ce temps, notre vie redevenue « normale ». Pour recevoir un pardon plein et authentique, l'auteur de la faute doit naturellement, demander sincèrement le pardon en conscience pour le recevoir en retour de sa victime. Ici bien sûr, nous sommes dans l'idéal. C'est ainsi par exemple ce qu'il se passe lors d'audiences dans les cours d'assises entre accusé(s) et victime(s). Dans ces endroits où sont évoqués et jugés des cas extrêmement pénibles et douloureux. Si la personne coupable à vos yeux, ne vous demande aucun pardon, quelques soient ses raisons, vous en qualité de victime de l'injustice commise, donnez-le malgré tout dans votre prière silencieuse à Dieu. Un exemple parfait de l'attitude à adopter face à Dieu, nous pouvons le trouver avec le cas de la petite sainte, Maria Goretti, tant il est édifiant sur l'attitude parfaite à tenir en tant que victime, mais aussi par quel retournement de situation, Dieu opère pour transformer une personne coupable. Je vous invite à étudier son cas, et à vous en inspirer fortement si vous avez des ennemis actuellement. En pardonnant, vous serez alors une personne « juste » devant le Tout Puissant. Laissez alors Dieu agir comme Il l'entend avec cette personne. Croyez-moi, Il agira en son temps et en son heure.

Apprenez et souvenez-vous toujours que Dieu défend, la veuve, l'orphelin et le Juste.

Je ne parlerai pas du sacrement de réconciliation de l'Eglise catholique, celui que l'on appelle encore la « Confession » dans ce premier volume. Il sera traité complètement dans le volume 3 dédié entièrement à Jésus Christ.

Un jour et c'est une histoire vraie que je vous relate à présent, un ami américain de confession « Baptiste », vivant à Jacksonville en Floride, que nous appellerons Michael pour respecter la confidentialité, m'a raconté ce qu'il avait vécu, voici son histoire.

Michael a dans la cinquantaine bien tassée, il est menuisier et excellent violoniste de son état. Il m'a relaté cette histoire qu'il avait vécue lui et Gregory, un de ses meilleurs amis. Un soir, ils s'étaient gravement disputés au point de ne plus jamais se rencontrer et de cesser toutes relations entre eux. Ils se séparèrent sur leur dispute sans se réconcilier, sans se pardonner mutuellement, comme on le fait généralement entre amis. Les années passèrent et ne se revirent plus jamais.

Nous pouvons donc croire que l'affaire avait été suffisamment sérieuse pour briser définitivement leur vieille amitié.

Le temps et les années passèrent. Et voici mon ami américain vivant toujours à Jacksonville, occupé de travailler un soir dans son atelier, ainsi qu'il en avait l'habitude. En Floride, il fait chaud et humide le jour. Une chaleur moite, difficile à

Nulle pierre ne peut être polie sans friction

Nul homme ne peut parfaire son expérience sans épreuve

Citation de Confucius

supporter lorsqu'elle est forte en été. Les soirées sont donc particulièrement appréciées pour leur fraîcheur arrivant avec la tombée de la nuit. Lors de l'une de ces soirées laborieuses dans son atelier, disons vers les 22h00, peu importe en fait, Michael senti une présence derrière lui. Un fort frisson allant en s'emplifiant lui parcouru tout le dos. Une sorte de présence totalement inhabituelle envahissait tout l'espace de son lieu de travail, elle était accompagnée d'une forte odeur d'encens. Une présence et un ressenti surtout totalement inconnu de Michael jusqu'alors. Une réelle présence indéfinissable mais forte, de plus en plus forte et puissante remplissait tout l'espace de son atelier. Dans le même temps, une lumière douce remplissait petit à petit la pièce. À tel point qu'il commença à prendre peur bien naturellement. Sans paniquer, prenant à portée de main un marteau sur son établi pour parer à toutes éventualités, courageusement, il se retourna lentement, très lentement. Il s'attendait franchement à devoir riposter à une agression ou quelque chose dans le genre. Et là, que voit-il dans l'encadrement de la porte donnant sur son atelier ? ... Jésus Christ portant un homme semblant sans vie, inerte dans ses bras. Lâchant instantanément le marteau, Michael tomba comme foudroyé sur place. Il se retrouva spontanément sur ses genoux, tête légèrement baissée, figée. Il pouvait respirer mais il lui était totalement impossible de bouger. Michael ne ressentait aucune douleur, juste une force invisible mais implacable qui le maintenait par le dessus, comme une main posée sur sa tête. Le Christ éternel, historique, majestueux, le vrai Jésus était là face à lui, le regardant fixement dans les yeux. D'une beauté à couper le souffle, tout à fait inexprimable. Il avait un visage long, mince, très typé oriental, une peau basanée avec de longs cheveux noirs magnifique lui descendant jusqu'aux épaules. Il portait encore une fine barbe, vous savez, le type collier et un fin bouc. Il présentait un air grave, sérieux ; mais ce qui ressortait par-dessus tout de la personne du Christ ; c'était son expression d'une très grande douceur se dégageant de sa personne. Michael ressentait affluer vers lui, une tendresse lui envahir tout le corps, une tendresse et un amour d'une profondeur totalement inconnue de lui dans toute sa vie. Jésus, très mince, portait à bout de bras, sans aucun effort apparent, un homme immobile, semblant pâle, très pâle, presque jaunâtre, mais sans qu'il soit possible pour Michael de savoir qui était cette personne. Il pouvait juste deviner que c'était bien un homme par les vêtements masculins sombres dont il était revêtu. La personne semblait, vu des quelques mètres les séparant, d'avantage morte que vivante. La longue tunique blanche que portait le Christ allait jusqu'aux pieds. Il n'avait pas de chaussures. Cette tunique couvrant les épaules et les bras jusqu'aux poignets, était d'une blancheur pure, lumineuse, une couleur n'existant pas sur terre. Sur la taille, il portait une fine ceinture d'or, elle-même d'une couleur et d'une pureté inimaginable. Ces deux couleurs étaient comme saturées, un peu à l'image de ces superbes photos couleurs prises depuis l'espace. Non vraiment, rien de comparable sur terre. Jésus Christ était dans une attitude, une posture où Il semblait peser l'âme de l'homme qu'il portait. Michael ne discernait pas nettement le visage de cette personne. Par un autre aspect, le Christ semblait être dans la position d'une mère portant son bébé dans les bras. Il fixait mon ami de son regard pénétrant, sérieux, doux et lui demanda ...

« Michael, que fait-on avec cet homme » ? ...

Mon ami ne se sentait pas en danger. L'intensité de la lumière ambiante produite par les néons de son atelier avaient baissé, sans qu'ils se soient éteints ; comme si l'on avait intentionnellement réduit l'éclat de celle-ci. Une grande paix totalement sécurisante avait envahi tout l'espace de son atelier. Rassuré autant que l'on peut l'être dans un pareil moment, sentant qu'il pouvait désormais bouger, il redressa la tête complètement et se risqua à se relever lentement, très lentement. Il ressentait toujours cette main invisible sur sa tête mais elle avait désserré son étreinte, et indiquait à Michael jusqu'où il pouvait bouger. Mon ami n'arrivait pas à distinguer de façon nette le visage de l'homme que le Christ portait et Lui répondit :

« Je ne connais pas cet homme Seigneur » et il rabaissa la tête aussitôt.

Sa phrase à peine terminée, Jésus lui répondit immédiatement, instantanément, toujours d'une voix douce, mais ferme :

« Michael, tu connais très bien cet homme, regarde-le ! »

Mon ami releva à nouveau la tête, il vit alors le visage de l'homme éclairé, et entouré par une sorte d'aura lumineuse puissante, en provenance du cœur du Christ. Il le reconnu alors immédiatement, c'était Grégory, son ami. Jésus lui demanda de nouveau, toujours d'une voix douce, mais cette fois avec une autorité incroyable, jamais entendue dans sa vie :

« Michael, que faisons-nous de Gregory ? »

Lui dit le Christ...

Dès la question posée, de nouveau dans une totale instantanéité, une précision et une netteté incroyable, tout le passé vécu par mon ami et cet homme, revint instantanément sous ses yeux et dans son esprit. Les bons moments passés ensemble, les joies, les engueulades, les filles, les virées, le business, les parties de basket, tout, absolument tout ce qu'ils avaient vécu ensemble, était là, étalé devant ses yeux. Il voyait tout « comme » dans un film en couleur, pour en arriver enfin, à cette dernière bagarre. Là, où ils se disputèrent définitivement, sans un adieu, et sans pardon échangé. Que pensez-vous qu'il se passa à cet instant ? ... Michael répondit alors du plus profond de lui-même, naturellement, spontanément sans aucune hésitation :

« Je lui pardonne Seigneur, s'Il te plaît, que rien ne soit retenu contre Gregory »

Le Fils de Dieu reprit alors en souriant :

« Qu'il en soit ainsi »

Sans encore mots dire, le Christ, toujours en souriant à Michael, disparu lentement de sa vue, emportant avec Lui toujours dans ses bras, le corps sans vie de Gregory. Tout redevint normal dans l'atelier, l'intensité de la lumière produite par les néons aussi.

Le lendemain, Michael apprit que Gregory s'était tué la veille au matin, dans un accident de voiture en Californie, soit de l'autre côté des Etats-Unis. Réalisez-vous, comprenez-vous mieux à travers cette histoire tout à fait authentique, la responsabilité, et la liberté que Dieu nous donne ? ... Pardonner est un acte libérateur pour la personne en face de nous oui, mais le pardon est aussi un acte libérateur pour chacun de nous ... Je vous invite à présent de méditer l'attitude du Christ, ses mots simples qu'Il a adressé à mon ami. Ensuite, imaginez que cette aventure avec le divin vous soit personnnellement arrivé. Qu'elle aurait été selon vous, votre attitude ? Que dire d'autres après avoir vécu pareille expérience avec le Christ, sinon répéter souvent en son cœur cette prière que le Christ nous a Lui-même laissé : « Le Notre Père ».

Cette prière est l'invocation universelle de tous les chrétiens, ce quelque soit son rite. C'est une prière simple que l'homme adresse à Dieu, considéré comme étant le Père des hommes. Elle peut être dite en privé comme en public lors des célébrations aussi bien catholiques, que protestantes, orthodoxes ou encore lors des rassemblements chrétiens. Le Notre Père est la prière qui unit le plus fermement les différentes traditions chrétiennes, ce qui explique qu'elle est dite lors des assemblées œcuméniques. Pour l'avoir vécu dans des assemblées chrétiennes, on ressent toute la puissance de cette prière qui monte à l'unisson vers Dieu. Ce qui m'a toujours fait penser par ailleurs, que Dieu voulait l'unité des chrétiens et non les divisions existantes. En soi, « Le Notre Père » est une prière simple mais très riche où chaque mot compte. Pour l'histoire, le texte original a été écrit en grec : **Κυριακή προσευχή** puis traduit en latin par : « Pater Noster ». Cette prière se compose de deux parties. La première partie affirme la reconnaissance et la sanctification de Dieu. En cela, elle est proche du Kaddish juif, prière de sanctification du Nom de Dieu. Ensuite, elle comporte des demandes de ce qui est essentiel pour la vie de l'homme.[35]

---

[35] **Nous verrons dans le volume 3 une définition étendue du « Notre Père »**

Au Nom du Père, du Fils et du Saint Esprit, Amen

Notre Père qui est au Cieux
Que ton Nom soit sanctifié
Que ton règne vienne
Que ta volonté soit faite sur la terre comme au Ciel

Donne-nous aujourd'hui, notre pain de ce jour
ou
Remets-nous nos dettes, comme nous-même nous
remettons leurs dettes à nos débiteurs

Pardonne-nous nos offenses,
Comme nous pardonnons à ceux qui nous ont offensé.
Ne nous laisse pas succomber à la tentation
mais délivre-nous du Malin

Car c'est à Toi qu'appartiennent le Règne, la Puissance et
la Gloire pour les siècles des siècles

Amen.

22 - Dieu et nous ...

Dieu ? ... Tous nos talents, connus ou pas encore. Ce que nous en avons fait ou en faisons là maintenant. Du combien nous avons aimé ; du combien nous aimons maintenant en lisant ce bouquin, chez vous à la maison, au travail ; le blessé sur la route ; le SDF à la sortie d'une gare ou d'un Métro ; la voisine de chambrée dans un home, seule, abandonnée par sa famille ne lui rendant jamais visite pour n'importe quelles mauvaises raisons ; de l'arrière tante Adèle que vous n'avez plus vu depuis perpète se trouvant alitée avec ses escarres dans le dos, un sac d'urine pendant sur le côté du lit et souffrant en silence attendant son tour pour mourir. Enfin bien sûr, au moment de la rencontre Dieu nous saisit comme nous sommes ; dans l'état où nous sommes ; là où nous sommes ; sans se préoccuper de la marque et du modèle de votre voiture de luxe ou pas ; de votre villa encore à payer, achetée au-dessus de vos moyens ou de votre appartement à Monaco payé cash. De tous ces bijoux que vous portez aux doigts, aux poignets ou autour du cou, Il n'en a cure. Ces choses matérielles ne l'intéressent pas, en tous cas pas dans l'immédiat, pas au stade de la rencontre entre vous et Lui. Votre humanité oui, tout simplement oui ; de votre ouverture à son Esprit, oui ; de votre ouverture de cœur encore oui ; de votre sens de la justice par votre charité encore et encore oui. De votre capacité de pardonner, encore et toujours oui. De votre capacité à aimer, positivement oui. Toutes ces considérations intimes mais propre à chaque être humain et vécue par tous différemment, l'intéresse au plus haut point, définitivement oui. N'en doutez jamais. Je n'utiliserai donc pas concernant cette série parlant du Tout Puissant le mot « vulgarisation » mais une réelle accessibilité à et pour tous, oui. Un aspect m'a toujours surpris et laissé dans le plus grand étonnement. Une multitude de livres portant sur Dieu et le Christ ont été écrit à travers les siècles, particulièrement au cours de ces dernières décennies. Rien qu'au travers des biographies des saints et saintes, il existe de merveilleux témoignages et enseignements accessibles, toutes véritables leçons de vie tant spirituelle que simplement humaine. Je vous invite par ailleurs fortement à en lire le plus possible. Ces lectures mais aussi des films vous permettront de vous situer selon leur vécu dans le contexte du divin.

Tous ces écrits, nous ont été laissés par de belles et courageuses personnes au caractère trempé, mais dans tous ceux que j'ai eu le plaisir de lire et tous je ne les ai pas lus, une vie ne suffirait pas, il me manquait toujours quelque chose, comme une soif insatiable et inassouvie me laissant un goût de trop peu me concernant. Je ne pouvais dès lors qu'imaginer que ce qui est vrai pour moi, peut l'être par conséquent tout autant pour bien des hommes et des femmes de notre temps dans notre société. Ce l'est d'autant plus en regard de ce que tous, nous vivons individuellement, de notre naissance ici-bas, à notre mort physique en notre fort méchante époque stressée où, tant et tant d'hommes et de femmes n'ont plus le temps, ont renié Dieu et le Christ en Europe. Surgit alors une question cruciale pourquoi ont-ils renié, abandonné, Dieu et le Christ ? ... Cette question fait sûrement partie des débats internes de et dans l'Église tout comme, chez les orthodoxes ou encore chez les protestants. Toutes les églises ne restent pas les bras croisés devant une désaffection évidente, qu'il est inutile de nier par ailleurs, particulièrement chez les catholiques occidentaux. N'étant pas dans le secret des « dieux », je n'en sais donc rien, mais je pense que la seule réponse logique résonnant en moi comme une évidence, ces personnes ayant abandonné Dieu et le Christ, n'ont tout simplement jamais rencontré le Tout Puissant, préférant répondre ainsi à l'appel du Monde et son Esprit. Pouvons-nous imaginer Abraham, Moïse, l'Abbé Pierre ou encore Jean Vannier, abandonnant Dieu ? ... Non, c'est impossible, tout comme ce l'est pour tous ceux ayant véritablement rencontré Dieu dont très humblement, je fais partie.

Succombant à la pression sociale, une foi faiblement ancrée voire totalement absente ; par lassitude éventuellement ; ces personnes ont tout laissé tomber pour la simple raison, encore et encore, que si vous rencontrez Dieu et Jésus Christ en vérité, ne fut-ce qu'une seule et unique fois dans votre vie, un jour quelque part sur terre, il vous sera totalement impossible, si vous êtes intellectuellement et spirituellement honnête, d'encore tourner le dos à Celui qui s'est révélé à vous. Je n'ai pas écrit cette série pour vous convaincre absolument et impérativement de croire en Dieu et en Jésus Christ, aux anges et aux saints. Je sais ce que j'ai vécu, ce que d'autres personnes ont également vécu, soit récemment, soit plus loin dans le temps, avec Dieu et Jésus. Les témoignages en soi, ne sont pas une preuve de l'existence de Dieu. Ils sont un témoignage. Important, certes, mais demeurent juste un témoignage. Ainsi que je le disais plus avant, la Bonne Nouvelle, l'Ancien Testament, la Bible ont été porté à la connaissance des hommes. Les enseignements aussi. Ce sera toujours à vous in fine, et à vous seul de décider et de conclure que oui, Dieu existe. Vous y arriverez par votre expérience et votre vécu spirituelle, à la condition sine qua non que vous le vouliez ; de si vous décidez concrètement de vouloir rencontrer Dieu et le Christ dans votre vie. Rien ne vaut, ni ne remplacera jamais l'expérience personnelle. C'est évident en général, ce l'est totalement en matière spirituelle. La Vérité avec un grand V a ceci d'unique, c'est qu'elle implique Dieu et le Christ automatiquement. Ils ne peuvent pas, ça leur est, j'en suis totalement convaincu, IMPOSSIBLE de ne pas dévoiler la Vérité à qui l'a demandé sérieusement et sincèrement. Pour vous aider en ce sens voici une autre petite histoire, toujours authentiquement vraie, et vécue par un ami personnel, décédé il y a quelques années.

Cet ami s'appelait Walter, un italien costaud du Nord de l'Italie, né dans la région de Trieste. Il avait été élevé comme tous bons italiens dans la Foi catholique et, dans la Péninsule, on ne rigole pas avec ces choses-là. Arrivé à maturité, il a émigré vers la Belgique. Travailleur et courageux, il bossait ferme comme "homme à tout faire". Le soir, il sortait et il lui arrivait de boire d'avantage qu'un bon verre. Conscient de son état, il savait que cela n'allait pas comme il le souhaitait dans sa vie. Loin de sa famille, loin de tous milieux chrétiens, loin de la religion, il abandonna la messe. Il abandonna tout ce qui fait la vie chrétienne d'un catholique ayant

> "La vie sans religion est une vie sans principe
> et
> une vie sans principes est comme un bateau sans gouvernail".
>
> Citation du Mahatma Gandhi

reçu une bonne éducation très catholique. Il s'intéressa au « New Age » et tenta différents courants jusqu'au jour où, il finit plus tard par s'intéresser au bouddhisme. Cela lui plu et il s'engagea sérieusement dans cette voie. C'est tellement vrai, qu'il vendit tout et partit au Népal, au Tibet, pour être aux racines même de cette philosophie orientale.

Tout allait bien pour lui. Il avait cessé de boire et reprenait des forces. Un jour qu'il se trouvait en haute altitude dans un monastère, il sortit prendre l'air, admirer la chaîne de l'Himalaya, tout juste là en face de lui. Imaginez le spectacle grandiose de l'instant, de la majesté de ces montagnes parmi les plus hautes du monde, avec l'Everest pour horizon. Il se concentra, rentra en méditation et là, sans crier gare, le Ciel se déchira, et il vit le Christ venir à lui. Imaginez sa stupeur et surtout sa peur ! ... Eh bien non ! ... Il n'eut pas peur. Il fut rempli d'une joie inouïe, incroyable, inénarrable. Il vécut la stupeur, le saisissement, mais surtout joie de la rencontre de l'homme qui rencontre Jésus, Dieu. Relevant du domaine privé, je ne vous relaterai pas ce qu'ils se sont dit. Devenu ascète et moine bouddhiste, n'imaginant plus revenir en Europe, et vivre dans le « monde », il s'était débarassé de tout. Notre bon Walter a dû recevoir l'aide de la divine Providence, et fini après quelques péripéties, par atterrir à Split et se retrouver à Medjugorje, en Bosnie-Herzégovine. Ce petit village est devenu célèbre comme lieu d'apparition de la sainte Vierge Marie depuis les années 80'. Pour y avoir séjourné à deux reprises, je vous recommande chaudement par ailleurs de faire ce voyage. Vous y vivrez plus que probablement une expérience humaine et spirituelle très forte. Pour Walter, redevenu en un clin d'œil chrétien et catholique, Jésus Christ avait changé sa vie. Il l'avait complètement retournée, avec bien entendu la liberté d'accepter ou de refuser que Dieu laisse à chacun. Je ne le répéterai jamais assez, souvenons-nous toujours que Dieu respecte notre liberté. Depuis son retour de l'Himalaya, il n'a plus jamais quitté le Christ. Il s'est mis librement à son école et à son service et n'a plus eu de cesse de le servir jusqu'à la fin de sa vie, il y a quelques années.

Ceci pour vous dire et vous confirmer que l'homme, la femme, l'enfant, la personne jeune ou âgée qui a réellement rencontré Dieu et Jésus ne lui tourneront plus jamais le dos. Pourquoi pas vous ? ... Hormis l'achat de ce livre et d'une Bible, qu'est-ce que cela vous coûte d'essayer de rencontrer et de vivre l'expérience authentique de Dieu si elle est encore une fois, sincère ? ... Vous avez déjà esssayé dans le passé, sans résultat et vous avez laissé tomber. Erreur ! ... Recommencez et cette fois, allez jusqu'au bout. L'information, je vous la donne, à vous de choisir en toute conscience.

Considérant ce qui précède, considérant surtout le mal être vécu par le vide spirituel désormais enfoui par bien de nos contemporains dont beaucoup, sombrent dans la dépression, voire parfois dans le suicide, particulièrement chez les jeunes, à ce sujet les dernières statistiques sont vraiment très inquiétantes, la majorité des gens errent n'importe où, sauf au bon endroit dans leur quête et soif de vérités. Il peut être intéressant d'explorer différents chemins ainsi que le fit mon ami Walter, comme de douter même de l'existence de Dieu, mais que ces doutes et ces expériences, soient toujours faites avec un esprit d'honnêteté intellectuelle et spirituelle sincère. Une soif de quête de la Vérité avec un grand V doit être votre motivation permanente. Non par un souci de plaire ou de suivre les pensées du Monde. Mais uniquement parce que vous êtes intéressé de connaître la Vérité ultime de et pour l'Homme. Alors, celle-ci vous renverra systématiquement, un jour, quelque part dans votre existence vers Jésus Christ. Si l'on dit que tous les chemins mènent à Rome, le plus court, le plus authentique et le plus haut passera inexorablement par le Christ sinon ce n'est pas la vérité. Je dis et j'affirme ici qu'il ne peut en être autrement. Il m'est apparu comme une évidence devenue impérative, de me mettre à l'écriture de ce que j'avais reçu gratuitement, de Dieu et de Notre Seigneur Jésus Christ par et dans la prière, selon sa Volonté et de vous le partager. D'apporter modestement, mais résolument ma petite pierre à l'édifice par mon témoignage, de ce que j'avais vécu en Dieu et en Jésus Christ, afin d'aider l'homme et la femme d'aujourd'hui en quête de vérités et de sens. Ce, quelle que soit sa situation du moment, particulièrement quelle que soit sa situation en général, pour trouver des réponses nettes, directes, franches et vécues par votre serviteur. Dieu, on peut le comprendre et le vivre de milliers de façons différentes. Si tous les chemins mènent à Rome comme nous le suggère l'adage populaire, il est aussi des passages et des chemins qui mènent à l'enfer au travers d'une vie gâchée et vécue dans l'erreur. Souvenez-vous toujours que les apparences sont trompeuses, et que l'enfer est systématiquement pavé des meilleures intentions. Si vous cherchez réellement et sincèrement la vérité ultime pour vous-même, comme pour l'Humanité, il vous faudra comprendre et prendre le meilleur chemin sans crainte de vous égarer, celui du Christ car et ainsi qu'Il l'a déclaré :

"Je Suis le Chemin, la Vérité et la Vie"

Ce qui vous amènera de la sorte à pouvoir participer vous aussi, aux repas le plus haut et le plus savoureux de toute éternité.

§§§

23 - Situation des chrétiens en Occident
Athéisme ou Dieu ?

Question directe que des milliards d'êtres humain se posent tôt ou tard dans leur vie hier comme aujourd'hui et comme il en sera éternellement, Dieu existe t'Il ? ... Autant le dire tout de go, cela ne plaira pas à l'athée qui me lirait mais oui bien sûr que Dieu existe. Autrement dit, à la question posée de savoir si Dieu existe, je retourne la question à la personne athée en lui renvoyant non pas une mais deux questions :

1/- Pourquoi Dieu n'existerait pas ?

2/- Vous avez choisi librement de ne pas croire en Dieu, ok pas de soucis pour moi mais je vous pose alors la question de savoir ce que l'athéisme à fait de ce monde d'une part et d'autres part, où l'emmène t'il ?

De fait, l'athée qui me dira ne pas "croire" en Dieu, par cette simple affirmation ne fait que me démontrer stricto senso, qu'il est déjà un être, une personne disposant d'une qualité spirituelle. Ce qui est et constitue déjà en soi, un signe de foi en un "rien absolu". L'athée « croit » que Dieu n'existe pas. En disant « non, je ne crois pas », il est en fait pour l'avoir souvent observé, un croyant des plus acharné. Il est juste dommage qu'il ne place pas sa foi à bon escient. Que dire alors des personnes croyant en une énergie, une lumière, en la nature etc. ... Sommes toutes et sans m'étendre sur le sujet de l'athéisme qui n'est pas l'objet de ce livre, j'aime à dire concernant celui-ci, qu'il est sommes toutes devenu avec le temps, une religion « comme les autres ». Une religion classée et étiquetée comme les autres ainsi que nous l'avons vu précédemment. Une religion bien présente et active dans notre monde et la société actuelle. Particulièrement en se faisant, en se déclarant souvent l'ennemi du croyant en Dieu. Chacun ses choix. Je peux à titre personnel avoir plus de respect pour une personne athée, vivant et pratiquant la charité en aidant son prochain d'une manière sincère et désintéressée, que pour un chrétien hypocrite et menteur, jouant la grenouille de bénitier. Est-ce qu'ils - elles existent ? ... Oui, les deux catégories existent et nous en croisons tous les jours. Pour ces chrétiens, je le regrette mais nous en savons les causes.

Ne soyons donc pas menteurs. A moins que de vouloir faire l'autruche et se mettre la tête dans le sable, force est de constater que la cohabitation entre l'athée et le croyant sincère n'est plus guère aisée. L'a-t-elle jamais été par ailleurs ? ... Cette coexistence ne va plus forcément de soi pour le chrétien. Surtout s'il veut pratiquer sa Foi ouvertement, tel que ce l'était encore plus ou moins ces dernières décennies voire ces derniers siècles, exceptée la période de la Révolution de 1789. Là-dessus oui, les temps ont fort changé. Cet aspect se révèle toujours plus accentué de nos jours est encore un constat. Il n'est pas ou plus rare actuellement, au-delà des moqueries habituelles environnant le catholique par exemple, de ressentir et c'est nouveau, certaines formes d'agressivité jusqu'alors inconnues. En tous cas, dans notre temps, cette tournure et cette évolution de la société laïc athée, devient de plus en plus pénible à vivre en Occident. Ce phénomène existe sans que l'on s'en rende forcément compte tous les jours. Pour le chrétien vivant et pratiquant sa foi, oui l'Éternel existe bel et bien. Vivre dès lors dans ou près d'un milieu athée ou musulman n'est plus du tout chose évidente. Il faut le dire et j'ose le dire. Je regrette à ce sujet fortement la trop grande discrétion des chrétiens occidentaux d'aujourd'hui. Si hier en Europe, tout le monde était catholique ou protestant, tout allait aussi de soi et autour de soi dans ce sens. Tout était naturellement en place pour tout le monde. L'Église était fort présente, parfois pesante. Ce n'est plus vrai aujourd'hui. D'un excès, nous sommes tombés dans un autre. Même si la vocation du chrétien est de s'ouvrir à son prochain, être confronté aux musulmans et aux athées sans y avoir été préparé, fait de notre honnête et bon chrétien, une personne de plus en plus seule et isolée face à cette société laïque athée, multiculturelle et multiconfessionnelle. Dans une société toujours plus éclatée et individualiste, pour survivre, j'ose encore le mot, il devra toujours plus se tourner vers Dieu, développer sa relation avec le Christ. À toute chose, malheur est bon, ce sera alors un mal pour un bien. Il vaut ou vaudra mieux le prendre ainsi. Nul doute alors que le Tout Puissant viendra et s'introduira davantage dans son existence. À pas feutré, Il s'établira et trouvera sa place tout naturellement dans sa nouvelle demeure, elle-même devenue Temple de l'Esprit. Dieu n'est pas envahissant, le Christ non plus. Il vient visiter sa demeure et y reste à mesure que nous le laissons ou non faire. Si donc, lors de la connexion et la cohabitation établie entre vous et Dieu, vous ressentez le besoin de vous retirer, en tous cas de vous éloigner du monde, rassurez-vous, c'est tout à fait normal. C'est singulièrement vrai au début de cette nouvelle vie. Dieu vous guidera alors vers des lieux plus tranquilles, plus pacifiés, particulièrement dans le cas où la pression sociale athéiste ou musulmane selon l'endroit où vous habitez, deviendrait trop forte sur vos épaules et votre esprit, sans toutefois faire de vous automatiquement et pour autant, un moine ou une moniale. J'ai pu observer très rapidement chez certaines personnes, dont je fus, l'idée suivie du questionnement de savoir, s'il fallait rentrer ou non dans les Ordres en ayant rencontré Dieu et le Christ. S'il est heureux que certaines personnes soient effectivement appelées à la vocation monastique même tardive, ce n'est pas loin s'en faut, une généralité. Si cette perspective devait vous affoler voire qu'elle serait un obstacle dans votre désir de rencontrer Dieu, soyez en paix. Toutefois, si un tel questionnement profond survenait pour vous régulièrement, que vous ressentiez littéralement un appel à la vocation, je vous invite de rencontrer rapidement un prêtre qui pourra vous écouter attentivement et commencer avec vous un

Sous un bon gouvernement la pauvreté est une honte

Sous un mauvais gouvernement la richesse est aussi une honte.

Citation de Confucius

premier discernement, avant que d'aller plus loin dans cette démarche spécifique. Dans ce cas de figure, l'expression populaire nous disant de laisser "du temps au temps", s'applique et s'appliquera pleinement. Quoi de plus beau que d'être habité par Dieu, je vous le demande !

Trop d'hommes et de femmes ont oublié, ignoré, qu'ils étaient doués et dotés dès la naissance d'une vie spirituelle. Qu'ils sont stricto senso, d'abord des êtres spirituels avant toutes autres considérations, ce que par ailleurs le Malin, le diable, le grand crochu, s'empresse par tous moyens de nous faire oublier (nous y reviendrons dans un autre volume). Dans ce monde et notre société ayant perdu sa joie de vivre, il est grand temps d'invoquer l'Esprit Saint en Lui demandant de toucher notre intelligence et ce, le plus souvent possible.

Avec l'athéisme ambiant, dont nous venons de parler, voici l'arrivée de l'islam, donc des musulmans en nombre sur le sol européen, dans nos vieux pays de tradition et de culture chrétienne. La coexistence pacifique entre toutes ces religions et philosophies, athées ; croyants ; musulmans ; chrétiens ; juifs ; bouddhistes, etc. est souvent déjà, et deviendra toujours d'avantage, de plus en plus difficile à vivre au quotidien pour tous. Éloignons de nous à ce sujet, toutes formes de naïveté et d'incrédulité en enlevant une autre poutre de nos yeux ! ... L'Histoire montre et démontre, que la naïveté et l'incrédulité, se paient toutes deux toujours cash un jour ou l'autre. Les pressions exercées des uns et des autres sur les chrétiens en particulier, sans même qu'ils le réalisent la plupart du temps concrètement, annoncent une période, un temps, une époque de persécution moralement et psychologiquement déjà commencées dans les faits. Toutes les traditions chrétiennes sont remises en cause. Les noms des congés scolaires modifiant Pâques en Printemps, ou encore les problèmes pour l'installation tantôt d'un sapin ou d'une crèche de Noël, l'enlèvement des croix qui étaient présentes dans toutes les classes des collèges catholiques sont une parfaite illustration de mon propos. On déchristianise tout à hue et à dia sans aucune réaction des populations, sans aucune réaction des chrétiens. Ce n'est qu'un début déjà bien entamé. Le temps est venu de le réaliser.

Ces pressions ont historiquement débuté avec la révolution de 1789, le régicide de Louis XVI et ses 300.000 chrétiens assassinés, particulièrement pendant la période de la « Terreur ». Il est bon de le rappeler de temps à autres aussi à cette république jouant les mères la vertu. Tout le monde, il n'est pas beau et tout le monde, il n'est pas gentil au pays de la laïcité reine. Souvenons-nous que la loi de 1905 coinçant littéralement l'Église de France dans un coin, est toujours d'application de nos jours. En France comme en Belgique. Si cette loi a eu le mérite de pacifier la société entre catholiques et athées, cette loi risque sérieusement d'être remise en cause avec l'arrivée de l'islam en Europe, France et Belgique. L'islam s'en accommodera le temps nécessaire à son implantation définitive, mais après ? ... L'islam n'as pas et n'a jamais eu pour vocation native de se soumettre mais bien de soumettre ainsi que son nom l'indique. De soumettre l'homme et le monde s'entend. Que ce soient Daech ou les Frères musulmans, tous sunnites, ils s'inscrivent tous dans cette lignée et cette logique de soumission du monde. Rappelons-nous encore des Ayatollahs chiites iraniens qui, petit à petit rentrent aussi dans la grande danse occidentale des religions. Soumission militaire, soumission politique, soumission sociale. L'islam n'est pas qu'une religion. Il dispose de sa propre culture et de son organisation sociale ; financière au-delà du religieux. Tout est imbriqué et fonctionne parfaitement. Il n'est pas faux d'utiliser le terme de société islamique, que du contraire. Celle-ci s'installe aujourd'hui en Occident au pas de charge sans que la laïcité amorphe et naïve le réalise vraiment au-delà des attentats. J'observe le même attentisme chez les chrétiens. Le drame des occidentaux est qu'ils ne connaissent, ni la société orientale, ni l'islam, ni les musulmans. Ils sont encore dans la pensée naïve de voir quelque chose d'exotique arriver dans une naïveté ahurissante, alarmante.

Je le répète encore et il y a lieu de taper sur le clou, il n'est pas dans la vocation historique et native de l'islam de se soumettre à un système laïc « haram ». Pour info ou rappel, si halal veut dire « licite », par opposition nous dirons alors que ce qui n'est pas licite est donc « haram ». Les chrétiens, les catholiques ont dû s'accommoder et se sont dilués dans le système laïc. L'islam ne le fera pas, ce n'est pas sa vocation. Il pourra donner l'impression de le faire oui, mais dès qu'il en aura l'occasion, vous connaissez l'adage, chassez le naturel, il reviendra toujours au galop. Autrement encore dit, nous sommes bel et bien non pas au seuil mais face à une transformation majeure de toute la société occidentale européenne. Nous sommes et serons toujours plus le temps passant, face à deux sociétés et deux mondes s'opposant. Tout cela est déjà en cours de réalisation sous vos yeux. Un exemple concret des avancées islamiques sur le continent européen, nous le trouvons avec l'implantation du « halal » dans notre société. N'ayant rencontré aucune opposition à son implantation, le marché « halal » s'est installé discrètement pour s'imposer toujours plus en 40 ans à peine. Au point, toujours à titre d'exemple, que la chaîne de restauration rapide « Quick », société d'origine belge mais rachetée par l'américain « Burger King » depuis peu, ne va plus vendre dans ses restaurants situés en France à terme que du 100% « halal ». Adieu bacon, adieu cochon ! ...

Tel est en tous cas ce qu'il y a lieu de comprendre en lisant une interview datée 22-11-2016, du responsable de Burger King France.[36]

---

[36] **Source BFM TV et Yahoo France**

Je cite : « En 2016, 35 à 40 restaurants devraient être convertis et le rythme va s'accélérer avec 75 à 90 nouvelles conversions prévues en 2017. « Sur les 400 établissements Quick rachetés, nous allons en convertir entre 320 et 340. Le reste concerne une vingtaine de restaurants des deux enseignes qui se trouvent à proximité géographique les uns des autres », explique le dirigeant.

« Il y a aussi une cinquantaine de Quick halal, qui vont rester tels qu'ils sont actuellement, nous n'allons pas nous en séparer brutalement mais il n'y aura pas de Burger King halal », précise Jérôme Tafani. « Aucune décision » n'a été précisé pour ces restaurants, a-t'il ajouté...

Après avoir fermé les yeux pendant des années, la république laïque a fini par s'emparer du problème et venir dans le débat. Le halal détermine ce que le musulman peut ou ne pas manger, mais pas seulement. Il dicte aussi comment s'habiller, quoi manger, comment se maquiller pour les femmes et last but not least, il existe de nos jours même de l'eau halal ! ... Créée par les chiites iraniens, après avoir démarré en Malaisie, la voici déjà en Espagne en quelques années à peine. Avec l'arrivée massive des musulmans sur le sol européen, les grandes enseignes se sont emparées du marché. Non seulement, ils s'en sont emparés, mais ils ont aussi collaboré, facilité et développé ce business avec le succès que l'on connaît. Ce marché à l'origine anecdotique, démarrant de presque rien, qui ne concernait que l'abattage rituel des animaux, est passé de nos jours pour faire court de la viande ; aux vêtements et produits cosmétiques ; à tout le secteur alimentaire. Ce marché représente une économie prospère ayant acquis une puissance certaine, obtenant et devenant lentement mais sûrement un acteur à part entière loin d'être négligeable dans notre société occidentale. L'ignorer, le minimiser serait une très grave erreur lorsque nous savons le chiffre de 1330 milliard de dollars US au niveau mondial qu'il représente. Ce n'est pas rien ... Je constate comme tout un chacun, qu'ils sont des endroits de nos jours, des lieux de travail où, il devient périlleux, ramadan ou non, de manger un simple

> Un sourire coûte moins cher que l'électricité, mais donne autant de lumière.
>
> Citation de L'Abbé Pierre

« jambon beurre ». En ce compris et particulièrement dans les établissements scolaires. Dès lors, lorsqu'on me dit que les chrétiens et les musulmans peuvent vivre en paix et pour longtemps, je commence immédiatement à m'inquiéter du prix qui sera un jour à payer pour tous les baptisés en Jésus Christ. Ici encore, il suffit de prendre la peine et le temps d'observer l'histoire ou ce qu'il se passe de nos jours hors Europe. Même s'il a existé dans l'Histoire des périodes plus ou moins longues de paix entre chrétiens et musulmans, nous ne pouvons qu'observer en toute objectivité que cela finit toujours par des massacres. Là-dessus, les enfants du Christ ont bon dos ou bonne gorge, comme vous voudrez. Trop souvent au nom du « n'importe quoi », on oublie voire on ignore en Occident que tous les pays musulmans étaient historiquement des pays chrétiens. On « oublie » ; on « obscurcit » ; on « ment » ; au nom du « Vivre ensemble », ces aspects précis de l'Histoire et de son déroulement. On parvient même à renverser les rôles en accusant les croisades de tous les maux mais qui ne faisaient à l'époque que défendre ce qui était chrétien, à commencer par le St Sépulcre. On récupère ; on utilise ; on manipule l'Histoire dans des fins de propagande antichrétienne absolument scandaleuse. L'Indonésie, le plus grand pays musulman au monde étant une exception, on dénie particulièrement l'évidence historique que l'islam ne s'est propagé et imposé, que par la conquête et dans la plus grande violence. Non par la Parole mais dans le sang. Bientôt, on nous dira que Saladin[37] était enfant de

---

[37] **Saladin ou Salah ad-Dīn Yūsuf en arabe (1138 - 1193)** : صلاح الدين يوسف

chœur et Godefroid de Bouillon, un monstre génocidaire. Il m'étonne encore que sa statue n'ait pas encore été retirée de la Place Royale de Bruxelles. En cela, les assassins djihadistes du "Bataclan" et des autres lieux à Paris, Nice, aéroport de Zaventem ou du Métro "Maelbeek" sur Bruxelles en 2015 et 2016, sont une parfaite illustration "psychologique" pour notre temps. Ils sont dans les faits, perpétuant la tradition de conquête, une sorte d'avant garde d'un islam politique qui arrive, qui est déjà là, en Belgique par exemple.

En effet, au plat pays, se trouve déjà implanté un parti s'intitulant "islam"[38]. Totalement inconnu de la majorité des gens voici quelques années encore, il s'est installé dans la discrétion et dispose aujourd'hui de deux élus communaux en région bruxelloise. Ce parti prône l'application de la sharia pure et dure. Un parti persuadé qu'ils, les musulmans, finiront par s'imposer par la démographie, par le ventre des femmes dans moins de 50 ans, selon une interview télévisée réalisée par la RTBF[39], il y a quelques années à peine. Le tout se fera, selon leur plan, par la voie démocratique, le plus simplement du monde. A ce sujet, n'est-ce pas Monsieur Erdogan, qui récemment invitait les femmes turques habitant l'Europe de procréer le plus possible ... C'est que nous y sommes déjà ! ... Lors des dernières élections communales belge, ce même parti se présentant comme un mouvement, a recueilli sur Bruxelles agglomération, plus de vingt-cinq mille voix au total. Si ce résultat semble de prime abord insignifiant, ce n'est pas rien non plus et nous démontre que ce sont vingt-cinq mille personnes sur Bruxelles, qui aspirent, acceptent et souhaitent vivre sous le régime de la sharia, au cœur de l'Occident dit « chrétien ». Vous me pardonnerez, mais je trouve cela très inquiétant à terme. Particulièrement pour les chrétiens, tout comme pour notre société laxiste qui condamne votre excès vitesse pour quelques Km/h de trop, mais permet de laisser vivre et se développer un tel parti sur son sol au nom de la

---

[38] Islam2012, mouvement politique islamique implanté en Belgique.
[39] **RTBF : Radio et Télévision Belge Francophone. À l'instar de la R.T.F devenue O.R.T.F. plus tard, elle est la première chaîne historique de radio et télévision belge.**

démocratie. La Belgique étant un petit pays, imaginez ce que cela donnerait en France ou paraît-il, dans certaines banlieues, la sharia s'appliquerait déjà, rien que cela.

Un autre aspect beaucoup plus discret de l'islamisation rampante de la société occidentale, nous pouvons encore le trouver avec l'implantation des banques islamiques et de la finance islamique. Je ne vais pas rentrer dans les détails ici, mais sachez néanmoins que les analystes estiment que la finance au travers des banques islamiques devrait atteindre une valeur de 3 000 milliards de dollars dans le courant de la prochaine décennie. Additionner la valeur du marché Halal plus celui de la finance islamique, vous aurez un aperçu correct de la situation. Au cours de mes recherches sur ce sujet, j'ai pu constater que l'argent n'aime pas faire de bruit. En clair, il n'est pas du tout évident de se procurer les bonnes infos sur ce sujet. À propos d'éthique en matière de finance islamique dont les médias, encore eux, et certains politiques, nous ayant vanté les mérites moraux de cette économie, je vous invite de ne pas croire trop vite au père Noël. Exemple, le fameux prêt sans intérêts consenti au nom de la religion musulmane. J'ai toujours eu pour principe qu'il était bon de savoir avant que de se faire avoir. Ainsi, sachez que si un jour vous étiez tenté de passer par une proposition islamique financière, un prêt immobilier par exemple, sachez que la banque achète le bien immobilier pour vous dans un premier temps puis, vous le revend ensuite avec une marge. La marge remplace les intérêts, ni vu, ni connu. Autre exemple, je vous avance sous forme de prêts un montant 5000 € sans intérêts. Magnifique, génial vous vous dites. Oui mais voilà, je vous refile dans le même temps un pot de ketchup valant 1.5 € au prix de 1.500 €. ; je sais, cela fait cher le pot de ketchup, mais la différence entre le prix logique et le prix réel de revente fera le paiement des intérêts sur le prêt des 5000 € ... Imaginez pour un prêt immobilier... Evidemment, tout cela se passe dans l'omerta la plus totale. La double transaction est entièrement licite du point de vue islamique. Ces arnaques portent un nom : le Ihtial. Elles sont reprises dans des ouvrages de droit musulman, donc entièrement licite.

Être avec Dieu ouvre des horizons, éclaire la conscience et les yeux autant à l'intérieur qu'à l'extérieur de l'homme. Dire que des chrétiens au nom de l'ouverture se laissent séduire dans la plus extrême naïveté par cette cohabitation contre nature, est la démonstration absurde de l'aveuglement de la plupart des occidentaux toujours en mal d'exotisme. Il est tout de même dingue de constater, que là où l'Europe à laisser et continue de laisser, les vannes ouvertes à cette immigration musulmane incontrôlée, dont un certain nombre X de djihadistes et autres fondamentalistes musulmans déjà sur place, dans le même temps, les riches pays du Golfe, tous musulmans, ont eux, fermé leurs frontières à leurs frères fuyant la guerre en Syrie et en Irak. Tout cela a de quoi sérieusement inquiéter et interpeller l'homme honnête. Comprenne qui doit comprendre. C'est pourquoi, je dis : Inchalla'h que la sharia ne soit jamais appliquée légalement ici en Occident. Ce serait non pas la fin de Dieu qui est éternel mais de nos pays et du christianisme en Europe. La Prudence est une vertu de l'Esprit Saint, la Sagesse aussi. C'est pourquoi malgré tout ce climat anxiogène pour beaucoup que nous vivons, je demeure persuadé que le croissant ne supplantera jamais la Croix du Christ, ni au propre, ni au figuré.

Halal en langue arabe

24 - La société technologique et digitale face à Dieu

Sachant que de nos jours, nous vivons dans un monde hyper connecté et hyper scientifique. Les informations affluent sur nos écrans d'ordinateurs ou de nos smartphones en direct et en continu 24/7. De technologique aujourd'hui, notre monde passera rapidement à l'hyper technologique dès 2020, qui lui-même sera dès demain, pas dans 50 ans mais demain, un monde, une société hyper robotisée, dotée et utilisant plus que probablement l'intelligence artificielle en cours de développement actuellement. Tout cela doit nous obliger à prendre immédiatement conscience que la préparation de débats éthiques, philosophiques et religieux portant sur le fond de la question, « jusqu'où ne pas trop loin aller ? » seront rapidement inévitable.

Sur ce sujet précis, je vous invite à lire ou écouter ce que ne cesse de nous dire Stephen Hawking, le célèbre physicien américain. Immobilisé dans sa chaise multifonctions, il est internationalement reconnu. Si vous ne le connaissez pas, vous trouverez facilement sur YouTube des interviews réalisées auprès de ce scientifique. Concernant ces évolutions scientifiques majeures en cours actuellement, il ne manque jamais de nous mettre très sévèrement en garde. Particulièrement sur le développement rapide que connaît la robotique et l'intelligence artificielle. Il est très clair, si nous ne prenons pas au sérieux dès aujourd'hui ce qu'il se passe dans certains laboratoires financés par de puissantes multinationales aux budgets illimités, il y a un danger de disparition pure et simple à terme de l'homme et de l'humanité. En dotant les robots de demain et d'après-demain, en leur intégrant cette intelligence artificielle toujours plus proche de celle de l'homme sans réflexions profondes ; en la réalisant sinon par le profit à en tirer ; ou alors en agissant uniquement par esprit de domination de l'homme sur l'homme ;

celui-ci non content de se suffire à lui-même ; non content de se prendre pour Dieu en pensant l'avoir vaincu ; l'avoir éliminé des esprits de la majorité des hommes ; il signera son arrêt de mort fatal et inévitable. Tel est le dessein et la pensée de certaines personnes de nos jours, disposant du pouvoir et de l'argent. Pas tous, bien évidemment mais de quelques uns assurément. Une horreur et une erreur absolue si l'on y prend garde. Qu'il soit clair que je ne suis pas contre les progrès, de quelques natures qu'ils soient, bien au contraire. Mais que ces avancées majeures pour l'humanité, se fassent toutes avec un esprit et une étique [40]tout autre qu'actuellement.

Le progrès et ses recherches, ont souvent été une excellente chose et font partie intégrante de la nature de l'homme voulue par Dieu est mon avis. Je ne me prive pas de les utiliser, comme avec cet ordinateur et mon Ipad avec lequel j'écris ce livre, tous deux connectés sur le Cloud immatériel. Même si je ne dénie pas l'aspect romantique, appréciant par ailleurs cette période de l'Histoire, je ne m'imagine pas revenir au Moyen Âge, m'éclairant à la bougie et utilisant une plume d'oie trempée dans l'encre pour vous écrire cet ouvrage.

Je pense que les scientifiques ont reçu de Dieu l'intelligence pour accomplir leurs recherches. Ils doivent être vigoureusement soutenus. Être chrétien ne veut en aucun cas dire, être ou devenir con, passez-moi l'expression. Je rappelle que si la première université dans la chronologie historique était musulmane avec celle de Al Quaraouiyine (en arabe : جامعة القرويين au Maroc) en 859 ap. J.C, les premières universités européennes ; l'ont été sur initiative de l'Eglise catholique, donc chrétienne ; avec dans l'ordre chronologique, celle de Bologne (I), de Parme (I), de Modène (I) et... de Paris, la Sorbone en 1200 ; sous le règne du Roi de France

---

[40] Stephen Hawking

Philippe Auguste et reconnue par le Pape Innocent III en 1215. Or, nous savons les fruits qu'ont apporté pour le Bien de l'Humanité, les recherches et les progrès engendrés par la Science au cours des siècles. Cette part du génie humain a été donné par Dieu aux hommes est encore ma conviction. Opposant souvent foi en Dieu, raison, athéisme et franc-maçonnerie, cet aspect est hélas trop peu reconnu dans une grande ingratitude envers le Créateur par une partie du monde scientifique. Je vous renvoie à ce que disait Albert Einstein dans sa lettre adressée à sa fille, que nous verrons un peu plus loin.

Dans le même ordre d'idée, je n'apprécie aucunement les trop nombreuses fausses rumeurs circulant actuellement sur le Web. Je parle de celles mettant en cause directement la Science et les scientifiques. Si vous êtes une personne active sur les réseaux sociaux, évitez svp de réagir dans l'émotionnel. Ne partagez pas tout et n'importe quoi sans prendre le temps de vérifier les sources. Quelques fois, c'est édifiant et des surprises sont au bout de la quête. Cela vous évitera en tous cas de participer involontairement, à la diffusion de propagandes anti-scientifiques allant dans tous les sens. Trop, beaucoup trop de « fakes news » mettant en cause la science et les scientifiques, circulent actuellement sur les réseaux sociaux. Elles ne font qu'une chose, amener les gens à sombrer dans la plus grande ignorance. Ici encore, nous pouvons voir toute l'action néfaste de l'esprit du monde mercantile ne visant qu'à abrutir les populations par tous moyens utiles à sa disposition. Par pitié, soutenons les scientifiques franchement oui, mais évitons et condamnons dans le même temps, les dérives et autres récupérations opérées par de puissantes multinationales alimentaires, chimiques, pharmacologiques etc.

Evitons d'être naïfs. Si ces sociétés internationales sont les derniers vrais acteurs encore capables de financer les recherches au plus haut niveau ; elles ne le font pas « forcément » dans un esprit n'ayant que le seul souci du bien être de l'Humanité. Et cette vision-là n'est pas à mon sens, ce que Dieu souhaite pour nous humains.

Les enjeux sont désormais devenus trop importants pour l'avenir de l'humanité. Il serait pure folie de ne laisser, recherches et progrès sur l'intelligence artificielle par exemple ; qu'aux seules mains de quelques uns en les laissant agir sans étique ; sans organisation de contrôles stricts effectués par des groupes de personnes à la morale irréprochable. Ne pas le faire, être indifférent sur ce sujet, c'est laisser la porte ouverte à toutes les dérives possibles. Et en matière de dérives, nous savons l'imagination débordante de l'homme. Nous en avons plusieurs exemples récents avec dans le désordre ; des industriels automobiles trichants sur les valeurs émises de Co polluant l'atmosphère ; les champs de nos campagnes produisant une alimentation industrielle intensive dégueulasse polluant tout, les nappes phréatiques, l'atmosphère, notre santé ; avec une mention spéciale pour certaines personnes au pouvoir, non scientifiques mais niant les déréglements climatiques. Que l'on écoute davantage des hommes comme Hubert Reeves, grand astrophysicien canadien chez qui je trouve une grande sagesse.

Que ce soit en tant que croyant(e) en Dieu, que chrétien(ne) ou que citoyen(ne) de notre planète, peu importe notre pays de résidence, nous avons notre part de responsabilités à assumer clairement en tout cela. Nos choix ne doivent pas être dictés uniquement par l'aspect économique mais aussi lorsque nous déposons notre bulletin de vote dans l'urne... Dieu nous a donné de l'intelligence et de la Sagesse, utilisons les en pensant à l'avenir des futures générations. Quel monde allons-nous laisser derrière nous ?

À quelques années pour l'être humain, de partir à la conquête de la planète Mars pour s'y installer durablement ; conquête qui ouvrira automatiquement la préparation pour de futurs voyages au long cours ; vers l'univers par robots intelligents interposés ; ces derniers, totalement débarrassés de la limitation de la durée de la vie ; rien ne dit que la « créature » surpassant son « créateur » ne s'occupera pas à un moment de l'aventure humaine, de l'éliminer définitivement. Science-fiction ou pas, j'ai souvent constaté que cette dernière rejoignait, tout aussi souvent et sur bien des points, la réalité. Tel est

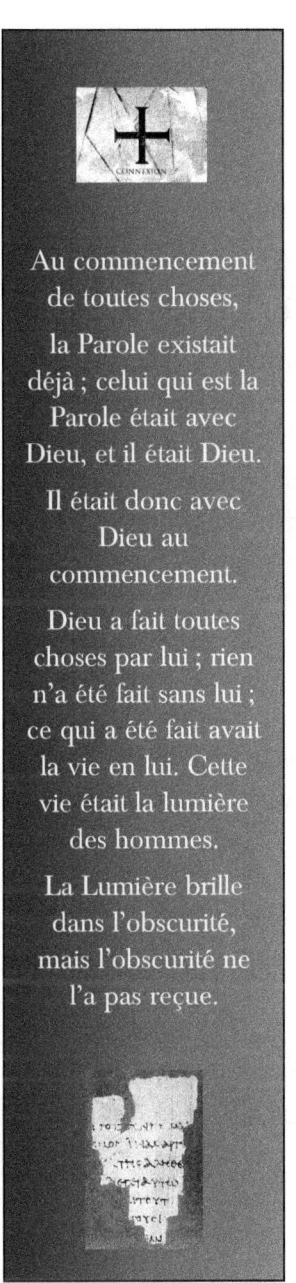

> Au commencement de toutes choses, la Parole existait déjà ; celui qui est la Parole était avec Dieu, et il était Dieu.
>
> Il était donc avec Dieu au commencement.
>
> Dieu a fait toutes choses par lui ; rien n'a été fait sans lui ; ce qui a été fait avait la vie en lui. Cette vie était la lumière des hommes.
>
> La Lumière brille dans l'obscurité, mais l'obscurité ne l'a pas reçue.

bien le schéma déjà préparé et signé pour le futur de l'homme, si l'on n'y prend tous garde en conscience dès à présent. En tant que croyants, il nous appartient donc de préserver la vie sous toutes ses formes. Il devient réellement urgent de le faire avant que des fous aveugles n'aillent et ne franchissent ce pont trop loin. Personne n'a à mon sens jamais réussi ni ne réussira jamais, à prouver la non existence de Dieu. L'homme peut et pourra s'aveugler dans son ego surdimensionné tant qu'il le voudra ou le souhaitera, il ne réussira jamais à le prouver ou à en faire la démonstration irréfutable. Dieu ne le permettra pas est ma conviction. La vérité[41] a été donnée aux hommes à travers toutes les Écritures que contient la Bible. Toute la Vérité. Rien n'a été caché aux hommes.

Pour 101 miracles accomplis, les 100 premiers étaient vrais, le dernier était faux et issus du mensonge. Les hommes ont préféré ne voir et retenir que celui qui était faux, niant et rejetant les 100 premiers qui étaient vrais, ceux qui étaient de Dieu. Le plus grand mensonge du Diable est de faire croire, qu'il n'existe pas et il en est ainsi aujourd'hui en Occident. Les hommes comme dans le Prologue de Jean ont préféré croire le Diable que Dieu. Telle

---

[41] Prologue de St Jean, version Bible Alliance Universelle. Veuillez lire et méditer chaque mot, chaque Parole du texte en encadré. Veuillez encore mettre ces Paroles en comparaison avec la société et le monde d'aujourd'hui.

est aujourd'hui, sauf pour les personnes éclairées de notre temps, la Vérité. La Vérité n'a pas été reçue il y a deux milles ans et deux milles ans plus tard, l'homme n'a toujours pas compris.

« La Lettre d'Einstein »

Albert Einstein est et reste pour moi, le plus grand physicien de tous les temps. Adepte d'une religiosité cosmique, grand humaniste, grand défenseur de la vie sous toutes ses formes, le grand savant et père de la relativité, aurait écrit la lettre que vous allez lire à sa fille Lieserl, dont on ne sait disons, rien. L'athéisme étant fortement répandu dans les milieux scientifiques, si elle est authentiquement d'Albert Einstein, nul doute que la lecture de cette lettre à du en déranger beaucoup. Elle pourrait expliquer certaines réactions, dont celle de l'une de ses biographes, Michèle Zackheim. Cette lettre en effet, ferait partie d'un ensemble de documents légués par la belle-fille d'Albert Einstein à l'Université hébraïque de Jérusalem. Ils auraient été rendus publics en 2006, mais ceci est catégoriquement démenti par le biographe, avançant que la petite Lieserl, handicapée mentale n'aurait jamais été élevée par le savant et serait morte en bas âge.

Liseserl ou pas, il n'en demeure pas moins, que cette lettre est plausible dans la mesure où Einstein avait une grande ouverture spirituelle. Ce, même si le style de cette lettre n'a en soi rien de scientifique. Je ne voudrais pas être ironique ou cynique, mais il est clair que même si l'on s'appelle Albert Einstein, on ne va pas écrire à sa jeune fille une démonstration de physique ou de mathématique. Vous laissant tirer vos conclusions sur cette lettre, elle contient dans tous les cas, un magnifique message d'amour. C'est la raison principale pour laquelle, je la publie dans ce livre.

« L'Amour est la seule et la dernière réponse. »

Voici la lettre dans son entier que je vous livre à votre réflexion.

"Lorsque j'ai proposé la théorie de la relativité, très peu m'ont compris et ce que je vais vous révéler maintenant que vous transmettez au site rentre en collision aussi avec l'incompréhension et les torts du monde. Malgré cela, je vous demande d'attendre le temps nécessaire avant de la publier, jusqu'à ce que la société ait avancé suffisamment pour tenir compte de ce que j'explique ci-dessous. Il y a une force extrêmement puissante pour qui jusqu'à présent, la Science n'a pas trouvé une explication officielle. C'est une force qui comprend et régit toutes les autres et est même derrière tout phénomène qu'elle opère dans l'univers et qui a été identifié par nos soins. Cette force universelle est l'Amour.

Lorsque les scientifiques étaient à la recherche d'une théorie unifiée de l'univers, ils ont oublié la plus invisible et la plus puissante des forces : L'Amour est Lumière, parce qu'il éclaire celui qui s'y donne et la reçoit. L'Amour est gravité, car elle rend certaines personnes attirées par l'autre. L'Amour est puissance car elle démultiplie la meilleure chose que nous ayons et permet que l'humanité ne s'éteigne pas dans son égoïsme aveugle. L'Amour révèle et se révèle. Par l'Amour meurt et vit. L'Amour est Dieu et Dieu est Amour. Cette force explique tout et donne son sens premier à la vie. Il s'agit de la variable que nous avons ignorée pendant trop longtemps, peut-être parce que l'Amour nous fait peur, puisque c'est la seule énergie de l'univers que l'homme n'a pas appris à gérer à sa guise. Pour donner une visibilité à l'Amour, j'ai fait une simple substitution dans ma célèbre équation. Si, au lieu de $E = mc^2$ nous acceptons qu'il puisse être obtenu par l'énergie le pouvoir de guérir le monde à travers l'Amour multiplié par la vitesse de la lumière au carré, nous arrivons à la conclusion que l'Amour est la force la plus puissante qui existe car il n'a pas de limites. L'Amour est la seule et la dernière réponse. Après l'échec de l'humanité dans l'utilisation et le contrôle des autres forces de l'univers qui se sont retournées contre nous, il est urgent que nous nous nourrissions d'un autre type d'énergie. Si nous voulons que notre espèce survive, si nous voulons trouver un sens à la vie, si nous voulons sauver le monde et chaque être sensible dans la vie, l'Amour est la seule et la dernière réponse. Peut-être nous ne sommes pas encore prêts à fabriquer une « pompe d'Amour », un appareil assez puissant pour détruire toute la haine, l'égoïsme et la cupidité qui affligent la planète. Cependant, chaque individu porte à l'intérieur un petit mais puissant générateur d'Amour dont l'énergie est en attente d'être libéré.

L'Amour est la quintessence de la vie. Lorsque nous apprenons à donner et à recevoir cette Énergie universelle, chère Lieserl, nous pouvons vérifier la puissance de cette formule. Car l'Amour est toujours vainqueur, il transcende tout et peut faire tout parce que

l'Amour est la quintessence de la vie. Je regrette vivement de ne pas pouvoir exprimer ce qui dans mon cœur a palpité silencieusement pour vous toute ma vie. Il est peut-être trop tard pour demander pardon mais comme le temps est relatif, j'ai besoin de vous dire : je t'aime et merci à vous, je suis arrivé à la dernière réponse. Votre père,

Albert Einstein (1879 – 1955)

25 - Dieu Amour ?

Avec les réserves vues plus haut quant à l'auteur de cette lettre, cette conclusion étonnante de la part d'un scientifique de l'ère moderne tel Einstein, était celle observée, il y a presque 2000 ans par St Paul de Tarse. Vous trouverez dans le Nouveau Testament de votre bible placée près de vous, dans sa « Première Lettre aux Corinthiens » ce qui suit...

01 - J'aurais beau parler toutes les langues des hommes et des anges, si je n'ai pas la charité, s'il me manque l'amour, je ne suis qu'un cuivre qui résonne, une cymbale retentissante.

02 - J'aurais beau être prophète, avoir toute la science des mystères et toute la connaissance de Dieu, j'aurais beau avoir toute la foi jusqu'à transporter les montagnes, s'il me manque l'amour, je ne suis rien.

03 - J'aurais beau distribuer toute ma fortune aux affamés, j'aurais beau me faire brûler vif, s'il me manque l'amour, cela ne me sert à rien.

04 - L'amour prend patience ; l'amour rend service ; l'amour ne jalouse pas ; il ne se vante pas, ne se gonfle pas d'orgueil ;

05 - il ne fait rien d'inconvenant ; il ne cherche pas son intérêt ; il ne s'emporte pas ; il n'entretient pas de rancune ;

06 - Il ne se réjouit pas de ce qui est injuste, mais il trouve sa joie dans ce qui est vrai ;

07 - il supporte tout, il fait confiance en tout, il espère tout, il endure tout.

08 - L'amour ne passera jamais. Les prophéties seront dépassées, le don des langues cessera, la connaissance actuelle sera dépassée.

09 - En effet, notre connaissance est partielle, nos prophéties sont partielles.

10 - Quand viendra l'achèvement, ce qui est partiel sera dépassé.

11 - Quand j'étais petit enfant, je parlais comme un enfant, je pensais comme un enfant, je raisonnais comme un enfant. Maintenant que je suis un homme, j'ai dépassé ce qui était propre à l'enfant.

12 - Nous voyons actuellement de manière confuse, comme dans un miroir ; ce jour-là, nous verrons face à face. Actuellement, ma connaissance est partielle ; ce jour-là, je connaîtrai parfaitement, comme j'ai été connu.

13 - Ce qui demeure aujourd'hui, c'est la foi, l'espérance et la charité ; mais la plus grande des trois, c'est la charité.

Ainsi, deux hommes ; deux époques ; deux vies au destin bien différents ; qui ne se connaissaient pas, pour le premier en tous cas ; en arrivent catégoriquement à la même conclusion de fond : Oui, Dieu existe. Bien sûr, il ne m'appartient pas, sinon à Dieu Lui-même, de se révéler à chacun et chacune d'entre vous, par ses chemins que nous comprenons et savons infinis. Je peux dire ; énoncer ; lire ; apprendre toutes les théories ; tous les enseignements bibliques ; théologiques ; exégétiques ou scientifiques. Je peux encore faire toutes les démonstrations magistrales ou leur contraire humainement possible sur l'existence de Dieu ; tout cela ne remplacera jamais au grand jamais notre propre expérience personnelle ; notre propre vécu ; notre propre rencontre avec «Je Suis ». Il est ce grand Dieu au-dessus de tous les dieux et pourtant si proche ; tellement proche de chacun de nous que nous ne le voyons pas à ce stade de notre aventure humaine.

Alors Dieu est-Il Amour ?

Oui, Dieu est Amour mais Il faut comprendre de quel amour parlons-nous. Nous allons donc essayer de comprendre cet amour divin pour nous. Prenons à nouveau un texte de la Bible[42], et rendons-nous chez Jean. En principe, selon les versions, vous devriez lire ceci :

15 Quand ils eurent mangé, Jésus dit à Simon-Pierre : « Simon, fils de Jean, m'aimes-tu vraiment, plus que ceux-ci ? » Il lui répond

---

[42] Prenez votre Bible, ouvrez-là à l'Evangile de Jean, 21 ; 15-17

: « Oui, Seigneur ! Toi, tu le sais : je t'aime. » Jésus lui dit : « Sois le berger de mes agneaux. »

16 Il lui dit une deuxième fois : « Simon, fils de Jean, m'aimes-tu vraiment ? » Il lui répond : « Oui, Seigneur ! Toi, tu le sais : je t'aime. » Jésus lui dit : « Sois le pasteur de mes brebis. »

17 Il lui dit, pour la troisième fois : « Simon, fils de Jean, m'aimes-tu ? » Pierre fut peiné parce que, la troisième fois, Jésus lui demandait : « M'aimes-tu ? » Il lui répond : « Seigneur, toi, tu sais tout : tu sais bien que je t'aime. » Jésus lui dit : « Sois le berger de mes brebis.

Nous sommes donc dans un contexte précis où Jésus a déjà ressuscité et se montre pour la troisième fois à ses disciples. Ceux-ci font mine de ne pas le reconnaître, probablement ont-ils peur. Pourtant, ils savent que le Fils de Dieu est en face d'eux. Mettons-nous à leur place, imaginons la scène ...

Voilà que rapidement dans la conversation, Jésus s'adresse à Pierre et lui demande : « Simon (Pierre), fils de Jean, m'aimes-tu vraiment, plus que ceux-ci ? » ... Petite digression pour relever et retenir que lorsque Dieu s'adresse à un être humain, donc vous aussi, Il le nomme directement par son nom. Fin de la digression. Donc, non seulement Jésus va lui poser cette question, mais Il va la répéter par trois fois. Pierre, totalement décontenancé, va lui répondre à trois reprises que oui, bien-sûr, il aime Jésus.

Ici intervient un très gros problème de traduction dans le sens donné par les traducteurs qui ont dû s'arracher bien des cheveux sur le sujet de cette question posée par le Christ. En effet, si la langue française n'utilise qu'un seul verbe pour parler « amour », ce mot regroupe trois façons d'aimer et trois types amours bien distincts qui plus est. Je peux aimer mon épouse, mais je peux aussi aimer mon inspecteur des impôts. Bon, peut-être pas mon inspecteur, mais disons alors que je peux aimer ma voiture, mon chien, ma grand-mère, le délicieux plat que je viens de déguster dans un restaurant, ou encore aimer le dernier film à la mode. Je peux encore aimer mon travail, mon livre que je viens de terminer ou mes collègues de travail voire le dernier lieu de séjour de mes vacances.

Nous sommes dans ces exemples, face à des types d'amour très différents, qui sont :

Eros : Nous pouvons le qualifier d'amour passion, d'amour charnel, d'amour fusionnel et sexuel. C'est l'amour avec le petit ange et son arc vous décochant une flèche qui vous transperce le cœur sans crier gare. C'est l'amour d'un été rencontré sur une plage ensoleillée. C'est l'amour typique des débuts d'une relation amoureuse. On ne voit que la beauté extérieure de la personne, pas l'intérieur ou alors totalement insuffisamment.

Eros est un petit costaud. Il est très motivé et particulièrement encouragé de nos jours. Le tir de ses flèches est évidemment facilité au travers de la libération excessive des mœurs et de la décadence. Cette attitude sans recul dans la rencontre, induit nombre de nos contemporains dans l'erreur tragique quant au choix de la personne avec qui partager sa vie. C'est encore l'amour type qui vous fera regarder votre partenaire comme étant le plus beau, ou la plus belle du monde en juillet, mais qui se transformera comme par magie dès novembre, en une espèce de moche sorcière hyper chiante ou en un monstre idiot même pas utile. Cela étant, le malheur des uns faisant le bonheur des autres, et comme rien n'est jamais perdu en ce bas-monde, Eros enrichit les avocats dans les dizaines de milliers de cas de divorces de notre époque. Nous sommes avec Eros dans la plus grande superficialité dans la relation à l'autre en face de nous, homme ou femme.

Phileo :

C'est un amour respectueux qui partage et se partage, c'est l'amour de celui qui donne et qui prend, c'est par conséquent un amour qui attend en retour. C'est encore un amour qui va s'inquiéter pour l'autre qui est un ami, une amie, un frère, une sœur, un ou une collègue. C'est un sentiment qui va nous faire agir vis-à-vis d'une autre personne par fraternité, solidarité et amitié. C'est un amour humain tout ce qu'il y a de plus naturel. Avec Phileo, nous sommes beaucoup moins dans la superficialité comme avec Eros. Nous entrons ici dans la profondeur mais sans en atteindre le fond ou le Ciel. Ce n'est pas un amour qui va se trouver être transcendé.

Agapao :

C'est l'amour parfait qui transcende l'homme à la puissance X sans limite. Il est fort et extrêmement puissant. C'est de cet amour que nous devrions aimer Dieu qui nous aime en Agapao qu'Il est. Pour rencontrer Dieu la première fois, il ne vous sera probablement pas nécessaire d'aller trouver Agapeo en vous. Par contre au fur et à mesure de votre avancée dans la vie spirituelle, ce sera un passage obligé. Dieu au début de votre vie dans l'esprit peut vous en dispenser par la joie qu'Il a de vous rencontrer, mais plus tard, Il vous amènera Lui-même à le chercher dans l'Agapeo. Pourquoi ? Pour que vous compreniez par vous-même ce qu'est l'Amour. C'est un amour qui n'attend rien en retour et qui se donne sans compter. Il est totalement désintéressé dans son essence. Il est divin et se trouve au fond de nous. Il nous appartient de le trouver afin d'aimer Dieu et notre prochain en vérité. C'est un enjeu essentiel dans la vie spirituelle. Retenons que si les deux premiers types d'amour sont nécessaires aux êtres humains, aucun des deux ne parviendra toutefois à vous combler comme Agapao. Trouver agapao en vous, vous fera entrer dans une autre dimension, celle de Dieu qui vous aime. Faire rencontre avec agapao, vous fera rencontrer et aimer Dieu mais aussi votre prochain sans conditions comme le Christ nous le demande. « Aimez-vous les uns les autres comme je vous ai aimé ». C'est de cet amour que Jésus Christ nous a aimé en allant jusqu'à mourir sur la croix. C'est cet Amour-là qui a vaincu la mort et ressuscité le Christ. Vivre Agapao, c'est réaliser en plénitude, toute la vacuité du monde qui nous entoure et dans lequel, nous vivons.

Pierre en répondant à Jésus affirmait sa Phileo vis-à-vis de lui, tandis que Jésus, Fils de Dieu, parle et attend l'Agapeo de son disciple sur qui Il batira pourtant son Eglise. C'est pourquoi encore, le Christ reposera à trois reprises la question pour savoir de quel type d'amour, Pierre aimait Jésus. Ce point très important dans la connaissance de Dieu et de Jésus Christ sera vu plus longuement dans le troisième volume.

§§§

En cas de malheurs ou de problèmes graves, à la question traditionnelle de savoir « Mais où donc est Dieu ? », un moine franciscain de mes connaissances, répondait à cette question ceci : Prenez un carton, un sous-verre par exemple, et tenez-le à bout de bras, vous le voyez parfaitement. À présent rapprochez ce même carton doucement de votre visage, vous le verrez encore, mais lorsque ce même carton touchera votre nez, vous ne le verrez plus. C'est « aussi simple » que cela. Faites l'expérience chez vous à la maison. « Dieu - Je Suis » est tellement proche de nous que nous ne le voyons tout simplement pas.

L'homme toujours en mal de sensations fortes et de surnaturels extraordinaires, aime s'imaginer un Dieu terrifiant, se révélant dans des éclairs, des grondements de tonnerre, et certes Il a la capacité et la puissance pour ce faire, mais ainsi que nous l'apprend Elie dans le Livre des Rois de l'Ancien Testament, le Seigneur dit : « Sors et tiens-toi sur la montagne devant le Seigneur ; voici, le Seigneur va passer. » Il y eut devant le Seigneur un vent fort et puissant qui érodait les montagnes et fracassait les rochers : le Seigneur n'était pas dans le vent. Après le vent, il y eut un tremblement de terre : le Seigneur n'était pas dans le tremblement de terre. Après le tremblement de terre, il y eut un feu : le Seigneur n'était pas dans le feu. Et après le feu, le bruissement d'un souffle ténu. Alors, en l'entendant, Élie se voila le visage avec son manteau[43].

Pouvons-nous imaginer Jésus Christ en un être violent, terrifiant massacrant tout sur son passage, alors qu'Il se décrit Lui-même comme étant "Doux et humble de cœur » ? ... Pourtant il est bon de craindre Dieu, car oui là est le début de la Sagesse, celle qui fait tellement défaut à nombre de nos contemporains, dépourvu de la présence de l'Esprit Saint.

C'est peut-être une révélation pour vous si vous débarquer dans la spiritualité chrétienne, mais rappelons-nous dorénavant, si tel est le cas, de ne jamais plus oublier que c'est ce qui sort de notre bouche qui nous condamne, et comme le dit le proverbe : « Mieux vaut tourner sept fois sa langue dans sa bouche avant que de parler » ... Ô combien vrai et exacte sont cette vérité et ce proverbe ! ... Voici une histoire, bien évidemment authentique à ce sujet.

Ainsi, j'ai le souvenir relaté et vécu par une amie, une sœur en Christ. Elle était alors caissière et devisait un jour avec un client, lors d'un moment calme dans son magasin. Dans la cinquantaine, celui-ci occupait une fonction de prestige, il avait de très grosses responsabilités auprès d'une Cour européenne que je ne citerai pas.

---

[43] **Prenez votre Bible et rendez-vous au 1er Livre des Rois, 19, 11-12**

Lors donc de cette conversation dans un moment de calme, vint sur la tapis la question de l'existence de Dieu. L'homme dit alors ...

- **Quoi Dieu ?**
- **Il est vieux Dieu, Il est mort depuis longtemps (sic)**

Trois mois plus tard, ne le voyant plus revenir au magasin, mon amie reçu la nouvelle que ce monsieur était décédé entre-temps.

De tels cas, il en existe plein et ne sont jamais le fruit du hasard qui n'existe pas, mais démontre à l'homme sensé qui raisonne par la Sagesse, que oui il est bon de craindre Dieu, que non, il n'est jamais bon de provoquer le Tout Puissant ce, sous quelques formes ou manières que ce soient ; en pensées, en paroles, par action ou par omission ; sans en avoir une facture à payer cash en retour tôt ou tard.

En écrivant ces lignes, il me revient en mémoire une vidéo vue sur YouTube. Vidéo que vous connaissez peut-être, mettant en scène un combattant palestinien, s'apprêtant à lancer une roquette sur Israël. Lors de chaque lancer de l'engin destiné à donner la mort « aveugle », il criait cette célèbre phrase, que tous vous connaissez désormais : « Allah Akbar ». À la septième roquette, celle-ci ne décola pas et lui explosa la tête, le tuant sur place.

Dieu ne prend aucun plaisir à la mort de l'homme. Notez qu'ici, pour qui comprend, l'explosion est signée dans le sens où l'explosion survint à la septième incantation de cet homme. Or, le chiffre 7 est chiffre de Dieu. Ce qui visiblement et à mon humble mon avis, Dieu n'approuvait en rien que son Nom soit mêlé à ces affaires de guerre. Que ces deux exemples bien concrets, vous aident à comprendre à la perfection que l'on ne se moque, ni ne provoque Dieu impunément sous quelques formes que ce soient.

J'échangerai toute ma technologie pour un après-midi avec Socrate

Citation de Steve Jobs Fondateur de Apple

On ne le fait jamais sans que tôt ou tard et parfois même très tard, la personne concernée n'ait à en payer les conséquences[44]. ... Jésus Christ ne disait pas autre chose, en méditant attentivement ces sentences au chapitre 15, verset 10 et 11 de l'évangile de Mathieu : ... Jésus appela la foule et lui dit : « Écoutez et comprenez bien ! - Ce n'est pas ce qui entre dans la bouche qui rend l'homme impur ; mais ce qui sort de la bouche, voilà ce qui rend l'homme impur. » ... Dieu n'approuve jamais l'impureté sous quelques formes que ce soient. Ceci nous apprend à travers ces deux exemples évoqués, que Dieu lit nos pensées, écoute nos paroles, vois nos actes et réagit systématiquement selon les cas.

Vous êtes athée et vous lisez ce livre ? ...

Bienvenue à vous. Je respecte entièrement votre choix qui n'est pas le mien. Que vous ne croyiez pas est votre affaire, après tout, qui suis-je moi pour vous juger... Même s'Il doit le regretter, Dieu aussi, je n'en doute pas. Dès lors, vivez votre vie et laissez Dieu et les croyants tranquille. Laissez-le en dehors de vos moqueries et autres railleries, de tous ces irrespects courants de nos jours. J'ai souvent compassion pour les personnes athées se voulant humoristiques, ironiques ou sarcastiques contre Dieu ou les croyants. Vous savez, celles peuplant les radios et autres plateaux de télévision mettant en cause Dieu, le Christ, la Vierge, etc. Je vous le dis franchement, vivez votre vie comme vous l'entendez, soyez bon et faites le bien, mais respectez Dieu et les convictions

---

[44] **Livre de l'Exode 20 ; 2-17**

d'autrui. Souvenez-vous que cela ne porte jamais, et j'insiste sur le mot jamais, bonheur pour ceux se moquant de Dieu et du Christ. Combien de psaumes ne supplient pas Dieu de ne pas allumer sa colère voire de carrément l'éteindre.

Pour ma part oui, j'ai vécu et continue de vivre l'expérience de Dieu au quotidien. Tout comme beaucoup d'autres hommes et de femmes de notre temps. Par conséquent, je témoigne ici que oui ; Dieu existe ; que oui à l'instar d'Albert Einstein ; de saint Paul apôtre et de tant et tant d'autres hommes et de femmes à travers les âges ; Dieu existe ; qu'Il est Amour ; qu'Il est l'Amour ; mais il faut comprendre ce qu'est l'Amour ; révélé et manifesté en plénitude, et en totalité par et en Jésus Christ.

Je le répète et le répèterai tant que je le pourrai en notre époque de totale décadence, à une société occidentale ayant perdu tout sens du sacré et du respect même de l'humain, que l'on ne se moque, ni ne provoque ce Dieu Amour. Ainsi que dit le dicton : À bon entendeur... Dieu est là, Présent au présent de chacun et chacune de nous. Il est discret, trop discret peut-être dans un monde devenu ultra-connecté, mais Il nous écoute et très attentivement encore bien. Cela voudrait-il dire que nous devions vivre dans la peur de représailles aveugles ?... Non, absolument pas, mais de réapprendre le respect et un certain sens voire un sens certain du Sacré et du Divin, oui.

Une dernière petite anecdote sur le sujet...

Par une chaude journée d'été, je décidais de me rendre chez mon ami Franco, vrai et authentique glacier italien. Il est hélas parti trop tôt, paix à son âme. Ses glaces et son café étaient vraiment délicieux, à l'image de ce que l'on peut déguster en Italie. J'aime beaucoup la péninsule, tant c'est pour moi un vrai bonheur que de pouvoir y déguster entres autres choses, de bonnes et vraies glaces artisanales ou encore de boire un café parfait. Alors que nous devisions ensemble en présence d'un couple jeune sur la Foi, Dieu etc.

l'homme, pas encore la trentaine me répondit se voulant ironique et narquois pour parler du Christ :

"Jésus ? ... C'est un brave type" ...

Je ne l'ai plus jamais revu et ne sais ce qu'il est advenu de lui, mais c'est un exemple typique du manque de respect dans la pensée, le cœur et la parole des gens d'aujourd'hui. Tous, nous avons reçu une bouche pour parler et deux oreilles pour écouter. Trop souvent, nous parlons beaucoup pour ne rien dire. Nous écoutons trop souvent tout et n'importe quoi et souvent des conneries que l'on nous rediffuse en boucle, mais pour ce qui est d'écouter Dieu, quelle surdité généralisée. Au lieu de faire, dire et écouter ces bla bla bla stériles porteurs d'erreurs, c'est d'un sonotone poussé au maximum dont cette société a besoin...

Soyons sérieux, comment appréhender objectivement la question de Dieu et du Christ si le respect n'est pas présent, en ne laissant la place qu'à la moquerie, à l'ironie, au cynisme et à l'irrespect ?

Imaginez qu'après vous avoir aborder en rue, ne vous connaissant ni d'Eve ni d'Adam, c'est le cas de le dire, j'en vienne sans aucune raison à vous manquer du plus élémentaire respect. Que ferez-vous ? Quelle sera votre réaction ?

Pourtant de se moquer de Jésus Christ, de Dieu ou de la Ste Vierge Marie, ce n'est pas ce qui a manqué au cours de ces dernières années. De « Mai 68 » et son « Sous les pavés, la plage » aux caricatures du Christ, de la Vierge ou même de Mahomet dans le journal satirique « Charlie Hebdo » ; jusqu'à ce client de passage dans cette Gelateria de mon ami, ce n'est vraiment pas le travail qui manque pour redonner le sens du plus élémentaire respect, du sacré et de la spiritualité à nombre de nos contemporains. Je dirais même que c'est carrément toute une éducation parentale, familiale, sociétal qui est à revoir en profondeur. Si à certaines époques, une Eglise trop pompeuse et moralisante était trop présente, trop autoritaire en pesant fort sur la société humaine, que dire alors d'une laïcité permissive à l'excès ? ; accordant et votant tout et n'importe quoi ; mais surtout dévoyant le sens des mots ; Liberté, Égalité, Fraternité. Aaah le beau mot que celui de liberté ! ... Qu'en avons-nous fait et qu'en faisons-nous de notre sacro-sainte liberté ? ... En lisant ce livre que vous tenez entre vos mains, vous êtes déjà sur le chemin vers Dieu. Non pas parce que je l'ai écrit mais parce que je vous parle de Lui. Arrivé à ce stade, la mienne étant faite depuis longtemps, est peut-être venu pour vous le moment d'une grosse, profonde et sérieuse introspection sur vous, sur ce monde, cette société ? Pensez-vous pouvoir sérieusement y échapper si vous voulez vraiment et sincèrement aller à la rencontre de Celui qui vous attend ?

St Charbel
1828 – 1898

26 - Comment puis-je rencontrer Dieu ?

Après avoir décrit un tableau fort noir de la situation actuelle ; d'une situation pouvant sembler sans espoirs, nos valises posées ; rentrons à présent dans le vif du sujet. Histoire de nous faire retrouver de l'Espérance et de la Joie, celle de Dieu. Aussi, je vous pose directement et immédiatement quelques questions dont vous seul détenez la, les réponses.

- Pourquoi cet intérêt soudain pour Dieu ?
- Pourquoi avoir acheter ce livre ?
- D'où vous vient cette envie d'en savoir plus sur Dieu ?
- Pourquoi vouloir le rencontrer là maintenant, ou un jour dans votre vie avant de mourir ?
- Pourquoi votre intérêt pour ce livre ? Tout comme peut-être l'avez-vous eu par le passé, ou à présent pour une bible délaissée depuis des années et des années ? Vous savez, celle se trouvant dans votre bibliothèque familiale ; ou encore celle vue chez un(e) ami(e) ; ou celle encore trouvée dans un tiroir d'une petite table de nuit, dans un hôtel de passage vers votre destination de vacances ?
- Pourquoi voulez-vous rencontrer Dieu dans un monde qui refuse toujours plus de croire ?

Pour vous mettre sur le chemin, disons que ce soit en 2017 ou il y a plusieurs milliers d'années, ainsi que nous l'avons vu, vous savez dorénavant que Dieu est l'Éternel présent (Je Suis celui qui Est). Votre attrait soudain, votre curiosité soudaine, hé bien j'ai le plaisir de vous annoncer que c'est Dieu Lui-même qui vous appelle à le rencontrer, à le connaître. Aller vers Dieu n'est jamais dû au hasard, ni dû aux circonstances d'un moment. Cet appel en vous n'est pas davantage dû à votre imagination, soyez en paix. Cet appel est de Dieu au plus intime de votre personne et de personne d'autres. Partant de là, sachant que oui, Dieu existe, pour le rencontrer selon mon expérience vécue, il n'y a qu'un seul chemin authentiquement vrai : le chemin du cœur qui mène et passe par le Christ.

Aaah je vous entends jusqu'ici : « La belle affaire me direz-vous ! »

- Mais qu'est-ce que le chemin du cœur ?
- Comment je fais-moi, pour le trouver et y accéder à ce « chemin du cœur » ?
- Est-il fléché ?
- Il y a-t-il un horaire pour y accéder ?
- Est-ce un lieu, un moment ?
- Comment y arriver ?
- Et puis que dire à Dieu ?
- Il y aurait-il donc une formule magique, un secret que l'on m'aurait caché pour cause de théorie du complot ? Peut-être une recette magique, tirée d'un vieux grimoire de Harry Potter tout plein de poussières ?

Je vais vous avouer que oui, il y a un secret, mais je ne vous le dévoilerai pas tout de suite. Il va vous falloir attendre encore un peu. Entre-temps, continuons de faire travailler notre intelligence ; notre esprit ; éveillons nos sens ; et notre désir de découvrir les réalités spirituelles. Je suppose ou j'espère qu'elles commencent à s'éveiller tout doucement, non ?

Nous entrons dans une grosse partie du sujet, et cette partie n'est pas la plus facile. Elle va donc réclamer de votre part, toute votre attention et votre concentration. Si vous n'avez jamais rencontré Dieu auparavant, vous aurez peut-être à reprendre plusieurs fois la lecture de ce passage pour en saisir pour vous-même toutes les parties. Si vous êtes dans la situation où, vous avez déjà rencontré Dieu dans votre existence de manière concrète, vous pourrez mettre mon témoignage en comparaison avec votre expérience personnelle vécue ; sur la manière, le comment, le pourquoi, Dieu est venu vers vous et moi. Si, pour chaque personne l'expérience du divin se passe différemment, il y a toujours des points de concordance à chercher et trouver. Voici donc comment dans mon cas tout s'est déroulé.

Reprenons,

Pour commencer, disons « simplement » que Dieu est « simple » ; que tout démarre et passe par votre désir total ; dans une curiosité sincère, honnête et absolue ; de vouloir découvrir Dieu. Vous devez le vouloir et aimer cette démarche de rencontre du divin ; tout en étant dépouillé et débarrassé de toutes contingences, de tous intérêts matériels polluant le désir : **oui**. De vouloir le connaître et le rencontrer sincèrement pour ce qu'Il est, c-à-d. Dieu : **oui**. Être conscient que vous allez à la rencontre du Tout Puissant ; pour ensuite apprendre de Dieu Lui-même ses enseignements : **oui**. Vous découvrirez et comprendrez dès votre rencontre, qu'Il est votre Père céleste, mais dont vous ne soupçonniez aucunement l'existence au fond de vous, sinon éventuellement par la théorie. Après tout,

« Ne sommes-nous pas tous né d'un même Père ? »

Est ce que je lisais un jour lors de l'un de mes nombreux voyages sur le fronton d'une grande synagogue, quelque part en Europe. Vous devez vous présenter face à Dieu dans un état d'esprit franc ; ouvert ; désireux de franchir le Rubicon ; de vous décider de surpasser la crainte normale et humaine de l'inconnu. De ne pas ou ne plus avoir peur ; d'osez vous décider comme jamais auparavant dans toute votre vie maintenant en votre fort intérieur ; de vouloir découvrir la Vérité de Dieu ; de « Je Suis » ; de Jésus Christ ; de découvrir par vous-même que oui, tout ce qui était et est écrit dans la Bible est vrai, même au $21^{\text{ème}}$ siècle.

Rencontrer Dieu est un colloque particulier entre vous et Dieu, Dieu et vous et personne d'autres. Cette rencontre se prépare dans le calme, non dans le bruit. Aussi, coupez votre smartphone, votre radio, votre télévision etc., faites silence autour de vous et détendez-vous. Pour aider et vous mettre dans l'ambiance, bien que ce ne soit pas absolument nécessaire, vous pouvez allumer une bougie. Inspirez profondément, expirez profondément plusieurs fois lentement, très lentement. Soyez calme. Si vous ne l'êtes pas, vous le ferez plus tard lorsque vous serez plus détendu(e). Votre esprit doit être dans un état de totale ouverture à la vérité ; de spontanéité ; d'honnêteté ; de sincérité dans votre démarche de cette première rencontre avec le Dieu de tout l'Univers. N'oubliez jamais, au grand jamais, que Dieu résiste aux orgueilleux. Votre esprit, débarrassé de ses peurs, de ses pensées matérialistes ; ou autres pensées malsaines ; pourra alors dire sereinement en conscience ; presque naïvement, dans un abandon et un total lâché prise :

Reliquaire du St Sang 15ème siècle
Abbaye de Bois Seigneur Isaac
Monastère St Charbel, Belgique

« Dieu Existes-Tu ?

Et si vraiment Tu existes, je ne te connais pas.

Aussi, au cas où tu existerais vraiment, je te demande de te manifester à moi de manière concrète, tangible et sensible. De me faire connaître réellement ton existence. Dieu, si tu existes, je te demande la Vérité parce que je ne sais pas si je dois croire en toi ou pas. Si tu existes, manifeste toi à moi. Je cherche la vérité, la tienne, non celle des hommes.

Aussi Dieu, si tu existes vraiment, préserve-moi des erreurs des illusions et du mensonge sous toutes ses formes.

Fais Dieu si tu existes, que je ne sois jamais victime de mon imagination.

Dieu, si Tu existes vraiment alors merci de me répondre. Oui, merci Dieu de te révéler à moi et sur ce que j'ai à savoir de toi selon ce que tu voudras pour moi »

Cette prière interrogative et de demande, courte et simple, dite à voix haute ou basse dans les conditions et dispositions reprises ci-dessus, fut à quelques mots près, la mienne alors que je me posais la question de l'existence ou non de Dieu. Pour vous-même, vous pouvez l'utiliser comme telle ou l'adapter à votre cas spécifique. Ce n'est pas une recette magique, elle doit être pour vous un fil conducteur devant vous aider dans votre démarche vers Dieu.

Si dans ma jeunesse, je croyais en Lui, l'âge passant m'avait rendu très sceptique sur son existence. Surtout eu égard aux drames ayant jalonné ma jeunesse. Pas encore athée, mais plus très loin non plus, j'étais sur le fil étroit où tout peut basculer dans un sens ou dans l'autre. Si Dieu n'avait pas répondu dans la forme et la manière, je serais probablement devenu athée et n'aurais jamais écrit ce livre.

Remarquez dans ma prière que je ne parle, ni ne cite Jésus Christ. Partant de zéro, réellement soucieux de recevoir la Vérité pleine et entière, malgré les cours de religion reçus 35 ans auparavant ; je laissais le choix à Dieu, s'Il existait réellement, le soin de se révéler à moi dans la forme et le chemin qu'Il souhaitait. Bien que me rappelant vaguement Jésus, je me disais à l'époque que de ne citer que le seul nom du Christ, Dieu peut-être, ne me répondrait pas. En faisant appel ; en m'adressant à Dieu directement dans la forme spontanée ; sans calcul aucun de ma part, sinon celui de la recherche personnelle de la vérité ; je ne lui laissais pas d'autres choix que de me répondre. Dieu étant et détenant la Vérité qu'Il est, Il aime ceux qui cherchent la Vérité. Je ne le savais pas à l'époque bien évidemment. Je vouslais la vérité, la sienne, non celle du Monde. Pour imager mon propos, je me sentais à l'image du type tombé à l'eau ne sachant nager qui cherche une solution. En l'occurrence, je n'attendais pas la réponse venant d'un prêtre, d'un pasteur, d'un imam ou d'un rabbin, du Pape ou d'une personne croyante, mais de Dieu Lui-même. Rien que cela ... Si cette manière a fonctionné pour moi et de quelle manière, pourquoi ne serait-ce pas possible pour vous ? ... Ayez confiance et osez !

Essayez une fois, deux fois, trois fois, ayez confiance. Laissez-le faire, agir et soyez patient, Il vous répondra. Il se révélera et se manifestera à vous par le chemin qu'Il aura choisi pour vous personnellement. Peut-être qu'Il le fera dans la seconde suivant votre demande, peut-être qu'Il le fera dans les trois semaines à venir, pas dans six mois. Ayant fait cette demande, vous entrez de plain-pieds dans un autre monde, celui de l'Esprit au-dessus de tous esprits. Ici, personne d'autres que Dieu ne peut répondre à la question du temps qu'Il mettra à vous répondre. Cette notion du temps n'ayant aucune prise sur Lui, vous apprendrez qu'Il est le Maître absolu du temps.

« Mais il est une chose, bien-aimés, que vous ne devez pas ignorer, c'est que, pour le Seigneur, un jour est comme mille ans, et mille ans sont comme un jour »[45].

J'ai vécu pour ma part, deux réactions divines totalement différentes dans la manière de recevoir les réponses à mes questions. Tantôt, la réponse fusait avec une instantanéité incroyable, inimaginable, « comme » s'Il savait à l'avance ma question ; tantôt, le temps de réponse était plus long, plusieurs jours, parfois plusieurs semaines, jamais des mois. Je me suis dis que ce devait être sa volonté de me faire attendre, histoire que je reste concentré dans le présent. Mon conseil, soyez dès cette prière dite à voix haute ou basse, vraiment attentif ...

Petit rappel ...

Je sais, ce n'est pas la première fois que je le dis, mais la nature de l'homme étant d'être rapidement distraite souvenez-vous toujours que Dieu peut lire nos pensées, et ce qui est inscrit dans notre cœur. Il est le seul à pouvoir le faire. Personne d'autres. Que donc, on ne peut mentir ou tricher avec Lui. Il sait et saura instantanément, si vous êtes dans les dispositions de franchises ; d'honnêteté ; de sincérité ; tels que décrites ci-dessus. Au risque encore et encore de me répéter, au plus vous serez honnête dans votre démarche ; au plus vous serez ouvert ; au plus vous serez spontané sans aucune arrières pensées ; au plus vous serez comme un « enfant » à l'instant de dire votre prière ; au plus vous aurez de « chance » que Dieu ne reste pas insensible, et décide de se manifester à vous selon sa

---

[45] 2 Lettre de Pierre, 3 : 8

Volonté. Il le fera selon son temps et son heure, pas la vôtre. Il se révélera dans la manière qu'Il le souhaitera pour vous personnellement. Chaque cas est différent. Il ne vous servira strictement à rien, sinon de perdre votre temps, de dire cette prière ; juste pour « voir » ; juste pour « essayer » ; juste pour « tester » Dieu. Tout, absolument tout est dans ce petit « plus » de votre part. Si vous étiez en face de moi, je vous demanderais : Comprenez-vous cela ? ... Si vous réalisez la hauteur, la largeur et la profondeur de ce qui précède, alors je vous affirme que vous réussirez à rencontrer pour votre plus grand bonheur, votre Père qui est au Cieux, le Créateur de toutes choses vivantes au Ciel et sur la terre et dans tout l'Univers.

27 - Dieu et le temps ?

Dieu étant immortel et éternel, Il est le Maître absolu du temps qui n'a aucune prise sur Lui. Donc oui, Il a le « temps ». Je sais que l'aspect du temps désarçonne souvent l'être humain. C'est particulièrement vrai au début de la vie spirituelle.

Quoi ?! ... Je prie, je demande et dix ans plus tard, je n'ai toujours rien reçu de Dieu, ce n'est pas « juste » ! ... Et d'ailleurs, c'est la preuve irréfutable qu'Il n'existe pas ! ... Combien d'êtres humains ne se sont pas détournés de Dieu pour cette cause. Si vous êtes ou avez été dans le cas, je vous dirai ceci :

- Vous avez demandé, vous avez persisté, puis vous avez abandonné. Pourquoi ? Posez-vous la question en profondeur, quel a été l'élément déclencheur de votre abandon ? ...
- Êtes-vous maître du temps ? ... Vous avez attendu ? Pensez-vous que cela le fut en vain ? Considérez-vous avoir perdu votre temps ? ... Pourquoi ? ... Si vous n'aviez pas prié, qu'auriez-vous fait en lieu et place ?

Ne savez-vous pas que Dieu peut rajouter des jours à vos jours sur lesquels, vous n'avez strictement aucune prise. Mais encore, vous avez demandé et persisté, bravo ! ... Mais qui vous dit que ce que vous avez demandé était « bon » pour vous personnellement, ou encore pour une personne pour qui vous avez prié ?

- Êtes-vous Dieu pour penser à la place de Dieu ?

- Vous êtes-vous seulement posé la question de savoir :
  Et si Dieu avait, voulait autre chose pour vous ou pour cette personne pour laquelle vous intercédez ?

L'attitude de bien des gens est : Je prie, je demande, donc Dieu doit impérativement m'exaucer immédiatement. C'est un ordre ! ... Il doit obéir sinon Dieu n'existe pas ! ... Très courte vue partagée par bien des personnes n'ayant dans le fond, aucun sens, ni de Dieu, ni de la spiritualité, ni de l'Amour. Ils veulent asservir Dieu à leurs caprices du moment, en faire leur esclave. En fait, ces personnes n'ont ici encore une fois, JAMAIS rencontré Dieu en Vérité. Pas fou, Dieu se tient loin, très loin de ces gens-là.

Si Dieu est l'Eternel Présent au Présent, Il a en son sein le sens de l'éternité, c'est-à-dire une infinité dans sa vision pour vous, pour votre présent et votre avenir. Or, tout ce que nous demandons, voulons, exigeons, n'est pas absolument et impérativement « bon » pour nous. Vivre avec Dieu en nous, permet d'éviter de bien regrettables erreurs dans la durée. Il nous amènera à nous révéler nos talents qu'Il nous a donné. Il les fera fructifier parce que nous serons immanquablement à notre place dans la vie. Si nous voulons vivre avec et en Dieu, nous devons apprendre ou réapprendre de respirer, de régler notre montre, non plus sur notre fuseau horaire terrestre, mais sur le temps de Dieu. En somme, tout ce que la société prétendant nous rendre heureux, nous empêche de faire dans les faits, soyez honnête, reconnaissez-le. Le rythme de vie que nous impose la société n'est ni bon, ni fait pour l'être humain, mais tout simplement contre lui. Nous pouvons le constater lorsque nous sommes en vacances. Les gens arrivent sur leur lieu de villégiature hyper stressés. Au fur et à mesure du séjour, n'étant plus soumis au stress de la vie professionnelle, de la société et du monde, ils redeviennent petit à petit eux-même. Après deux ou trois semaines, ces gens sont redevenus des « êtres humains » plus ou moins « normaux » ; beaux, bronzés, cool et relax ; et prêts à redevenir des machines seulement bonnes à produire. Combien de fois n'ai-je pas vu, des personnes venir en retraite spirituelle dans un monastère, ou dans un sanctuaire marial pour après quelques jours, en repartir remplies de la Paix reçue de Dieu. Cela fait 20 ans environ que je suis dans la vie spirituelle. J'ai moi aussi beaucoup demandé, comme tout le monde. Parfois, je me suis énervé, rebellé, ne voyant pas le fruit de mes prières exaucées. J'aurais pu abandonner la vie spirituelle oui, cependant étant têtu de nature, j'ai persisté. Je l'ai fait parce que je voulais aller au bout du bout du bout du chemin. Arrivé au bout du chemin, j'ai pu observer, apprendre et comprendre, que lorsque cela s'avèrait vraiment utile ou nécessaire pour moi, je recevais de Dieu. Je recevais généralement ce que j'avais demandé, et souvent plus encore. Quand Dieu donne, ce n'est jamais une seule chose, mais plusieurs. Lorsque le temps est venu pour Dieu de vous donner, cela se passe toujours de manière surprenante et par surprise, à la dernière seconde de la dernière minute si vous êtes dans le besoin. Oui, la réponse à mes prières, arrivait toujours en temps et en heure, ni trop tôt, ni trop tard, à temps, dans une précision plus grande encore que celle légendaire, des montres suisses. C'est sa signature, et je peux vous dire que lorsque l'on reçoit, c'est non seulement surprenant, mais en outre cela se passe toujours accompagné d'une grande joie inexprimable parce que l'on « sait » dans l'esprit que c'est cadeau de Dieu.

Dieu est patient

Je me suis souvent dit en avançant dans la vie combien Dieu est patient avec les hommes. S'Il ne l'était pas, il y a longtemps que l'humanité aurait été effacée de l'univers. Hier et avant-hier, pire encore de nos jours, l'homme a un sérieux problème avec la patience. Il suffit de regarder les gens s'énerver pour strictement rien dans le trafic routier. Elle est une grande vertu dans la vie spirituelle. Si la patience est une vertu, c'est qu'aux yeux de Dieu, elle possède toute son importance. Selon moi, et cela n'engage que moi, la patience nous prépare à l'éternité, mais nous amène de fait à reconnaître les grâces reçues ou à recevoir de Dieu. Le Seigneur peut éprouver notre patience. Si tel est le cas, selon la durée, nous parlerons alors de sainte patience. Job ici encore, est l'illustration parfaite de la patience mise à l'épreuve. Ste Mère Teresa de Calcutta que tout le monde connaît, recevra jeune un signe du Christ qui se révélera à elle. Elle devra attendre 50 ans (!) pour le revoir.

Ste Thérèse d'Avila, Docteur de l'Eglise, s'ennuyait ferme pendant la prière. Cette apparence de non réactivité de Dieu dans la prière, est souvent une épreuve pour le, la priant(e). J'aime assez cette expression disant qu'il n'y a pas plus sourd que celui ne voulant pas entendre... Concernant Dieu, rassurez-vous, il n'est pas sourd...

Il arrivera un moment dans votre vie spirituelle où vous serez inévitablement confronté(e) à la patience. Bien que présent au présent de notre vie, Dieu n'a pas la même notion du temps que nous humains, qui sommes toujours très pressés. En général, nous sommes tous habitués de nos jours à recevoir ce que nous voulons dans l'instant. Cette patience et ces attentes, sont cependant un avantage considérable si l'on y réfléchit de plus près d'un point de vue pratique. Ah bon, et pourquoi M'sieur !? ... Tout simplement parce que le temps n'ayant aucune prise sur Dieu, Il est de fait accessible jour et nuit, 24h/7, douze mois par an, sans congés de maladie etc. Bien qu'Il le soit en permanence pour chaque être humain sur terre, si vous le Lui demandez, disons alors qu'Il sera davantage présent de manière plus sensible, partout, toujours et en tous lieux où vous irez. À la neige, à l'hôpital, à la mer, au boulot, dans votre voiture, au chômage, dans la rue ou pour faire du shopping. Bon, rassurez-vous, Il vous laissera tout de même votre intimité ...

28[46] - Faut-il posséder des dons, des prédispositions pour rencontrer Dieu ou devenir chrétien ?

Non, vous ne devrez disposer d'aucune prédisposition spécifique, de talents innés ou encore de dons cachés. La base, vous l'avez reçue à votre naissance dans votre esprit. Pas celui du voisin ou de la voisine, mais le vôtre. Quiconque vous dirait qu'il est impossible de rencontrer Dieu en soi et dans l'esprit est un menteur. Une qualité facilitant cette première rencontre ? Être profondément et tout simplement humain. Par contre, une disposition précise vous sera nécessaire. Celle d'une réelle ouverture d'esprit, de l'acceptation par votre esprit à la réalité, et à la vérité de Dieu. Sauf grâce spéciale du Seigneur désireux de se révéler à vous dans une intention bien particulière, pour l'exemple, un appel à une vocation précise. Comprenez une fois et pour toujours que tout dépend de vous, et repose sur vous dans votre intention au départ. Le reste dépend ou dépendra de Lui. Vous ne devez pas non plus être forcément baptisé pour rencontrer Dieu lors de votre première démarche vis-à-vis de Lui la première fois. Si c'est sa volonté, Il vous amènera au Baptême. Vous le saurez et le comprendrez de vous-même. Vous recevrez des signes qui vous feront comprendre que le Baptême deviendra pour vous une évidence incontournable. Ce sera dans la foulée ici aussi, sa signature.

Nous verrons dans un autre volume les Sacrements de l'initiation chrétienne qui sont :

1- Le Baptême
2- La Confirmation
3- L'Eucharistie

---

[46] Œuvre de Wladimir Kuch

Ils sont les trois sacrements par lesquels on devient chrétien. Devenir chrétien par le Baptême vous engagera envers Dieu et le Christ. C'est une réponse à une invitation intérieure ferme de s'engager à la suite de Jésus Christ. Devenir chrétien, être et vivre en chrétien, vous donne une identité forte en Dieu et en Jésus Christ, qui sera toujours présent près de vous ; si vous allez au bout du chemin ; en Lui manifestant votre fidélité ; qui sera une preuve de votre amour pour Lui qui ne cesse jamais de vous aimer. En devenant chrétien, vous entrez par la grande porte dans la spiritualité chrétienne. Je ne vous fais pas un placement de produit, mais elle est la plus belle et la plus riche des spiritualités. Elle peut être aussi la plus difficile à vivre de nos jours dans le monde que vous connaissez. Soutenu par Jésus Christ, être chrétien fait donc appel aussi à notre courage et notre volonté face et dans le Monde en n'ayant pas honte de notre appartenance. Je pense honnête et correct de le dire[47]. Cela ne veut bien entendu pas dire que chaque chrétien doit finir sa vie ici-bas en martyr ou qu'il faille avoir peur de devenir chrétien. Dieu et le Christ étant la vie, il y a d'abord lieu de chercher, rechercher et défendre la vie sous toutes ses formes. L'exemple fort actuel des chrétiens au Liban et au Moyen-Orient, Syrie, Irak, sont une illustration parfaite de mon propos. Ces trois sacrements forment un tout. Ils fondent l'identité chrétienne. Ils sont vécus dans la foi en Dieu, en Jésus Christ mais aussi en Eglise. C'est-à-dire avec les chrétiens du monde entier.

Arrivé à ce stade de l'aventure, je vous dévoile le secret annoncé plus haut. Tout ce que vous avez fait depuis l'achat de ce livre jusqu'à ce paragraphe, tout votre désir de rencontrer l'Être suprême, c'est Dieu Lui-même qui vous l'a inspiré. Pas moi, pas vous, ni encore moins votre imagination. En fait, c'est Dieu qui veut vous rencontrer, vous parler, vous guider, vous éduquer, vous aimer, vous demander votre collaboration pour une tâche, une vocation

---

[47] **Mathieu 10 : 32** « Quiconque se déclarera pour moi devant les hommes, moi aussi je me déclarerai pour lui devant mon Père qui est aux Cieux. »

bien précise dans la société par exemple. Dans ce cas, Il vous la révélera Lui-même, au fur et à mesure de votre cheminement de la vraie vie en Dieu et en Jésus Christ. Dernier point de détail. Si le Tout Puissant se manifeste à vous directement, non à travers les hommes, Dieu viendra toujours au moment où vous ne vous y attendrez pas, jamais. Il le fera toujours par surprise. Ce sera ici encore sa signature, autant le savoir si cela vous arrive. Grande joie et paix pour vous !

J'ai fait cette prière, j'ai osé faire le pas vers Dieu, que va t'il se passer à présent, que va t'il m'arriver ? ...

Même s'il y a une part « d'aventure » en allant vers l'inconnu, le Tout Autre, n'ayez pas peur, il ne se passera probablement rien dans un premier temps. Dieu a son temps et Il se révélera à vous par ses chemins. Souvenez-vous qu'Il vous connais mieux que vous-même. Il n'a donc aucun intérêt de vous faire peur, ou de vous traumatiser. Vous êtes sur le point où vous allez rencontrer l'Amour, le vrai, pas un cauchemar... Malgré toute sa puissance infinie, vous découvrirez instantanément toute sa douceur, sa tendresse pour vous. Répétez votre demande régulièrement si et seulement si, vous en ressentez le « besoin ». Ce « ressenti » dans votre esprit de devoir répéter votre prière, pourrait provenir de Dieu s'enquerrant auprès de vous de savoir, si vous souhaitez vraiment faire sa rencontre, le connaître. Sinon, si rien de spécial n'arrive dans l'immédiat, oubliez, tout en étant attentif, et très éveillé. Sans être bien entendu obsessionnel, soyez vous-même, naturel. Observez ce qu'il se

---

Si tu remerciais Dieu pour toutes les joies qu'il te donne, il ne te resterait plus de temps pour te plaindre

Citation de Maître Eckhart

passe autour de vous et en vous dans votre esprit. Dieu parle souvent à travers les personnes. Rencontrez-vous subitement des gens vous parlant de Dieu ? Ecoutez attentivement ce qu'elles ont à vous dire, retenez et analysez le contenu de la conversation ensuite dans le calme. Si ces propos ont un sens concret pour vous, vous touchent particulièrement, c'est Dieu qui s'est adressé à vous au travers de ces personnes. Si non, soyez en Paix et laissez faire Dieu. Il vous observe, Il est déjà en route pour vous rejoindre. Il est déjà là, mais vous ne le savez, ni ne le réalisez pas encore. Dans mon cas, tout a réellement et véritablement commencé après une grosse quinzaine de jours.

Voici mon histoire,

Pour rappel, nous nous situons dans le contexte où, j'avais fait ma demande à Dieu sur son existence. J'étais propriétaire à l'époque d'une société et d'un magasin de vente de matériels, de réparations et de réseaux informatiques. Un samedi, jour de grande affluence vers les quinze heures, vint un petit monsieur âgé vers la soixantaine. De suite, il attira immédiatement mon attention. Vêtu d'un pardessus classique et d'un chapeau démodé, vous savez, de ceux que les hommes portaient dans les années soixante, il dénotait complètement dans le paysage du magasin. Avec ses lunettes à monture argentée sur le nez, le bonhomme avait un attaché case à la main qu'il tenait fermement. Il me faisait penser à un fonctionnaire en fin de carrière, je vous laisse le soin d'imaginer lequel... Instinctivement, je l'observais du coin de l'oeil. Occupé de servir d'autres clients, il attendait son tour patiemment, visage sérieux mais paraissant de bonne humeur. Lorsque ce fut son tour d'être servi après une dizaine de minutes d'attente, debout sans presque bouger, il s'avança au comptoir et me dit :

« *Bonjour monsieur, puis-je vous parler quelques minutes ?* »

Étant dans un magasin de matériels informatiques avec un public jeune, je m'attendais dans le pire des cas à ce qu'il me sorte sa carte de fonctionnaire pour un contrôle inopiné de la comptabilité voire peut-être dans le meilleur des cas, pour me demander un devis en vue de l'acquisition d'un nouvel ordinateur. Ayant des vendeurs à disposition pouvant s'occuper de la clientèle, je lui indiquais que j'acceptais de le recevoir et le priait de me suivre vers mon bureau. Après l'avoir invité à s'asseoir tout en le dévisageant, je lui demandais ce que je pouvais faire pour lui. Il me regarda droit dans les yeux d'un regard franc aux yeux bleus que je n'oublierai jamais, et me demanda si je connaissais la ...Bible. Imaginez quelque peu ma tête, un samedi après-midi sur le coup des quinze heures ; le magasin remplit de monde attendant d'être servi et cet homme là, assis devant moi ; tranquille ; cool et relax ; me demandant placidement avec un culot inouï, si je connaissais la Bible. « Merde » me suis-je dit en silence encore bien ma veine, je suis tombé sur un témoin de Jéhovah.

Après m'être immédiatement ressaisi de mon étonnement, tout en évitant soigneusement de ne rien laisser paraître de mon début d'agacement, je lui répondis que oui bien sûr, je connaissais la Bible mais que là, je n'avais vraiment pas le temps. Dans la foulée, mon côté commerçant reprenant rapidement le dessus, je lui demandais s'il souhaitait autre chose, une réparation, un nouveau PC à tout hasard. Enfin, je lui demandais s'il était témoin de Jéhovah. Après tout, les témoins de Jéhovah achètent aussi des ordinateurs, et du matériel informatique, enfin j'imagine. Dans un sourire calme et posé, voyant que la situation commençait à m'agacer, il me répondit,
- Non non pas du tout, je ne suis pas témoin de Jéhovah, me dit-il. Par contre oui, je suis pasteur, mais je vois que vous avez beaucoup de travail. Je n'aurais pas dû vous déranger, j'en suis sincèrement désolé. Me promenant dans la rue, voyant votre magasin, je fus comme attiré, et suis entré tout à fait par hasard. Pour me faire pardonner, puis-je vous laisser cette Bible. Il l'avait sortie entre-temps de son attaché case placé entre ses jambes. Rassurez-vous, me dit-il encore, elle est gratuite, je vous l'offre pour tout le dérangement occasionné. Acceptez-là comme un cadeau de ma part. Opération blanche pour moi, quelque part soulagé, allez savoir

pourquoi qu'il ne fut point Témoin de Jéhovah, je lui répondis que oui, il pouvait me laisser la Bible et le remerciais. Il la déposa sur mon bureau en face de moi près du rebord. Tout de même interloqué, presque énervé par ce culot qui était à mes yeux, une perte sèche de temps donc d'argent, je me levais déjà pour le raccompagner vers la sortie du bureau. Il se leva à son tour, toujours très calme en abandonnant le livre. Il avait une belle couverture noire épaisse, avec écrit en lettres d'or en plein centre, le seul mot « Bible ».

Tout en nous frayant un passage parmi les clients, arrivés près de la porte du magasin, il s'arrêta sur place et se retourna subitement vers moi. Son visage avait recouvert un air sérieux. Il me demanda alors de lui promettre de lire la Bible, et plus particulièrement la Lettre de Jean 1 verset 1 et 2, que je trouverais aisément dans la table des matières. Je n'ai jamais oublié ce regard. Pour lui être agréable et en être quitte, je lui dis que « oui oui bien sûr », je ne manquerai pas de lire ce passage tout en insistant : lorsque j'en aurais le temps. Après tout, on ne sait jamais. Peut-être que je le reverrais un jour mais cette fois comme client, venant avec monnaies sonnantes et trébuchantes, à dépenser chez moi. Ne jamais contrarier un client, a toujours été un principe, une devise pour moi. Nous étions à cette époque encore, dans la période de transition du passage du Franc à l'Euro. Beaucoup de gens liquidaient leurs anciennes monnaies et autres gros billets, bien ou mal acquis, en achats de matériels informatiques. Histoire d'éviter éventuellement d'avoir à se justifier devant qui vous pouvez imaginer. Ou encore, d'éviter de devoir se déplacer à la banque pour le change définitif vers la nouvelle monnaie européenne. Il reprit dans la foulée très sûr de lui, si vous me le permettez monsieur, je reviendrai dans quinze jours tout en levant son chapeau pour me saluer comme les messieurs le faisaient il y a bien longtemps. À peine sorti du magasin, je m'en retournais vaquer à mes occupations, en espérant que le prochain client serait ma foi, bien meilleur. Optimiste de nature, il ne pouvait être que meilleur me disais-je. C'est qu'un commerçant ma bonne dame, ben il ne pense qu'à commercer. Le soir à la fermeture du magasin, passant par mon bureau ranger quelques documents, je retrouvais la Bible là où, le pasteur l'avait déposée. Je la pris en main et observais qu'elle était toute neuve, jamais ouverte. Le livre était de belle facture, une finition de qualité. La prenant en main, la soupesant machinalement, je la déposais ensuite dans un tiroir de mon bureau, tout en oubliant cette rencontre.

Le temps passa...

Quinze jours plus tard, toujours un samedi, jour habituel de grande affluence comme vous le savez à présent, pas un chat depuis l'ouverture. Il faisait gris, moche. Un gris triste, morose, une lumière qui n'existe que dans ce plat pays qui n'est pas le mien. Il pleuvait une pluie fine, que même un canal s'était pendu depuis je ne sais plus quand, ainsi que le chantait Brel. Pas un client ou l'ombre de son ombre venant chercher, déposer un ordinateur pour réparation. Même pas un petit câble RJ45... La situation était complètement dingue, bizarre, anormale.

Les heures passèrent, puis arrivant vers la quinzième heure, la porte du magasin s'ouvrit enfin ! ... Un monsieur entra, c'était celui de la Bible. Portant chapeau et vêtu de la même manière, je le reconnu de suite. D'un pas décidé, il se dirigea vers le comptoir, me salua, puis me demanda s'il était possible de prendre quelques minutes de mon temps, vu le « calme » dans le magasin.

Je reçus sa demande comme une giffle en plein visage lorsqu'il prononça le mot « calme », totalement inhabituel un samedi.

J'acquiesçai, tout en me rappelant que je n'avais pas lu la Bible déposée deux semaines auparavant. Encore moins les passages demandés dont j'avais complètement oublié, les références de lecture. Sur le moment, je me sentais mal à l'aise. Cette journée sans clients était comme une journée sans voitures. Je fis rentrer le pasteur par le même chemin que précédemment dans mon bureau. Après y avoir été invité, il s'assit à la même place, dans le même fauteuil confortable que deux semaines auparavant. Subitement embêté, gêné, un sentiment de culpabilité m'envahissait. Décidément, c'était vraiment une journée de m.... Vous savez, de ces jours où l'on se dit, que l'on aurait mieux fait de rester dans son lit et dormir.

Je lui proposais un café qu'il ne refusa pas. Après s'être enquis de savoir si j'allais bien, café servit, mondanité terminée, il me demanda toujours en souriant :
- *Avez-vous lu le passage que je vous ai invité de lire lors de ma première visite ? ...*

Prenant un air contrit, je lui répondis par la négative, prétextant que j'avais été trop occupé pour lire. Tous les prétextes et autres mensonges de circonstances y passèrent en relatant les 15 derniers jours. Incroyable la vitesse à laquelle, l'esprit humain peut travailler pour raconter n'importe quoi et essayer de se sortir d'une mauvaise situation. M'écoutant attentivement tout en buvant son café, presque en rigolant comme s'il savait, il me dit :

- *Ce n'est pas grave cher monsieur, tout en se retournant et devisant le magasin vide de clients. Je vois que nous avons du temps et je vous propose de lire ensemble ce premier passage de la 1ère lettre de Jean. Avez-vous encore la Bible que je vous ai donnée ?*

Euh oui, je pense lui dis-je, tout en m'inquiétant de l'endroit où je l'avais mise, dont je ne me souvenais plus pour le coup évidemment. Voyant mon embarras, il me suggéra que j'avais dû la mettre dans le tiroir de mon bureau en souriant, mais cette fois en usant d'un sourire carrément sarcastique. Elle était effectivement tout au fond du premier tiroir de gauche du bureau. Je la sortis de la nuit où je l'avais déposée.

- *Cher monsieur, me dit-il, ouvrez-là et cherchez la page de la première lettre de Jean au verset 1 dans la table des matières, c'est vers la fin.*

Il prit sa propre bible en la sortant de son attaché case placé toujours entre ses jambes. Après avoir trouvé le fameux passage, il me demanda de lire les deux versets lentement à haute voix, ce que je fis comme un sale gosse prit la main dans le sac. Si seulement un scrogneugneu de client pouvait entrer dans le magasin... Vraiment, il y a des jours ...

« 01 Mes petits-enfants, je vous écris cela pour que vous évitiez le péché. Mais si l'un de nous vient à pécher, nous avons un défenseur devant le Père : Jésus Christ, le Juste ».

« 02 C'est lui qui, par son sacrifice, obtient le pardon de nos péchés, non seulement les nôtres, mais encore ceux du monde entier ».

Lecture faite, je levais la tête puis déposais la Bible ouverte sur le bureau. Dès ce moment, il y eut un silence. Un silence pesant, lourd, grave. Le pasteur me regarda d'un regard devenu transperçant et referma sa Bible. Je ne lâchais pas son regard, comme par défis, je le soutenais fermement. Combien peuvent durer ces moments hors du temps semblant durer une éternité, je ne le sais. Cinq, dix, vingt secondes ou plus ... Un ange passa longuement, puis le pasteur me demanda : Comprenez-vous ce que vous venez de lire ? Je lui répondis que oui, mais ne voyant pas le rapport avec moi, je ne me sentais pas concerné. « Mes petits-enfants » ; et puis quoi encore ?! ... Est-ce que j'ai l'air d'un petit enfant moi du haut de mon mètre quatre-vingt sept ! ... Nouveau silence, puis prenant la parole, le pasteur me dit d'une voix devenue grave :

- *Cher monsieur, je me suis trompé. J'étais pourtant certain que je devais vous rencontrer. Vraiment, je vous remercie de m'avoir accordé ces quelques instants de votre précieux temps, mais aussi pour cet excellent café. Je ne vais pas vous retenir plus longtemps. Je vais vous quitter et rassurez-vous, je ne vous dérangerai plus. Toutefois, avant mon départ, j'ai une faveur à vous demander, puis-je vous demander de penser à ce que vous venez de lire, je vais prier pour vous.*

Il partit comme il était venu et je ne le revis plus jamais. Le reste de la journée se poursuivit comme elle avait commencé, le désert.

À partir de ce jour, tout va aller en s'accélérant et s'écrouler pour et autour de moi. Je perdrai tout ce que j'avais mis des années à construire. Tout me sera saisi jusqu'au dernier cent. Mes très « chers amis » me tourneront le dos, comme c'est toujours le cas dans ces situations. Personne par la suite ne me demandera si j'avais faim ou soif. « Vae victis[48] » ... Mes affaires étaient commercialement saines et rentables. Sans rentrer dans les détails techniques, un juge spécialisé dans les affaires commerciales ira jusqu'à me dire, après avoir analysé toute l'affaire, que ce que je vivais était complètement : « surnaturel », « qu'il n'avait jamais connu pareil cas » (sic) ... Un juge... Pas n'importe qui ...

Dès ce jour-là, bien des portes se fermeront pour moi, pour dès le lendemain, permettre à d'autres de s'ouvrir de manière totalement inattendue. À mesure que toutes mes affaires s'écroulaient, que je perdais tout, ce tout était systématiquement remplacé par d'autres choses. Je recevais des aides y compris financières, de manière ici aussi, totalement inattendue, des conseils d'experts, de personnes avisées bienveillantes, jamais rencontrées auparavant. Toutes allaient m'aider à régler mes affaires ; rapidement ; proprement ; honnêtement ; mais tout allait toujours, dans le sens de la cessation rapide de mes activités. « Comme » si je devais tout perdre » et passer à autres choses. Ce sera effectivement ces « autres choses » qui m'attendront plus tard.

À travers tout ce que vous venez de lire de mon témoignage, et bien d'autres encore événements non relatés ici, j'ai appris que oui, Dieu existait. Pour les sceptiques, j'affirme ici que rien, absolument rien n'était dû à mon imagination, à de faux fuyants de circonstances, un quelconque refuge psychologique, quelque chose à me raccrocher. Foutaise que tout cela. J'ai appris encore que oui, le Christ et la

---

[48] **Vae victis : expression latine signifiant « Malheur aux vaincus »**

Divine Providence existaient aussi. Là où toute ma vie avant cette prière, je ne comptais que sur moi et l'argent ; tout en me réduisant à plus rien, Dieu, le Christ et la Providence ne me feront jamais défaut. Ils continueront de m'accompagner sans interruption. À travers la providence divine, j'ai appris que je n'avais rien ; mais qu'avec Dieu, j'avais tout. De le dire, c'est une chose, de le vivre, c'est autre chose.

Dieu a changé toutes mes relations, mes ami(e)s, ma vie sociale, mes biens, mes activités, ma vie dans sa globalité. Dans toutes mes souffrances, je ressentais la présence puissante et bienveillante du Christ auprès de moi. Les attaques spirituelles, dont je parlerai dans le 3ème volume, furent nombreuses pour m'apprendre que oui, le Mal existait réellement aussi. Combien de fois, ne recevais-je pas, jour, nuit, matin, soir dans l'esprit d'arrêter de prier, que tout cela ne servait à rien. Je ne le cache pas, j'ai connu des moments de doutes violents où, je me demandais si je devenais fou. C'était tellement vrai que j'en suis arrivé à aller carrément consulter un psychiâtre renommé. Un homme très sympa avec son nœud papillon. Après deux longues séances, ses conclusions étaient qu'il n'avait que rarement rencontré une personne aussi équilibrée. Que dès lors, d'autres consultations étaient rendues tout à fait inutiles, sauf si bien-sûr, j'avais de l'argent à dépenser, me dit-il en rigolant (sic). Allez savoir pourquoi, ça rassure son homme. Tout en changeant absolument tout, j'apprendrai à connaître Dieu qui se laissera connaître par ses chemins. Lentement mais sûrement, oserais-je dire « implacablement » ... Ce fut parfois dure, très dure, tant spirituellement, qu'extérieurement. Mais ayant définitivement et rapidement compris que oui, Dieu existait ; qu'Il était là près de moi ; j'avais décidé d'aller au bout et de m'en remettre entièrement à Lui ; de lui faire totalement confiance. Aller jusqu'au bout encore et encore, je ne vous cache pas que ce ne fut pas tous les jours facile, loin s'en faut.

Dieu a changé ma vie pour le Bien, selon ses vues pour moi. Je sais aujourd'hui que je suis dans la Vérité pour ce qui me concerne, j'ai donc décidé de partager ce vécu et cette expérience du divin avec vous. Aujourd'hui, j'écris des livres, pensez-vous sérieusement que j'aurais un jour imaginé écrire, non pas un, mais quatre volumes pour en faire une série spirituelle ? Non bien-sûr.

Assimilez ceci, Dieu change la vie de tous ceux ou celles qui se tournent vers Lui franchement dans un esprit ouvert. Parce qu'Il est Dieu, Il le fait à la mesure de Dieu, pas celle des hommes, jamais. Dieu peut et souhaite vous aider dans le quotidien de votre vie, oui ; mais Il voit le long terme que vous personnellement ne savez, ni ne connaissez pas. Si vous êtes à votre place dans la vie, Il vous manifestera sa Présence, son amour et peu de choses fondamentales devraient changer pour vous, continuez votre vie en paix, profitez de sa Joie à vos côtés. Si vous n'êtes pas à votre place dans ce que vous vivez, ce qui après une grosse introspection objective était mon cas, alors oui aussi, attendez-vous à de profonds changements. Ici intervient un point essentiel, l'introspection. Au 21ème siècle et notre société digitale, notre esprit reçoit en permanence des informations. Nous les analysons dans l'instant, sans aucun recul pour après, 10 ou 20 ans, se rendre compte que notre analyse était complètement fausse, erronée voire stupide. Prendre le temps du recul est devenu un impératif, tout simplement.

Il faut pouvoir se remettre en question et oui, cela peut faire peur, mais ayez confiance si cela vous arrive. Ce qui ne vous était pas possible, est rendu possible si tel est sa volonté. Si c'est sa volonté, véritablement, vous saurez et vivrez jusque dans votre chair que rien n'est impossible à Dieu. Notre Dieu et Père, est le Dieu de l'impossible qui se rend possible. Cette absence de compréhension de l'action divine au départ, dépasse tout entendement humain pour la plupart d'entres nous. C'est encore pour cela aussi, que beaucoup peuvent se détourner de Dieu. Parce que nous entrons dans une dimension totalement inconnue de nous, une dimension qui nous dépasse totalement. Dieu agit à la mesure de Dieu. Même si vous ne comprenez rien de qu'il vous arrive dans l'instant, soyez assuré(e) que ce sera toujours pour un Bien, le vôtre. Soyez particulièrement assuré que sur le long terme, vous comprendrez les pourquoi, les comment, de tous ces changements dans une conscience devenue éclairée. Lorsque viendra le temps, et ne doutez pas qu'il arrivera, vous serez objectivement obligé de reconnaître très humblement, que Dieu avait raison de pratiquer ce qu'Il a fait et comme Il l'a fait.

Si je devais donner un métier à Dieu arrivant dans la vie de l'homme ou de la femme, ce serait sans aucun doute celui de chirurgien de la vie. En partant de ce concept, vous pouvez librement imaginer tout ce que Dieu opère, ou peut opérer en vous et autour de vous. L'acte chirugical n'est pas ce que j'appellerais un acte « doux » dans son essence. Je n'ai encore jamais rencontré une personne me dire, tout guillerette : youpie, chouette Dominique, je rentre lundi à l'hôpital pour me faire opérer. Bien des gens ont peur dans ces circonstances exceptionnelles, et c'est normal. Elles demandent que l'on prie pour elles, cherchent à se rassurer par tous moyens, nous sommes dans l'humain. Puis arrive le matin de l'opération où, nous n'avons que deux choix : se lever et partir, ou de s'en remettre pleinement avec confiance, au personnel médical, au chirurgien et à l'anesthésiste. Avec Dieu et le Christ, nous ne sommes pas dans un monde bisounours. Le monde de l'Esprit peut être doux, ou extrêmement violent selon les cas. Nous sommes, nous et notre âme, un enjeu au milieu d'une guerre sans merci entre le Bien et le Mal. C'est encore vérité de le dire. De Adam et Eve, en passant par la Passion du Christ ; des fours crématoires nazis au goulag de Staline, jusqu'à nos jours avec Al Qaeda ou Daech, nous voyons parfaitement de quoi est capable le Mal. C'est tellement vrai qu'à la vue des horreurs commises au Moyen-Orient, nous pourrions légitimement nous demander si en fait, ce n'est pas le Mal qui reçoit des leçons de l'homme. Dieu et le Christ souhaitent nous sauver de ce Mal que l'on n'ose même plus nommer, mais qui ronge l'homme et la femme comme un cancer sans coup férir. Et un cancer, on ne sait en être atteint, que lorsque c'est trop tard. Le Mal est là, jamais loin, toujours dans le dos de l'homme. Ce Mal dans lequel nous pouvons être englués depuis des années, sans même s'en être rendu compte.

Alors oui, avec Dieu ça coupe ; ça tranche ; ça déplace ; ça panse ; ça guérit ; ça console, et adoucit les douleurs dans tout ce qui doit l'être, pour remettre les choses à leur place. Et Dieu à ce jeu-là, gagne toujours, quelqu'en soit le prix. Dieu n'a pas dispensé son Fils d'aller et de mourir sur la Croix. 2000 ans plus tard, on parle, on écrit, on prie, on est sauvé par le Christ. Telle est la force, la puissance, la gloire et l'amour de Dieu pour chacun de nous parce que Dieu à une vision de l'éternité que nous n'avons pas, ne maîtrisons pas. Là où l'homme cherche depuis des millénaires à prolonger par tous moyens, la durée de la vie humaine sur terre ; le Dieu Eternel, a solutionné le problème de l'éternité ; non pas d'une manière « physique » au travers du corps ; mais en l'accordant à notre âme et notre esprit, pour ceux et celles qui l'acceptent librement ; en la donnant gratuitement aux hommes et aux femmes par l'union au Christ. L'Amour avec un grand A est Dieu. Dieu est l'Amour avec un grand A au fond de vous. Cet Amour peut faire souffrir, seul le résultat compte. Si l'on se place uniquement dans une vision à court terme typiquement humaine, cet Amour est totalement imbuvable. Si l'on parvient à aller au-delà de notre vision de la vie, de notre vie, et saisir quelque peu de la notion de l'éternité, alors tout devient clair, évident, lumineux. Là doit être notre vrai choix. Choisir la vie que nous avons et connaissons, avec la limite fatidique de la mort, ou oser aller au-delà de nous là où, tout devient alors possible, parce que nous sommes alors en Dieu et en Jésus Christ. Notre vision est extrêmement limitée, nous sommes toujours comme des alpinistes au pied de l'Everest. Nous avons une magnifique vue, mais si nous voulons voir l'entièreté, il nous faudra nous dépasser, grimper. Arrivé au sommet, alors nous pourrons voir l'entièreté de tout. C'est à cela que nous invite Dieu en permanence. C'est au sommet qu'Il nous attend. Si on lui demande, Il se fera sherpa pour nous aider à la grimper cette montagne qui nous semble inaccessible. Il mettra pour nous des baffes au méchant yéti dans notre ascension. Si on refuse, nous resterons en bas dans nos médiocrités. Tels sont les enjeux pour chaque être humain de ce qu'il fera de sa vie, depuis sa naissance jusqu'à sa mort physique.

De notre nez sur notre smartphone à l'éternité proposée par Dieu, il y a une route, un chemin. Il s'appelle Jésus Christ et c'est un choix proposé, jamais imposé. C'est notre choix que nous devons et devrons faire en pleine conscience. Ceci est d'autant plus vrai en regard de notre époque, de notre société et de ce qui l'attend. Souvenons-nous toujours que se sont nos erreurs au départ de notre vie adulte, sans ou refusant Dieu, qui nous entrainent dans l'erreur. On pourra m'objecter que Dieu n'avait qu'à nous prévenir avant que de les commettre. Qui dit qu'Il ne l'a ou ne le fait pas chaque jour ? Ici, seule une introspection véritablement profonde de votre passé pourra vous répondre. Parfois encore, peut-être fallait-il qu'il en soit ainsi tout simplement pour apprendre ce qu'est la vie avec et sans Dieu. Aveuglés par le monde ; par la société ; par l'attrait des plaisirs faciles ; par l'argent etc. nous ne les réalisons pas. Toujours trop pris par nos activités quotidiennes dans une société hyper stressante, et hyper stressée, nous les oublions. Privés petit à petit de la lumière de Dieu, nous continuons et persistons dans notre orgueil, puis les années passent. Je le répète, au bout du

---

Dieu a établi l'âme dans la libre détermination d'elle-même, en sorte qu'il ne veut rien lui imposer au-dessus de sa libre volonté, ni exiger d'elle quelque chose qu'elle ne veut pas.

Citation de Maître Eckhart

compte, lorsque est venu le moment du bilan, seul le résultat compte et reste.

Plus de quinze années ont passé depuis ces événements. Malgré des débuts douloureux, beaucoup de larmes, des incompréhensions et de très gros doutes face à ce qu'il m'arrivait et traversais, je ne regrette rien. Au contraire. Au sujet des doutes, je dirai ceci ; ceux-ci sont bons s'ils nous font progresser vers Dieu. Ils nous aident à nous remettre en question, mais surtout à nous conforter dans notre Foi. J'ai appris et compris que Dieu ne nous condamne pas pour ces doutes typiquement humains, si toutefois nous Lui posons des questions. Au final, je rends grâce à Dieu qu'il en fût ainsi pour moi. Je confirme donc pleinement ceci :

Heureux celui qui croit, heureux celui ou celle qui va jusqu'au bout de son chemin vers Dieu et le Christ. À lui ou elle, rien n'est impossible, je vous le dis et ne cesserai jamais de le dire.

Croyez et Osez !

29 - Analyse du processus :

Je demande l'existence de Dieu. Quinze jours passent, aucun signe de son existence ne me sont donnés. Pris par mes activités, j'oublie même avoir fait cette prière.

Un jour d'affluence, un homme religieux vient de manière impromptue, me donne une Bible, élément physique complètement incongru dans le contexte de mes activités, et de ma vie à l'époque. Je reçois un passage à lire que je ne lirai pas, n'en ayant ni l'envie, ni le temps ce jours-là ou les suivants. Compréhensif, le pasteur m'indique qu'il reviendra deux semaines plus tard. Par manque de temps et d'envie, jusqu'à son retour face à moi, je ne les lirai pas et je rangerai la Bible reçue en cadeau dans mon bureau.

Deux semaines ont passé normalement. Le pasteur revient et ce jour-là, pas un client, le désert. Situation anormale. Je ne fais toujours aucun rapprochement. Je me sens mal à l'aise, je prétexte n'importe quoi, je mens au pasteur. Manifestement, je suis de très mauvaise foi et de mauvaise volonté. Patient, le pasteur m'invite de lire avec lui ces passages, je ne me sens toujours pas concerné et encore moins par le texte. Je ne fais encore à ce moment strictement aucun rapprochement avec ma prière de demande de l'existence ou non de Dieu.

Dieu dans ce passage, s'adresse à moi en m'appelant « mon enfant », je ne comprends ni n'accepte ce langage que j'estimais infantilisant et puéril, l'orgueil.

« Pour que vous évitiez le péché » est la deuxième phrase que je retiendrai de ce passage. Ici encore, je ne me sentais pas concerné, et me rebellais contre ces paroles dont je ne comprenais pas le sens sur l'instant.

Continuons ...

"Mais si l'un de nous vient à pécher, nous avons un défenseur devant Dieu le Père : Jésus Christ m'est annoncé et qualifié ici comme étant « Le Juste ». Je ne comprends toujours pas.

Clairement, vivant loin de Dieu, je menais une vie d'homme de notre temps, loin de Dieu, de la prière, de la spiritualité. Une vie dissolue au regard de Dieu. Je lui demandais dans une prière son existence, il répondait à ma question au travers d'une Bible, en me situant comme étant son enfant, en me disant que j'avais des péchés, mais que j'avais un défenseur en la personne de Jésus-Christ, qualifié de « Juste ». Bonne nouvelle donc, si j'ai péché, et tous nous avons péché, dire le contraire c'est se mentir, j'ai, nous avons tous un défenseur devant ce Dieu dont j'ai demandé l'existence.

Or, il n'y a de « Juste » que Dieu. Le Tout Puissant me renvoie dès cet instant vers Jésus Christ « le Juste », et tout ce qu'il contient. Non vers quelque chose d'autres, tel l'islam, le bouddhisme, l'athéisme, Raël ou que sais-je encore ... Face à Dieu trinitaire, Père, Fils et St Esprit, je ne suis pas tout seul. Je peux donc clairement espérer, malgré tous mes péchés antérieurs, de pouvoir effectivement rencontrer Dieu dans ma vie.

J'ai donc vécu et témoigne que oui, Dieu passe au-dessus de nos péchés, comme de nos erreurs, si nous lui demandons sincèrement de venir nous révéler la Vérité qu'Il est, et ne cesse jamais d'être.

Il n'y a pas de problèmes, il n'y a que des solutions lorsque l'on vit et travaille avec Dieu. Au lieu de gémir sur vos problèmes en maugréant sur Dieu, dites à vos problèmes : "Toi tu es un problème, moi j'ai un grand Dieu"...

> La prière est le plus grand rempart de l'âme.
>
> Citation de Staint Augustin

Vous verrez votre vie et votre état d'esprit changer. Mais si nous vivons et persistons dans le choix de vivre loin de Dieu, alors oui, ne subsiste et ne subsistera de fait que les problèmes. Ils auront certes des solutions, encore faudra-t'il que ces solutions pour lesquelles nous nous serons cassé la tête à les trouver, soient les bonnes. Ce n'est pas toujours le cas. Une erreur non décelée dès le départ, entraîne presque toujours une autre erreur. De la sorte, nous entrons de fait, dans un cycle sans fin d'erreurs. Ici encore, regardez notre société, notre monde et l'état de ce monde. Il ne sert à rien de récriminer contre Dieu, de ce Monde et de son état. Tous nous en sommes responsable parce que l'homme à la tête dure, et la nuque raide dans ses refus et autres entêtements contre la Vérité de Dieu.

Dans sa Sagesse et son Amour infini, répondant à ma question devenue prière, Dieu m'a littéralement visité une quinzaine de jours après à travers ce pasteur. Il ne lui a pas permis de m'expliquer le sens de ces versets. Ce ne sera que des années plus tard que je comprendrai le sens de ces silences entre le pasteur et moi. Dieu était entre nous deux et lui communiquait dans l'esprit ce qu'il avait à faire. Mission du pasteur terminée, n'ayant plus rien à faire ensemble, ni rien à me dire, il est parti et est sorti de ma vie définitivement. Je ne le reverrai plus jamais.

Dieu avec le pasteur se retirait pour un temps, me laissant celui de la réflexion et de la méditation. Je n'utiliserai pas ce temps donné. Évidemment, sur le moment je ne le réalisais pas encore. Disposant de toutes mes facultés mentales et intellectuelles, je savais ne pas vivre un rêve, pas même éveillé. Au contraire, j'étais en parfaite conscience d'une situation très concrète et tout aussi réelle. En deux phrases et quelques mots, non seulement Dieu me donnait la Vérité pour et sur moi, en définissant mon état du moment selon SA vision des choses, mais en plus, dès cet instant, Il me faisait comprendre, je ne le comprenais pas alors, qu'Il allait m'enseigner et m'éduquer Lui-même à la vie spirituelle avec Lui, c'est-à-dire Dieu.

Dès ce moment, libre à moi d'accepter ou de refuser. Comment sait-on que ce moment du choix est arrivé ? ... Chaque jour, nous le savons par une conviction de plus en plus forte que malgré ce qu'il se passe, nous ne nous trompons pas. Même si nous ne le voyons pas, nous apprenons à reconnaître sa présence, parce que nous savons désormais que oui, Dieu est là.

Dieu ne nous demande pas de pécher, jamais ; mais de sortir du péché[49], oui afin d'établir ou de rétablir la vie de Dieu en nous. Ceci est vrai pour chaque être humain. En ayant connaissance de nos péchés, persister dans cette voie fausse et erratique, comme le dit le proverbe est alors diabolique. Je l'ai écrit plusieurs fois, Dieu est la Vérité. Si nous lui demandons la Vérité sur nous, Il nous la donne. Dieu ne nous en veut pas de nos erreurs. Particulièrement si nous ne savions pas en avoir commises ; mais si nous refusons la Vérité révélée par Dieu répondant à notre demande alors oui, cela devient un gros problème. Comme le dit très justement la locution latine :

« Errare humanum est, ced perseverare diabolicum est »
Ce qui donne en français,
« L'erreur est humaine.
« L'entêtement dans notre erreur est diabolique ».

Autrement dit encore me concernant ; le Créateur ; Dieu le Père ; non seulement m'indiquait que quelque chose n'allait pas dans ma vie ; que ces péchés entravaient mon existence selon sa

---

[49] **Nous verrons plus loin ce qu'est le péché.**

vision des choses ; que par conséquent, Il m'invitait à changer de vie ; ce que je ne discernais absolument pas encore ; afin et pour la rendre conforme à ce que Lui le Dieu au-dessus de tous dieux ; voulait et attendait patiemment pour moi ; le "sale gosse" rebelle, bien dans son temps ; désireux de vivre sa vie jusqu'alors comme il l'entendait. En somme, j'ai demandé la vérité, je recevais la vérité et cette vérité, sonnait littéralement la fin de la "récréation" pour moi.

Pour la première fois, au travers de ce verset, Dieu m'annonçait par ailleurs Jésus Christ. Je n'étais pas choqué par cette nouvelle. J'ai toujours eu une sympathie naturelle pour Jésus comme "tout le monde". Je vous pose d'ailleurs une question : Qui sur terre n'aime pas Jésus ? ... Personne. Je n'ai pour ma part, JAMAIS entendu quelqu'un déclarer spontanément ou ironiquement, "Moi, je n'aime pas ce Jésus". Même pas chez les musulmans ou encore le Mahatma Ghandi qui déclarait un jour : "Sans doute serais-je chrétien s'ils l'étaient 24h/24 ... Ghandi tout de même.

Si en lieu et place de vivre de, par et dans la négation de Dieu ainsi que nous y invite sans cesse notre société occidentale devenue toujours plus athéiste, vous essayiez de vivre l'affirmation et la positivité de ce Dieu bien vivant pour vous-même ? ... C'est un choix et une décision personnelle qu'il vous faut faire, si vous voulez vivre dans la vérité. Là-dessus, personne ne peut, ni ne pourra jamais le faire à votre place. Il n'y a pas de procuration possible avec le Tout Puissant.

Enfin, relevons encore ce qu'est un enfant aux yeux de Dieu. Regardez les yeux d'un bébé, son regard pur. Qu'est ce qu'un enfant sinon l'innocence et la pureté personnifiée. Un enfant a tout à apprendre de son père et de sa mère. Ici, Dieu indiquait dans mon cas, peut-être le vôtre à présent ou plus tard, par une phrase toute simple, que le Père, Dieu, est prêt à m'enseigner, m'éduquer et me conduire dans son rêve, son plan de vie. Ceci est vrai pour chacun de nous, si vous l'acceptez. Quel père n'a jamais rêvé le meilleur pour son enfant ? Ainsi donc oui Dieu est un père, votre, notre Père qui est aux Cieux de notre esprit et Il veut vous parler. L'acceptez-vous ?

Après ce gros et lourd passage et pour détendre l'atmosphère, voici un autre témoignage. Il fut vécu par un bon père rédemptoriste. Jan était son prénom. Hollandais bon teint de son état, il était né un jour de Noël, déjà tout un programme en soi. Capricorne pur jus, une tête particulièrement bien faite, il était très intelligent. Doté d'un bon sens hors du commun, il appréciait raconter des blagues, et avait un humour dévastateur. Je l'ai bien connu, au point qu'il était devenu un ami intime. Homme et père rédemptoriste très apprécié de ses supérieurs, il fut envoyé dès son ordination reçue, en qualité de missionnaire au Congo ex-belge, dans la province du Bas-Congo. Il y restera 45 ans, au point que les habitants du village lui auront érigé sa tombe de son vivant, ce qui là-bas, est un très grand honneur. Il y construira des pharmacies, des fermes, des écoles, dont une université et un séminaire. Humble, aimant la bonne chair et la bonne compagnie, il était ce que l'on appelle communément, un "bon vivant". Combien de soirées et de fous rire n'avons-nous passé ensemble autour d'un bon repas. Je l'aimais vraiment beaucoup. Un soir donc à la question posée de savoir si Dieu était un Père, il nous raconta cette histoire vécue ...

Un jour qu'il faisait sa tournée dans une école qu'il avait construit et qu'il était occupé à apprendre à la classe dont il s'occupait, la célèbre prière du "Notre Père", un enfant dans le fond de la classe se mit à pleurer. Immédiatement, il lui demanda de venir le rejoindre au tableau près de lui.

> Si vous parlez à Dieu, vous êtes croyant.
>
> S'il vous répond, c'est que vous êtes shyzo
>
> Citation du Docteur House

- hé bien mon enfant, pourquoi pleures-tu ? ... lui demanda t'il. L'enfant lui répondit dans de gros sanglots, qu'il ne pouvait pas dire cette prière. Cela lui était totalement impossible.

- Ah ! ... Et pourquoi ne peux-tu dire cette prière ? dis le père Jan. L'enfant dont j'ai oublié le nom lui répondit, et écoutez bien ...

- Je ne peux pas dire ce Notre Père car le mien est très méchant et de dire ces mots me le rappelle. Il boit, nous bat presque tous les jours ... L'explication terminée, il se remit à pleurer de plus belle. Attendri par cet enfant, comprenant et saisissant parfaitement la situation de ce que vivait le petit à la maison, après un court moment de réflexion, père Jan lui demanda devant la classe totalement silencieuse :

- Et ta maman, as-tu encore ta maman ?
- Oui, répondit l'enfant.
- Est-ce qu'elle est gentille avec toi ta maman ?
- Oui dis l'enfant, elle est très gentille avec moi, et elle m'aime très fort, je le sais.
- Donc, repris le père, tu aimes beaucoup ta maman ?
- Sûr de lui, n'hésitant pas, oui encore répondit l'enfant.
- Très bien ! reprit le père Jan, si au lieu d'appeler Dieu notre père, tu dirais Dieu, Notre Mère, est ce que cela te conviendrait ?
- OUI !... S'exclama l'enfant dans un cri de joie retrouvée, tout en affichant ce beau sourire des petits enfants africains.

Depuis, ce jour-là quelque part sur la terre d'Afrique, un petit garçon, devenu entre-temps un homme, prie, et peut-être est-il le seul sur toute la terre à le faire de cette manière, allez savoir, en disant : "Notre Mère qui êtes au Cieux".

Alors, elle n'est pas belle la vie ?...

30 - Dieu et moi ou Moi et Dieu

Il était une fois entre cauchemar et réalité...

Lyon, France. Le Rhône s'écoule paisiblement. Un homme vit dans une petite maison située sur les hauteurs de la ville dans un quartier résidentiel. Il passe ses journées tranquillement, raisonnablement, sagement. Notre homme, artiste dans l'âme est écrivain, scénariste et réalisateur de films à succès malgré une critique internationale souvent acerbe à son endroit. Cet homme a tout pour lui, et possède énormément de talents qu'il maîtrise par ailleurs à la perfection. L'imagination ne lui faisant jamais défaut, il est un vrai artiste dans l'âme. Remportant régulièrement de nombreux prix, il ne manque jamais de susciter énormément de jalousie autour de lui. Voici son histoire qu'il m'a racontée.

Tout à fait libre à l'époque, j'étais en recherche d'un emploi suite à une faillite survenue contre ma première société, il y a quelques temps déjà. Elle avait été provoquée pour d'obscures raisons de trahisons commises par plusieurs de mes collaborateurs, tous jaloux de ma réussite, pour cause aussi d'un fort méchant concurrent qu'aucun scrupule n'a jamais fait reculer. Oui, j'ai tout perdu en ce temps-là. Comme entraîné dans un tourbillon, je ne savais plus selon l'expression consacrée « vers quels saints » me tourner.

Exploit d'huissier se succédant à d'autres exploits d'huissiers, les convocations à comparaître devant les tribunaux pleuvaient et malgré ma défense, j'ai été condamné à la faillite. Le cauchemar avait déjà commencé, sans même que je le réalise vraiment.

Imaginez ...

08h du matin, on sonne, on frappe avec force sur la porte d'entrée de votre maison. Venant à peine d'ouvrir les yeux de votre longue nuit sans sommeil, entendant ces cognements répétés, votre cœur s'emballe illico, vous êtes saisis d'effroi. Répondant à la convocation de votre mémoire, vous peinez de sortir d'une nuit longue, très longue, vous savez, une de celle où, tout le passé défile. Dans quelques instants, vous allez être violé. Vous ne le savez pas encore, mais vous allez l'apprendre et le comprendre rapidement. Pendant ce temps, les coups sourds résonnent dans vos oreilles et vous tape le cerveau. Vous vous levez péniblement, les yeux rougis par vos larmes versées toute la nuit, vous cherchez vos pantoufles. Un type s'époumone là au-dehors, « Huissier, ouvrez ou je fais ouvrir ! » entendez-vous de l'autre côté de la porte. Celle qui vous sépare de ce monde et de sa violence inouïe. Vous voudriez vous trouver n'importe où ailleurs mais là, impossible de fuir, de vous échapper. J'arrive, j'arrive, osez-vous répondre timidement à l'intrus. Vous tournez la clé, puis la lourde à peine entrouverte, la horde barbare composée de l'huissier, vêtu comme il se doit dans son costume bleu sombre, suivi comme son ombre de son assistante portant lunettes et tailleur noir, un serrurier goguenard, sachant être dédommagé de ses frais de déplacement pour rien, et encore d'un policier se demandant ce qu'il faisait là. Tous s'engouffrent décidés chez vous pour la curée. Vous avez été condamné, la loi, c'est la loi, vous devez payer, il n'y a pas à discuter. Cette invasion, ce véritable viol de votre vie privée va durer 3, 4, 5 minutes, guère davantage.

Le temps passant, présent ou absent, saisie conservatoire après saisies, vous voyez votre patrimoine et le peu d'économies qu'il vous restait s'envoler comme neige au soleil. Tous vos rêves de grandeurs, de réussites, vos belles vacances d'été dans un hôtel « all inclusive », votre belle voiture, il n'y a plus rien. Ne reste plus que le néant et vous-même, totalement pris dans votre chute sans fin.

Quelques jours plus tard, peut-être une semaine, vous revenez chez vous après avoir été acheter vos cigarettes. Oui, je sais, ce n'est pas bon, mais on s'en fout dans ces moments-là. Votre voiture saisie, vous êtes allé à pied les acheter. Vous arrivez chez vous et là, vous vous rendez compte ne pas avoir vos clés avec vous. La totale, la série noire continue. Vous sonnez, pas de réponse. Vous faites le tour de la maison, un peu de chance, enfin !... La fenêtre donnant sur la cuisine est entrouverte, il faisait beau et chaud ce jour-là dans ce beau mois de Mai. L'horoscope disait donc vrai ce matin-là. Balance, la conjonction Lune Saturne est particulièrement favorable pour les 3èmes décans, disait la dame dans la radio... Après vous être contorsionné comme vous le pouviez, vous réussissez finalement à pénétrer dans votre logis. Et puis là, stupeu ! Vous découvrez placé en évidence sur la table ronde de la cuisine, un mot griffonné à la hâte. Bien entendu, vous reconnaissez immédiatement l'écriture. Elle est celle de votre épouse partie pendant votre courte absence avec pour tout bagage, une valise de cabine. « Adieu », est-il écrit dessus, puis au verso, une deuxième phrase, « Rendez-vous au tribunal pour le divorce ». Vous êtes là, l'air con au milieu de la pièce. Vous réalisez cette fois que tout s'est écroulé. Tout ce que vous aviez patiemment bâti année après année s'est effondré comme château de carte. Trop occupé à essayer de sauver ce qui pouvait l'être de matériels, vous n'avez rien strictement rien vu venir, rien pu faire, pour empêcher de voir l'œuvre de votre vie anéantie.

Trois mois ont passé ...

Passant vos journées à chercher du boulot, vous ne vous êtes pas laissé aller. Vous avez répondu à une annonce reçue sous pli fermé par une amie. Une des dernières personnes ne vous ayant pas abandonné. Pressée de rentrer chez elle de l'autre coté de la ville, elle l'avait déposée il y a quelques jours dans votre boîte aux lettres sans vous avertir. Ne sachant ni l'expéditeur, ni le contenu de la lettre, vous l'avez ouverte craignant encore une facture à payer.

Cher Monsieur, en vue de notre prochain film, nous avons le plaisir de vous inviter pour un casting, veuillez vous présenter, etc.
Surprise ! ... Bien entendu, vous avez le temps ce jour-là. Et si vous ne l'aviez pas, soyez certain(e) que vous le trouveriez. Comme

par hasard, tous vos rendez-vous planifiés depuis un moment, sont tous annulés. Dont celui en particulier concernant cette réunion hyper importante que vous avez eue tant de mal à obtenir, avec le patron de la société Black Motion, une société concurrente, située de l'autre côté de la rue. Comme une bonne nouvelle n'arrive jamais seule, vous savez par votre amie que vous devriez être choisi, c'est certain ! Vous ne connaissez encore rien du rôle qui vous sera proposé, mais selon les informations reçues, il est question que vous obteniez d'office le rôle principal. Vous savez par ailleurs que selon certaines rumeurs, vous n'obtiendriez chez Black Motion qu'un rôle tout à fait secondaire. Il n'y a donc pas à hésiter. Vous reprenez courage. C'est que sans le savoir, vous aviez été repéré depuis longtemps par des anges recruteurs envoyés en mission chercher, celui ou celle, qui conviendrait au rôle pour lequel le réalisateur les avait mandatés à travers le monde entier.

Telle a été mon histoire, maintenant, ce rôle, il est pour vous !

Rencontrer Dieu et Jésus Christ dans sa vie, c'est en vérité, changer le film de sa vie, rien que cela, ni plus, ni moins. C'est réécrire votre vie avec Lui, ce Dieu et Père que l'on croit à tort, si lointain, mais pourtant si proche. Avec Lui, ce qui était abaissé sera redressé ; ce qui a été écrasé, sera relevé ; ce qui était mauvais en vous sera lavé et repassé ; ce qui était le big one problème de votre vie, s'en trouvera soit adouci, soit éliminé selon le scénario pour vous. Vous étiez seul(e) ? à moins que ce ne soit salutaire pour vous de le rester, Dieu mettra sur votre route un ou une partenaire fiable avec qui, vous pourrez fonder une vraie famille, mais encore aussi des personnes aimantes, et non seulement intéressées par vos biens, votre patrimoine, votre argent. Vous ne saviez pas la définition du verbe aimer ? vous allez l'apprendre. Et non seulement, vous allez l'apprendre mais vous allez le vivre. Vous en serez l'acteur principal, jamais secondaire. Le film de votre vie que vous aviez avant de rencontrer Dieu, va immanquablement se trouver être modifié ; changé ; transformé en profondeur. Quelle en sera l'histoire de ce nouveau film ? De quoi sera composé votre histoire ? Quels acteurs joueront avec vous ?

Techniquement et technologiquement parlant, nous vivons une époque formidable. Nous avons des smartphones qui sont peut-être, la plus grande invention depuis la presse de Gutenberg. Nous avons accès au monde entier, à la connaissance, à la technologie, aux voyages, à l'éducation et aux rencontres. Est-ce que nous allons rester sans bouger dans notre petit confort, métro, boulot, dodo, où allons nous oser réaliser ce que nous avons toujours rêvé ? Allons-nous enfin oser nous assumer avec Dieu, où allons nous continuer notre train train habituel, avec cette vie que nous avons, mais qui passe si vite. Allons-nous rester dans notre pays d'une manière totalement anonyme, où allons-nous oser prendre le risque de partir vivre dans l'endroit de nos rêves ?

Lorsque nous savons que le corps humain aura atteint sa pleine maturité à 25 ans, pour ensuite commencer de vieillir, la vie passe décidément très vite. À 20 ans, on a plein de rêves. Heureusement ! Ne pas en avoir, ne plus en avoir à cet âge, est un sérieux problème. Combien de jeunes de nos jours rêvent encore à 20 ans ?... Lorsque j'écoute des jeunes parler, j'ai l'impression d'écouter des déjà vieux avant l'âge. À 40 ans, nos rêves doivent être réalisés pour une grande part, avant la lente descente vers le trou. Ça, c'est la logique du monde et de la société. Or avec Dieu, il n'y a pas de limite d'âge. Tout est possible pour autant que ce soit sa volonté, son désir pour vous et rien ne vous empêche de Lui demander ce que vous souhaitez pour vous-même.

> La nature a des perfections pour montrer qu'elle est l'image de Dieu et des défauts pour montrer qu'elle n'en est que l'image.
>
> Citation de Blaise Pascal

Dans notre époque, les choix que nous avons le sont presque à l'infini et c'est bien. Nous avons même celui de devenir candidat à la sélection pour partir peut-être un jour, vivre sur la planète Mars. Quels choix allons-nous faire ? Allons-nous oser faire et assumer ces choix, ou rester comme nous sommes ? Évitons de trop écouter les voix extérieures négatives détruisant continuellement nos projets. Trop souvent, on les écoute, puis on ne fait rien parce que on a eu peur d'échouer. Oser choisir, osons faire ce qu'il nous semblait impossible mais cette fois avec Dieu. Si ce n'est pas bon, rassurez-vous, Il vous le fera comprendre. Ayant acquit du discernement spirituel, vous le saurez. Toute notre vie, passées les études financées par papa et maman, nous avons construit notre vie seul(e), sans Dieu pour la plupart. Si nous avons réussi seul(e), amen, tant mieux, mais es-t'on vraiment heureux ? ... Et si nous ne le sommes pas, quelles possibilités avons-nous de modifier cet état d'esprit, ce ressenti, ce vécu ? Dieu peut nous aider. Il peut et va changer notre vie, si nous nous retournons véritablement vers Lui. Le grand drame des gens d'aujourd'hui ? Ils sont toujours plus isolés, seuls, terriblement, horriblement seuls. Ils bossent comme des malades, sacrifiant tout pour réussir socialement et financièrement. Quand ils ont réussi des années plus tard, beaucoup réalisent alors qu'en fait, ils, elles sont alors seul(e)s. Et là-dessus, les femmes ne sont pas mieux que les hommes. Il arrive toujours un moment dans la vie où tout ce que nous avons accompli jusqu'alors sans Dieu, on ne les voit plus. Vient le temps alors où on s'en fout complètement de ce tout pour lequel nous avons suer. Puis on devient acariâtre et grincheux, on râle sur la vie, notre vie. Il nous manquera dans ce cas, toujours quelque chose. Ce quelque chose, ce vide devenu profond en nous, que rien ni personne ici-bas, ni aucun des autres faux dieux ne pourront jamais combler, c'est Dieu, le vrai, Celui de la Bible. Parce que oui, véritablement, il y a une vie avec et sans Dieu. Sinon pourquoi tant d'hommes et de femmes l'ont suivi à travers les âges depuis le Christ.

Il nous remplit de Lui, de sa vie, de la Vie. Il nous remplit de sa Paix, de sa joie, de sa positivité, de son esprit créatif. Quand nous disons oui à un choix, nous devrons peut-être dire non à 50 ou 100 autres possibilités. Avez-vous déjà réfléchi à ces aspects de la vie, de votre vie ? ... Changer de vie ? Oui c'est possible, il n'est jamais trop tard. Le trop tard n'existe par pour Dieu, jamais. Changer de vie ? Oui mais avec Dieu et le Christ, si nous acceptons de le laisser vivre et respirer au fond de nous ; si nous vivons sa présence et acceptons ses inspirations et sa volonté.

Rencontrer Dieu dans notre vie, c'est comme rebâtir une maison. On ne construit pas sa maison sur du sable, tout le monde le sait. On s'assied ; on réfléchit ; on pense ; on médite ; on rêve beaucoup aussi. On prend le temps pour tout cela. Dans ce qui peut sembler être un désert et une perte de temps, avec Dieu nous avons planté une graine, laissons-la germer. Il va s'en occuper, Il va stabiliser le sol, nettoyer en profondeur notre âme, aérer notre esprit. Avec Lui, nous ne commettrons pas d'erreurs, et si nous en commettions, Il nous les montrera et nous aidera à les rectifier.

Dieu ne se trompe jamais. J'ai toujours ressenti cette infaillibilité incroyable. Peut-être qu'aujourd'hui, tout cela vous semble folie, ou encore que vous ne vous sentiez pas capable d'assumer tout cela. Pourtant avec Lui, tout est possible. Après tout, lorsque vous prenez l'avion, vous souciez-vous de savoir le nom, l'âge et la situation de famille du pilote ? Ou encore, s'il a mal de tête ou n'a pas digéré son dernier repas prit il y a trois jours à Rio de Janeiro ? Vous souciez-vous encore de savoir si le commandant de bord, est de bonne ou mauvaise humeur ? Non. Vous montez dans l'avion pour lequel vous avez payé votre voyage, vous vous asseyiez à votre place, vous boucler votre ceinture, et vous vous souhaitez que rien de fâcheux n'arrive. Si vous avez saisi cela, votre vie avec Dieu devrait être plus ou moins ainsi. Si nous voulons changer notre vie, nous devons savoir ce qui ne va pas pour pouvoir la changer. Oser Lui demander ce que nous devons ou devrions changer chez nous, en nous. L'honnête demande en ce sens est toujours très efficace. Sera grand celui qui connaît sa ou ses fautes, et en demandera humblement le pardon à Dieu.

« Ne regardez-pas ce qu'il vous manque,
regardez ce que Dieu vous a donné »

St Charbel Makhlouf.

Petite pause ...

Prenez votre Bible et rendez-vous Tobie
Une belle histoire vous y attend.
Belle histoire oui, mais que vous méditerez ...

31 - La vérité
Vivre avec Dieu

Rentrant lentement mais sûrement dans l'aventure de la vraie Vie, tout en persévérant, vous découvrirez qu'Il est bien réel et fantastiquement concret. De pouvoir vivre enfin sa joie et sa paix avec un grand P, vous comprendrez qu'aucun billet de banque sur terre ne pourra jamais le faire.

Dieu n'est pas et n'a jamais été un rêve. Il n'est pas issu de l'imagination d'hommes ou de femmes ayant fumé la dernière moquette en promo, il y des milliers d'années. Il n'est pas un « produit » qui aurait été proposé comme un concept de longue durée ; un produit de grande consommation ; une escroquerie perdurant jusqu'à nos jours pour quantités d'êtres humain, vivant ou ayant vécu sur terre. Une escroquerie peut durer un temps, jamais tout le temps. Elle finit toujours par être démasquée et dénoncée, poursuivie et supprimée. Dieu et le Christ, personne n'a jamais réussi à les supprimer ou les éradiquer de la planète. Pourtant, ce ne sont pas les nombreuses tentatives, intenses selon les époques, qui ont manqué. Comment dire ? ... C'est comme avec ce Jésus, un humain comme vous et moi, vivant dans son temps, mais dit aussi le Christ, histoire de bien marquer sa divinité. Les méchants ont voulu et réussi à le supprimer physiquement, et dans quelles conditions horribles encore bien. Je dirais à l'image de Daech de nos jours. Des commissions scientifiques ont été mises sur pied. « On » va en finir avec ce Jésus. « On » va prouver sa non existence, « On » va prouver qu'il n'a jamais existé. Que tout cela n'était que des histoires de bonnes femmes, des fadaises. Qu'il est temps d'en finir une fois pour toutes avec ces balivernes. « On » va aller sur Mars, l'homme est le plus fort, il suffit ! ... A chaque fois, ils se sont cassés les dents et ont dû finir par renoncer, admettre leur échec dans des réponses bien entendu évasives. Que rien n'est prouvé mais que rien non plus n'est démenti. Malgré tous les scientifiques, leurs appareillages derniers cris, ils se sont tous plantés. Ceci pour la simple raison qu'il est impossible de prouver le contraire. La dernière tentative fut édifiante lors de l'enquête sur le Linceul de Turin. Il est par ailleurs remarquable de constater que dès qu'une étude sur le sujet Jésus démarre, elle trouve « comme par miracle », tous les financements onéreux pour la mener à terme. Que ce genre d'étude est systématiquement annoncé à grands renforts de publicités dans tous les médias télévisuels de la planète avec force conférences de presse devant un parterre de journalistes, comme pour dire aux hommes : Enfin ! Victoire ! YESSS ! Nous allons pouvoir prouver la non-existence du Christ donc de Dieu. Ensuite, nous apprendrons au détour d'une rencontre, d'un petit article perdu au fond d'un journal qu'untel de la commission s'est converti et est devenu chrétien, qu'un autre est décédé, qu'un troisième encore est subitement tombé malade.

Qu'on l'appelle Dieu, Allah, Énergie, Lumière, Grand Esprit, Grand Manitou, Architecte, ou Grand tronc d'arbre omniscient, oui Dieu existe et jamais on ne prouvera sa non existence. Ni hier, ni aujourd'hui, ni jamais. Persister dans cette erreur du déni de l'existence de Dieu, est la preuve d'un manque d'intelligence et d'objectivité flagrante des hommes. Tous aveuglés par leur orgueil et leur refus d'admettre la Vérité qui les dérange. Parce qu'en fait, oui en fait, tous ces détracteurs ont peur, et ces peurs ma foi, elles sont nombreuses si l'on y réfléchit attentivement. Si, au lieu de vouloir prouver et perdre son temps ; ainsi que des sommes folles d'argent que l'on pourrait consacrer à d'autres œuvres plus salutaires pour le Bien de l'Humanité ; on cherchait avec cœur, foi et persévérance que oui Dieu existe. Si au lieu de vivre dans la négation de Dieu, nous vivions tous et toutes dans l'acceptation vivante et vécue du Vivant parmi nous. Ne pensez-vous pas que le monde depuis les origines, aurait été meilleur pour chaque être humain ; que de nos jours, tout irait mieux ? ... Qu'il y aurait moins d'injustices ? Si au lieu de perdre son temps à vouloir détruire ; on construisait enfin tous ensemble ; individuellement et collectivement ; ce pont spirituel vers ce Dieu Unique et Vivant ; combien serait plus belle la vie, notre, votre vie ?!

Prenez le temps de réfléchir à cette piste de réflexion. ... Imaginez un monde avec l'acceptation de Dieu au milieu de nous. À ce stade de la lecture, c'est une question et un défi que je vous lance maintenant. Encore une fois, à vous de répondre en votre âme et conscience selon la formule consacrée. Mais j'entends déjà d'ici vos objections...

- Oui mais cher Monsieur, cher ami, c'est bien sympathique tout cela, vous avez facile vous, de venir nous dire ces choses, certes belles, mais ce n'est pas pour moi ; c'est trop difficile ; je n'en suis pas capable ; j'ai fait trop d'erreurs dans ma vie ; j'ai trop de péchés ; je n'ai pas le temps ; déjà que je l'ai à peine pour lire ce livre, Ô combien passionnant, mais... ; je dois aller chercher mes gosses au club de sport ; je n'ai pas ma tête à ça ; je dois préparer un rapport urgent ; j'ai encore la vaisselle d'hier à faire ; je dois préparer mes valises pour partir en vacances et c'est bien connu, les avions n'attendent pas ; ma femme (ou mon mari ou mon concubin) bref la personne avec qui vous vivez quoi) ne croit pas en Dieu ; ce n'est pas pour moi, et puis de toutes façons même s'Il existe ; il ne voudra jamais de moi ; et puis l'argent ? Avec quoi allons-nous vivre ? Et bla bla bla ... Oserais-je dire : quelle mauvaise foi ?! ...

Arrêtez d'avoir peur, de vous aggriper comme un gosse à sa mère à cette société qui massacre l'être humain. Un enfant meurt toute les 06 secondes dans le monde. Yemen, pays en guerre, un enfant meurt toute les 06 minutes. On dépense des fortunes colossales en armement, pour patir sur Mars etc. Imaginez ce que l'on pourrait faire avec cet argent pour sortir de la misère ces milliards d'êtres humains vivant dans des bidons villes, dans les rues de nos cités occidentales. Non, il n'y a pas de fatalités. Il n'y a que des gens regardant d'autres gens crever en espérant que cela ne leur arrive pas. Demain ce seront des machines, des robots qui répondront à vos questions, qui vous diront que vous avez enfreint la loi, que votre comportement est inapproprié, que c'est très mal, et que vous allez payer. Telle est la réalité de cette société. Ne pensez-vous pas qu'il est plus que temps de passer à autre chose, à Dieu et au Christ par exemple ? ... Souvenez-vous qu'un qu'un océan n'est jamais composé que de gouttes ... Tous dans et depuis notre coin, nous pouvons faire quelque chose. Prier par exemple. Cet aspect sera vu dans le 3ème et le 4ème volume.

Dieu Est, Dieu Vit, Dieu vous aime

Bien des enquêtes sociologiques ont été menée en ce temps où l'on enquête sur tout et n'importe quoi. Une évidence est systématiquement apparue à l'énoncé des conclusions. La chose principale que les hommes et les femmes recherchent en priorité, c'est la paix. Et oui, la paix d'abord et avant toutes choses matérielles. L'homme sait naturellement, instinctivement, que l'on ne construit rien de valable, ni de durable sans la paix. Nous pourrions par ailleurs nous demander, d'où nous vient cette certitude intérieure « instinctive », que sans la paix, on ne peut rien faire, rien construire de valable. C'est une Sagesse imprimée de façon indélébile au fond de nous. Quoi que l'on construise sans la vraie Paix, tout n'est que châteaux de sable. Que vienne un sérieux coup de vent, et ces magnifiques châteaux dorés s'écroulent. Pourquoi ? Parce que ce que l'on appelle la paix du monde est une paix factice, une paix "marchande". Elle est totalement aléatoire et dépend de l'état d'esprit des financiers et des politiques du moment ; des populations ; des désirs de domination sur tout et tous ; par surtout en fait et dans les faits, l'orgueil des hommes ; refusant la Paix véritable de Dieu. Nous vivons dans les faits, la paix du « Sivis pacem para bellum », autrement dit en bon français : « Si tu veux la paix, prépare la guerre », ne cesse t'ont de nous ressasser depuis des millénaires. Je pose une question simple, pour quels résultats ? ... N'évacuez pas la question, prenez le temps de vous répondre en toute objectivité et ne vous mentez pas. Notre monde surarmé, super nucléarisé, avec la capacité aux mains de quelques « grandes puissances » de détruire en quelques instants toutes vies, et formes de vie plusieurs fois sur terre, n'est pas la Paix. Cette paix-là, achetée à grands renforts de fric ; de sang humain ; d'hommes, de femmes et d'enfants, comme vous et moi ; sans omettre les océans de larmes versées chaque jour de par le vaste monde, n'est pas la Paix, elle est une illusion. Cette paix-là est complètement fausse, factice et mensongère. Elle peut disparaître en quelques secondes. Juste le temps d'une décision finale prise par un Président d'une grande Puissance ; de pousser sur un clic gauche d'une souris située dans un profond sous-sol, enfoui quelque part sous quelques dizaines de mètres de ciment. Ce responsbale politique sera à l'abri dans un bunker ou depuis le fond d'un océan dans un sous-marin nucléaire d'attaque. Vous, non. Pensez-vous qu'un hiver nucléaire soit un paradis ? Si vous en réchappez, que ce soit encore une vie ? ... Réalisez-vous qu'un tel geste se ferait sans vous demander votre avis, votre opinion ou votre consentement ? ... Seriez-vous d'accord avec une telle prise de décision ? ... Et pourtant, cette décision fût prise un jour. Deux bombes nucléaires furent lâchées sur Hiroshima et Nagasaki au Japon en 1945. Depuis ce jour, cette menace pèse en permanence sur notre tête.

32 - La question de l'argent

Détendons un peu l'atmosphère sur ce sujet sensible ....

Aah la question de la galette, du flouze, du grisbi, du blé, de la tune, de l'oseille, de l'argent quoi ... Avez-vous remarqué que l'argent colle toujours à l'actu ? ... Il n'est pas un seul jour où le sujet n'est pas abordé, commentez, relaté dans les médias. Amusez-vous à regarder un 20h et discerner combien de sujets exposés ont un trait direct ou indirect avec l'argent.

J'ai souvent pu observer autour de moi que l'argent rendait fous les gens. Ce qui m'amène à dire que peu de gens ont en fait un rapport équilibré avec lui. Rappelez-vous la crise de 2008 et des subprimes qui a jeté entres autres personnes, des millions d'américains à la rue. À cette époque, tout le monde écoutait sa radio ou regardait sa TV en permanence. Qui ne s'est pas empressé de contacter son agence bancaire ici en Europe et ailleurs pour se rassurer sur ses avoirs ... On voyait débarquer dans tous les médias une nouvelle race de devins, tous plus experts les uns que les autres pour nous convaincre, j'ai cité : les économistes. Ils nous promettaient la guerre, nous affirmaient que nous étions en guerre, et que de toute façon, celle-ci allait être une guerre pire que toutes celles connues jusqu'alors. M'ouais... Paris, la Tour Eiffel est toujours debout 9 ans plus tard. L'argent rend fous les gens. Perso, ma relation à l'argent a toujours été que lorsque j'en avais, je ne méprisais pas celui se trouvant sur mon compte bancaire. Inversément, lorsque je traversais des moments disons, vraiment pénibles, l'argent devenait subitement une chose très sale. Ce qui m'amène à vous poser la question de savoir si l'argent est propre ou sale, quel est votre rapport avec l'argent, la richesse, la pauvreté ? Prenez le temps de vous répondre franchement. Ce vieux problème de la saleté ou de la propreté de l'argent avait déjà été analysé en son temps par Freud. Il y voyait comme pour le reste, un rapport à l'analité. Un peu bizarre je l'admets, mais comme tout ce qui touche à la psychanalyse devient vite curieux ou bizarre, ne soyons pas choqués, merci. Essayez de lire un rapport de psychanaliste, vous comprendrez rapidement ce que je veux dire. Ceci d'autant que j'en connais un, Monsieur B..., qui me doit encore 50. En tous cas, tous les matins que Dieu fait, lorsque je suis au wawa comme vous et des milliards d'autres gens sur terre, je ne me pose pas la question de savoir si mes excréments sont de l'or ou pas.

Cela étant, que fait-on l'essentiel de notre vie passant si vite sur terre ? ... On ne cherche pas Dieu, on a "pas le temps", par contre on le trouve le temps pour chercher l'argent, et souvent au détriment de tout. Santé ; famille ; vie sociale ; et vie spirituelle bien entendu. On râle, on s'étonne aussi que nos prières ont tellement de mal à se trouver être exaucées... Pourtant notre vie terminée nous n'emportons, ni n'emporterons strictement rien dans la tombe ou au crématorium. Tout le discours de notre monde et de notre société, tourne autour de l'argent. De près ou de loin, de manière déclarée ou sous-entendue, c'est l'argent et encore l'argent.

Si vous en avez, on vous considère, on vous « respecte ». Les portes s'ouvrent pour et devant vous partout, vous êtes "quelqu'un" et on vous admire pour votre réussite. Vous devenez même selon les cas, un exemple à suivre. Alors elle n'est pas belle la vie ?

A contrario, si vous n'êtes pas nanti de naissance ; que vous ne "réussissiez" rien dans votre vie ; que vous n'atteignez pas une position confortable selon les critères de sélection pas du tout naturels établis par la société ; si vous êtes malheureux et désargenté, vous êtes un(e) raté(e) et on vous regarde comme une « merde ». Vous avez bien lu, je dis bien comme « une merde ». Arriver au volant d'une puissante berline allemande ou arriver au volant d'une vieille bagnole pourrie dans un palace 5 étoiles disposant d'un portier, disons à Monte-Carlo pour l'exemple, vous verrez et comprendrez de suite ce que je veux dire. C'est une scène que j'ai

> Ne t'abandonne pas au désespoir
>
> Cela t'empêche de pouvoir converser avec ton coeur
>
> Citation de Paulo Coelho

pu observer lors de vacances sur la côte. Il y aura toujours des personnes pour vous rappeler sèchement, tout en vous regardant l'air condescendant, que vous n'avez pas votre place dans ces endroits. Fût-ce pour admirer les lieux. C'est encore ainsi que je suis intervenu un jour, il y a quelques années parce qu'un vieux sdf avait eu le malheur de ne pas marcher sur le « bon » trottoir d'un palace. La pauvreté, la misère, il faut la cacher. Alors, elle n'est pas moche la vie ?

De l'argent, on en a jamais assez, il nous en faut toujours plus, encore et encore. On qualifie désormais le "minimum d'existence" en parlant des plus petits salaires. On demande aux gens, « quels sont vos moyens d'existence ? » ou encore, « que fais-tu pour gagner la vie » tout en s'inquiétant de connaître l'occupation professionnelle d'une personne. On fait donc directement la liaison entre argent et vie ; entre vie et argent. Nous ne sommes "rien", l'argent est par-dessus « tout ». Nous dépendons de l'argent qui a pris en fait la plus grande place dans notre vie. Le minimum, nous le connaissons plus ou moins pour s'en sortir dans notre temps, mais le maximum, où est-il situé lorsque nous entendons aux infos les salaires du haut et du bas de l'échelle ?

Pour arriver à acquérir un "plus" financier, on est prêt à consentir tous les efforts et sacrifices à notre portée. On ne compte plus ses heures d'études, de travail, pourvu que cela rapporte toujours d'avantage. Avec l'argent, on peut tout acheter, en ce compris la vie d'un homme. N'est-ce pas ce qui arriva à Jésus Christ avec Judas ? Si une grosse berline à un prix, celle d'un homme aussi dans certains cas. Il paraît que de nos jours, on peut tuer un individu pour quelques centaines d'Euro, ai-je entendu dire par un journaliste, lors d'un déplacement en train il y a quelques années. Nous savons, vous et moi, à peu près toutes les dérives que la soif d'argent inconsidérée peut entraîner. Drogue ; prostitution ; jeux ; escroqueries ; hold-up ; kidnapping ; trafics divers et en tous genres ; fraudes etc. Tout est bon pour certaines catégories de personnes, tandis que pour d'autres, tout sera bon encore pour arriver à leur fin. Exemple, piquer la place d'un collègue ayant un emploi mieux rémunéré, ayant un poste disposant de plus d'autorité sur les collègues. L'argent n'a pas d'odeur c'est bien connu. Ce ne sont généralement pas les scrupules qui étouffent ceux ou celles qui n'ont que l'argent pour tout objectif dans l'existence.

Je suis certain que vous en avez connu, comme j'en ai moi-même connu. Tout se vend, tout s'achète, même l'air. De nos jours, essayez de contrôler la pression des pneus de son véhicule, sans mettre une petite pièce dans la fente de la machine est devenu impossible. De l'air...

Encore de l'argent ...

Que dire encore d'un monde, d'une société, la nôtre qui vous fait rêver et croire qu'en gagnant des dizaines de millions d'Euro à la loterie que vous connaissez sans la nommer, vous serez enfin en paix, débarrassé de tous soucis. Parlons-en un peu de ce grossier mensonge. Croyez-vous sérieusement qu'un gagnant à ce jeu, passée l'émotion et la joie compréhensible du moment, soit une personne heureuse avec ses 173 millions de gains et plus ?

Si vous le pensez, vous êtes dans l'erreur. Passé vos généreux instants de distributions à vos proches, à vos amis, surtout aux nouveaux ami(e)s que vous allez vous découvrir subitement ; vous allez vous retrouver seul avec votre responsabilité engagée face à cet énorme capital. Une fortune que vous ne gagneriez probablement jamais dans toute votre vie, si vous êtes simple salarié(e). Qu'allez-vous faire de tout cet argent, dès vos voitures de luxe, vos bicoques de rêve achetées, et vos tours du monde aux 4 points cardinaux accomplis ? Vous allez vous retrouvez dans une autre réalité. Celle où vous serez seul(e) face à vos responsabilités. Vous allez devoir apprendre vite, très vite comment ne pas perdre ce capital inespéré ? Il vous faudra choisir le ou les bons gestionnaires de fortunes que les banques s'empresseront de vous présenter. Et puis, lequel choisir parmi tous ces candidats ? Ils seront tous mieux intentionnés les uns que les autres ? Hormis pour les personnes habituées de gérer de grosses sommes d'argent, neuf personnes sur dix ne seront plus en paix pour longtemps. J'ai connu le cas d'un gagnant pour un gain de 250.000 € qui ne dormait plus. Alors, 173 millions... Est-ce vraiment un cadeau dans la vie ? Je suis prêt à le signer ici franco, passée l'émotion de la victoire, bien de ces gagnants doivent tranpirer pendant leur nuit de sommeil. Ne parlons même pas de l'héritage à léguer aux héritiers, s'il y en a ... Je ne dis pas que de gagner à ce jeu est mal, je dis que ce que beaucoup de gens prennent pour une liberté, et une paix définitive jusqu'à la fin de leurs jours, sera en fait une belle grosse croix qui aura tout son poids, n'en doutez pas. En vaut-elle le coup, sachant que des pauvres jouent le peu de sous qu'ils ont à ce jeu ou d'autres, espérant se sortir de leur misère ? ... Hé oui, que cela soit dans le business ou au jeu, on ne gagne de l'argent que sur le dos des pauvres. Jamais sur celui des riches...

Autre petite anecdote vécue qui s'est déroulée dans une autre vie, je veux dire celle avant ma rencontre avec Dieu et le Christ. Internet n'en était encore qu'à ses balbutiements, les informations bancaires n'existaient pas comme elles le sont de nos jours. En deux ou trois clics, on trouve tout de nos jours. Pour faire de bons placements, ça n'a pas changé, il fallait avoir une ou de bonnes relations dans le monde bancaire. Disposant à l'époque de quelques économies, je fus invité de me rendre dans une filiale au Grand Duché du Luxembourg. Comme la Suisse, le Grand Duché est mondialement connu pour être un paradis fiscal et de placements financiers. En me déplaçant là-bas, je ne pouvais obtenir que de meilleurs rendements.

Arrivé sur place après quelques heures de route sans histoire, avoir été accueilli comme il se doit par le blanc sourire de l'hôtesse d'accueil s'enquérant de l'objet de ma visite, après lui avoir indiqué que j'avais rendez-vous avec un certain monsieur Z, la demoiselle m'informa que malheureusement, il était tombé inopinément malade ce jour-là. Bonne nouvelle malgré tout, un autre spécialiste allait bien entendu s'occuper de moi rapidement. Confortablement installé dans un fauteuil en cuir de style anglais, on m'apporta café et douceurs. J'avais ainsi le temps de saisir tout le luxe de l'endroit, d'admirer les plantes sans poussières aucune. Un éclairage indirect diffusait une lumière douce sur de magnifiques tableaux modernes. Le tout révélait une ambiance feutrée et ma foi, de bon goût. Après une bonne dizaine de minutes, la porte s'ouvrit pour laisser entrer un homme jeune, vêtu de la tête au pied avec des fringues griffées, et comme il se doit en de tels lieux, des "Richelieu", cirées comme un miroir. Me saluant après d'être enquis de mon nom, essayant visiblement de se rappeler s'il m'avait déjà rencontré auparavant, il m'invita de le suivre dans son bureau. Nous prîmes donc un ascenseur privé avec code de circonstances nous amenant directement dans un bureau digne du Palais de l'Élysée. Tapis iraniens au sol, bureau de style Louis XVI, murs insonorisés, la totale. L'homme s'enquit de savoir si je désirais quelconque boisson et me posa rapidement la question fatidique, celle que l'on pose toujours dans ce genre de situations : "Que puis-je vous faire pour vous ; comment puis-je vous aider cher Monsieur ? ... Prêt, visage tendu mais hyper souriant, concentration maximale, son regard fixé sur mon regard et mes lèvres, attendant ce que j'allais lui répondre. Je lui indiquais la raison de ma visite, que je souhaitais faire quelques placements. Il me répondit par l'affirmative que j'étais à la bonne adresse, puis me demanda : "Combien allait être la hauteur du capital à investir ? Je devinais dans son regard la calculatrice interne allumée. Je lui répondis que je disposais d'une somme X, qui en soi était déjà conséquente pour le commun des mortels. Il ne fallu pas une seconde pour que son visage changea, son sourire devenu crampe entre-temps, de s'évanouir. Il se leva de son fauteuil comme un diable sortant de sa boîte en me disant, « mais Monsieur, c'est

> Dans tous les cas, mariez-vous.
>
> Si vous tombez sur une bonne épouse, vous serez heureux
>
> Et si vous tombez sur une mauvaise
>
> Vous deviendrez philosophe ce qui est excellent pour l'homme
>
> Citation de Socrate

une plaisanterie, nous ne traitons pas ici de tels montants aussi minimes ». Bon, pour l'info, c'était quand même des chiffres avec plusieurs zéros... Fin de l'entretien, imaginez ma tête. Devenu une espèce de pestiféré, il me raccompagna séance tenante. C'est que le capital et les affaires n'attendent pas, jamais Madame. Je ne vous raconterai pas mon entretien le lendemain avec le directeur de mon agence bancaire m'ayant envoyé là-bas... Cette banale petite anecdote vécue comporte en elle, une fort méchante leçon qui nous fait comprendre brutalement qu'il y a bien deux mondes sur terre. Que vous êtes ou serez d'office catégorisé à votre corps défendant, selon que vous serez "riche" ou "pauvre", mais selon des critères établis par la société et le monde. Ici encore, toute l'importance de prendre conscience et de réaliser de ce que l'on a. D'être pleinement heureux de ce que nous avons dans un esprit de gratitude envers la Vie. La gratitude est un aspect essentiel de la vie spirituelle que beaucoup trop ignorent.

Qui dit encore de nos jours "Merci à Dieu" pour tout ce que nous avons. En ce compris le temps que nous avons dans notre vie ; pour l'air que nous respirons ; pour l'eau que nous buvons ; pour la femme ou le mari avec qui nous partageons notre vie ; pour nos enfants ; pour la maison où nous vivons ; pour notre travail, notre salaire et nos richesses ? Le faites-vous ?

L'homme en prière sait demander à genoux sans relâche à Dieu pour obtenir une quelconque grâce ; mais pour ce qui est de le remercier dans son cœur ou dans sa prière... Pourtant, ce Dieu qui est notre Père à l'inverse de ce Monde, ne fait Lui, strictement aucune distinction vis-à-vis de nous. Ici encore un choix s'impose et s'imposera pour vous. Ce choix est simple : Dieu votre Père ou le Monde ? ... Dieu ou l'argent et les richesses du Monde ? ... Vivre dans le Monde en n'étant plus du Monde mais à Dieu ? En remontant la liste des choix, nous arriverons inévitablement au choix final : Dieu ou le Mal ?

**Veuillez lire et méditer les passages suivant dans votre Bible :
Mathieu 4 ; 1-11**

Nous entrons de plein pieds avec ce passage dans la confrontation entre le Bien et le Mal. Observez attentivement les propositions du Malin qu'il pose à Jésus. Cela ne vous rappelle t'il rien en regard de notre monde et de notre société ?
Ne vous a-t-on jamais fais de telles propositions sur le fond ?

Ecrivez ces propositions ainsi que celles sur la page suivante (Everest) sur un papier. Confrontez-les avec votre vie dans la société. Quels ont été vos réactions, vos attitudes, qu'auriez-vous fait vous, à la place de Jésus ?

Face à ces propositions du Malin, quelle va être l'attitude et les réponses du Christ au tentateur ?

Prenez le temps et répondez sincèrement à ces questions
Surtout, ne les fuyez pas ... Elles font partie du cheminement.

Bonne méditation !

Le Mont Everest - 8.848 mètres d'altitude.

Quel est votre Everest à vous ?

•

Pourquoi avez-vous échoué
dans cette escalade jusqu'à présent ?

•

Qu'aimeriez-vous que Dieu fasse pour vous ?

•

Quel est l'état de votre vie spirituelle ?

•

Comment envisagez-vous votre vie spirituelle ?

•

Comment envisagez-vous votre relation
avec Dieu et en fait, qu'attendez-vous de Lui ?

•

Qu'est ce que Dieu vous a apporté dans votre vie ?
Que ne vous A-t-Il pas donné dans votre vie ?

•

Priez-vous un peu, beaucoup, passionnément, pas du tout ?

Pensez-vous que la prière est un enrichissement ou une perte de temps ?

33 - Le péché, cet obstacle entre l'homme et Dieu.

Qu'est-ce que le péché ? ...

Autant le dire de suite, je n'aime pas le mot « péché ». Il est pourtant est une réalité spirituelle très concrète incontournable. Ce mot à mes yeux a fait et continue de faire partie, de ce vocabulaire typiquement religieux ayant fait fuir, et continuant encore de faire fuir les gens de notre temps. Quand il ne fait pas carrément sourire ou est objet de moqueries en notre époque de grande décadence.

Ainsi que nous l'avons vu précédemment, nous savons et avons intégré que Dieu est Esprit et Energie. Essayons maintenant d'actualiser notre langage au présent de notre temps. Imaginons par exemple que Dieu soit une radio que nous appellerons « Life ». Elle est naturellement de la dernière génération et continuellement upgradée. Elle diffuse en mode live – 24h/7 ses programmes populaires n'annonçant que de Bonne Nouvelles.

Cette radio est certes très écoutée et populaire, mais voilà, problème. Il se fait qu'indépendament de sa volonté, elle devient de moins en moins audible pour cause de multitudes de « péchés » commis par les auditeurs. Une enquête est donc dilligentée. Elle sera menée par le Fils du Patron de « Radio Life », un technicien hors pair envoyé sur place pour déterminer l'origine du problème et le solutionner définitivement. Après avoir survolé les vastes zones d'émission de la radio, il est constaté que tous ces péchés commis et accumulés depuis le passé jusqu'à nos jours par les auditeurs, formeraient en fait, des nuages noirs de moches parasites dans l'atmosphère. Suffisamment épais que pour tout brouiller et interrompre la réception. Les auditeurs donc ne reçoivent, ni n'entendent plus la radio. Dans la vie spirituelle, nous pouvons donc déterminer et conclure que ce sont bien ces parasites, ces péchés, qui empêchent jour après jours par leurs accumulations successives ; toutes communications en affaiblissant voire en annihilant toutes réceptions dans notre esprit et notre communication avec la radio : Dieu

Pressentant que vous aimez les exemples, prenons-en un autre, lui aussi bien dans notre temps. Imaginons que nous sommes en communication téléphonique avec une amie. Notre mobile indique une émission/réception parfaite sur la barre de puissance du signal. Tout va bien, la discussion est clair, agréable et intéressante. Marchant en rue ou roulant en tant que passager, au fur et à mesure de la progression du voyage, nous nous éloignerons logiquement toujours davantage de l'antenne émettrice du réseau auquel nous sommes abonnés. Toujours logiquement, le nombre de points indiquant la puissance de réception va diminuer petit à petit, jusqu'à finir par disparaître et nous faire sortir du réseau, auquel nous avons souscrit. Il n'y aura plus de signal jusqu'à ce que soit, nous soyons arrivés à la prochaine antenne relais. Pendant la progression, la communication va devenir de plus en plus mauvaise et hachée. Arrivé hors zone de réception, la communication sera interrompue. Nous serons alors comme isolés au milieu d'un désert.

Ainsi agissent ces parasites que l'on appelle "péchés" dans notre vie et notre relation avec Dieu. Ces parasites, ces péchés venant se grever lentement mais sûrement sur notre vie intérieure, si l'on y prend garde, nous privent petit à petit de notre vie spirituelle avec Dieu. Si la masse totale de ces parasites devient trop épaisse, cette accumulation ira jusqu'à nous empêcher même de prier, de descendre en nous. Cela arrive hélas, pour beaucoup trop de monde dans notre temps. Privés de la connexion avec Dieu, nous sommes alors spirituellement morts. Privés de toute lumière intérieure, non seulement ces gens sont alors morts spirituellement, mais tout cela arrive sans même qu'ils ou elles le réalisent. Ils, elles perdent alors tous discernements dans l'esprit. C'est bien ce que nous voyons chez nombre de nos contemporains devenus incapables de tenir conseil en eux-même. Cet état de perte de la grâce pouvant même entraîner jusqu'au suicide. Je rappelle que Dieu est pure de tous péchés. Il n'incite, ni ne tente jamais l'homme ou la femme à les commettre. Ils ne sont commis que par et dans la liberté mal utilisée, mal comprise de l'être humain.

Le monde et ses addictions

La société consumériste athéiste a amené dans la mort spirituelle quantité d'hommes et de femmes de notre temps, dont leurs enfants sont et seront toujours directement les premières victimes en les tenant éloignés de toute éducation à la vie spirituelle. Tout cela arrive lentement mais sûrement, si l'on y prend garde. En celà, les grands-parents ont sur le sujet, un rôle essentiel et irremplaçable à assumer dans la transmission de la Foi aux plus jeunes.

Au nom d'une liberté totalement factice et artificielle que nous vend et nous impose toujours plus la société capitaliste néolibérale, ce système semble prendre comme une revanche contre les hommes, contre l'Église et contre Dieu. Hormis pour les croyants vivant leur Foi, la source intérieure de la plupart des occidentaux s'est tarie petit à petit, atteignant des niveaux dangereux pour l'être humain lui-même. Combien en sont réellement conscient ? ...

L'homme, la femme de notre époque errent dans leur désert intérieur où ne subsiste plus, que le vide abyssal. Une sécheresse aride, tueuse de toute vie intérieure, avant que n'arrive un jour dans la vie de celui ou celle qui est atteint de cette mort spirituelle : l'amertume et l'errance définitive. L'espace ayant comme vous le savez, horreur du vide, devinez par qui ou par quoi, il est remplacé ? Bonne méditation...

Question légitime que l'on peut se poser, est-ce que ce Dieu que l'on dit Bon, n'aurait rien prévu pour nous prévenir de ces dangers ? Avant d'en arriver à ces extrémités, les signaux d'alerte interne existent. Dieu les donne gratuitement à tous les humains, croyants et non croyants. Ce sera à vous de comprendre ces signes et de réagir. Pour vous aider et vous situer dans ce contexte, je vous donne quelques pistes de réflexions. À chacun et chacune de se connaître et de savoir se remettre en question. Souvenez-vous, ce n'est que dans l'instrospection profonde que l'on peut y arriver. Un homme bien dans sa tête et dans sa Foi, pratique cet examen de conscience quotidiennement, matin et soir. Les jésuites par exemple, sont capables de couper un cheveu non pas en quatre mais en huit au minimum... Si cela vous intéresse pour votre progression, la spiritualité ignatienne est dès plus efficace en ce sens ...

Voici donc quelques signes et pistes devant vous alerter si vous vous reconnaissez dans un ou plusieurs états repris ci-dessous. La liste n'est bien évidemment pas exhaustive, je vous la donne pour vous mettre en chasse ...

Lassitude ; Pas le temps ; Activisme effréné ; Consumérisme désordonné ; Relativisme ; Désordre ; Incapacité persistante de pouvoir encore se concentrer (d'origine non médicale) ; Dégoûts de la vie ; Distractions diverses ; Dégoûts et éloignement progressif des choses spirituelles et religieuses, abandon de la prière ; Désirs de possession de l'homme ou de la femme en face de soi (collègues, ami(e)s ; Désirs jamais satisfaits, inassouvis ; Désirs de possession de son ou sa partenaire de couple ; Désirs de domination ; Paresse et fainéantise ; Ego surdimenssionné ; Amour immodéré de l'argent et des richesses ; Manque de Charité ; Attraction subite pour l'occultisme, la sorcellerie, le satanisme ; le Mal ; Agressivité ; Absence, manque ou incapacité d'écoute ; Désirs de suicide ; Forte attraction pour la mort, désir de vouloir en finir ; Dégoût de la vie ; Négativité excessive ; Impatience ; Négation de Dieu ; Sacrilèges divers ; Moqueries, ironies, cynisme sur Dieu, le Christ, le Ciel ; Pensées malsaines, obcènes ; Impression et conviction intérieure d'avoir raté sa vie ; Sentiment persistant de persécution ; Sentiment persistant que l'on est bon à rien ; Vivre dans le mensonge ; Se mentir à soi-même, mentir aux autres ; Jalousie excessive ; Orgueil démesuré, incapacité de reconnaître ses torts, ses fautes ; Incapacité de pardonner ; Rejet de la Vérité ; Rejet de la Sagesse ; Toutes les intentions malveillantes ; Refus de réparer les torts commis à autrui ; Egoïsme effréné ; Egocentrisme excessif ; Sentiment de mal être en présence de religieux, de croyants ; d'objets religieux ; Fuite ou désir de fuir en présence de l'Eucharistie ; Désirs intérieur de destruction des objets du culte et des édifices religieux ; Infidélité dans le couple.

Comme vous pouvez le constater, le champ est vaste et concerne aussi bien l'homme que la femme. Toutes ces choses, tous ces sentiments ; toutes ces attitudes ; tous ces comportements ; toutes ces pensées s'accumulant dans le temps ; sont autant de « particules », de « parasites » se collant à votre âme et votre esprit. Ils finissent par former des nuages de plus en plus épais s'accumulant dans le temps. Ils vous deviendront une belle grosse valise chargée de cailloux toujours plus lourde à porter. Votre voyage dans la vie, votre vie intérieure, votre connexion avec Dieu, deviendra toujours plus lente et le sera toujours davantage jusqu'à cesser. Arrivé à un moment X de votre existence, sans réactions de votre part aux signaux donnés par Dieu, vous serez privé(e) de toute la Lumière de Dieu dans votre vie ici-bas. Dernier détail, vous ne recevrez aucun courrier du Ciel pour vous avertir que Dieu se sera retiré, vous laissant désormais seul à vous-même. Un passage intéressant sur ce sujet, nous pouvons le trouver dans l'histoire de Caïn[50] que je vous invite à lire et méditer dès à présent. Dans le Volume 2, nous verrons plus en détails chaque points repris ici et d'autres encore. Si toutefois après lecture, vous vous reconnaissez sur un ou plusieurs des points énoncés ci-dessus, il est temps pour vous de prendre conscience que quelque chose ne va pas, ne va plus dans votre vie. De toute façon, en faisant votre introspection de manière honnête et sincère, vous admettrez rapidement que cet état vous tient ou ne peux que vous tenir éloigné de Dieu. Je tiens toutefois à vous rassurer, il y a des solutions pour rétablir la connexion divine. Ayez et ne perdez jamais confiance. Dieu est le Bon Dieu. Il est la Vie, oui mais Il est aussi Miséricorde.

---

[50] **Livre de la Genèse, chapitre 4**

Pour obtenir la Miséricorde de Dieu, il y a encore un chemin que nous verrons dans le volume 2 et 3.

Le plus important est ou était de prendre conscience que quelque chose ne va pas, ne va plus. Donc, même si je ne parlerai pas de la Miséricorde divine dans ce livre, bonne nouvelle quand même pour vous, rien que le fait de réaliser cet état négatif en conscience, dites-vous que vous avez déjà fait 50% du chemin vers votre rétablissement intérieur. Les autres 50%, nous les verrons plus tard.

La Chute bis

Bien que la lecture de ce qui suit peut sembler dans un premier temps, ardue voire rébarbative pour le commun des mortels, ne zappé pas. Ce serait vraiment dommage pour votre édification personnelle ; pour votre apprentissage de la vraie vie dans et avec Dieu. Ce passage constitue un moment de votre lecture hyper important, et vous expliquera bien des choses qui, vous seront utiles pour le reste de votre vie. Ayez peut-être la bonne idée de partagez avec tous ceux et celles qui gravitent et graviteront autour de vousces éléments de connaissances.

La Vérité de Dieu ne souffre aucune compromission. Ce n'est pas être fondamentaliste ou extrémiste que de l'affirmer. C'est l'expérience humaine et spirituelle de ceux et celles qui ont choisi de vivre avec Dieu depuis Abraham qui l'affirme comme un constat. On ne transige jamais avec cette Vérité, sinon nous ne sommes pas dans la Vérité de Dieu pour chacun et chacune d'entre nous. Je vous renvoie et le ferai toujours plus à l'état de notre monde, de ce que vous voyez et vivez dans ce même monde, de ses erreurs. N'hésitez jamais à faire le parallèle, la comparaison, de ce qu'est la vie avec et sans Dieu. Même si cela vous dérange, vous ennuie, vous lasse, vous irrite. Il est des passages obligés dans la progression vers Dieu. Je ne pense pas qu'un alpiniste, même expérimenté, se lançant à l'assaut de l'Everest et ses 8.848 mètres d'altitude, voit une telle escalade comme une promenade de tous repos ; une rigolade

L'ignorant affirme
Le savant doute
Le sage réfléchit

Citation de Aristote

permanente. Elle nécessite des efforts intenses et des pauses. On avance par paliers, on monte, on descend, puis on remonte en se reposant dans des camps de base établis préalablement. Des remises en question permanente sur les conditions climatiques, le matériel, la santé physique et le moral du groupe. Une telle ascension nécessite encore des décisions immédiates fermes et définitives. Elles sont plus qu'importantes, elles sont tout simplement vitale. Il n'y a pas de raccourci sur ce chemin. Il y a LE CHEMIN, si l'on veut être certain d'arriver au sommet, ce que je vous souhaite bien évidemment.

Comme pour l'Everest, l'Annapurna ou n'importe quelle escalade dans le monde disposant de reliefs montagneux, Dieu a son chemin, sa logique, ses règles. Il s'appelle Jésus-Christ qui est le Chemin, la Vérité et la Vie. Le tout est immuable depuis des millénaires et ne changera jamais. Ceux ou celles qui pensent pouvoir faire un quelconque marchandage comme l'on ferait un business avec Dieu sur ses règles, sont dans l'erreur et perdent leur temps. Ils n'obtiendront jamais rien. Les : je te donne, tu me donne ; je te prie, tu me donne ; ceux qui pensent qu'ils peuvent être : "un pied dedans, un pied dehors" ; ou pensant pouvoir aménager Dieu selon leurs envies, sont eux encore, totalement dans l'erreur. Dieu vous invite à rejoindre la vie par SON chemin qu'Il a pour chacun et chacune d'entre vous. Et cette vie est bonne, très bonne, même si là, sur l'instant vous n'en saisissez strictement rien encore. Dieu vous invite à le rejoindre sur ce sommet de votre existence, Il ne vous oblige pas, jamais. Il vous invite. À vous d'accepter le challenge ou non. Vous pouvez toujours renoncer, fermer ce livre et retourner dans le Monde. Beaucoup de gens commencent l'escalade, puis à peine arrivé à quelques hauteurs, renoncent. À vous de voir, un sommet cela se mérite. Comprenez-vous mieux la liberté et la responsabilité que Dieu vous donne ?

Considérant que vous souhaitez aller au bout du chemin, que nous explique sur ce sujet le bon vieux catéchisme de l'Église enfoui peut-être dans vos lointains souvenirs ? À ce sujet, si vous ne vous en rappelez plus, n'en avez jamais eu connaissance, il peut être utile et conseillé de vous en procurer un dans sa dernière édition que vous pourrez lire ou relire à votre aise. Surtout en retirer quelques bienfaits pour votre édification. Le passage que je vous communique est tiré du Catéchisme de l'Église catholique donné par le Vatican. Donc, il est indiscutable quant à sa source.

Pour votre compréhension et votre facilité, si vous n'êtes pas familiarisé avec la Bible et le Catéchisme, les passages numérotés en début de phrase sont les Numéros des articles dans le livre du Catéchisme de L'Église. Les passages entre parenthèses sont les références dans la Bible que vous pourrez donc retrouver en la consultant. Vous trouverez également en début ou en fin de Bible selon les éditions, le sens des abréviations inscrites dans ce passage : ex. : Rm pour romains, Jn pour Jean etc.

Au paragraphe 7 du catéchisme, nous trouvons :

La chute (extrait ininterrompu)

385 Dieu est infiniment bon et toutes ses œuvres sont bonnes. Cependant, personne n'échappe à l'expérience de la souffrance, des maux dans la nature – qui apparaissent comme liés aux limites propres des créatures –, et surtout à la question du mal moral. D'où vient le mal ? " Je cherchais d'où vient le mal et je ne trouvais pas de solution " dit S. Augustin (conf. 7, 7, 11), et sa propre quête douloureuse ne trouvera d'issue que dans sa conversion au Dieu

vivant. Car " le mystère de l'iniquité " (2 Th 2, 7) ne s'éclaire qu'à la lumière du mystère de la piété (cf. 1 Tm 3, 16). La révélation de l'amour divin dans le Christ a manifesté à la fois l'étendue du mal et la surabondance de la grâce (cf. Rm 5, 20). Nous devons donc considérer la question de l'origine du mal en fixant le regard de notre foi sur Celui qui, seul, en est le Vainqueur (cf. Lc 11, 21-22 ; Jn 16, 11 ; 1 Jn 3, 8).

3. Là où le péché a abondé, la grâce a surabondé

La réalité du péché

386 Le péché est présent dans l'histoire de l'homme : il serait vain de tenter de l'ignorer ou de donner à cette obscure réalité d'autres noms. Pour essayer de comprendre ce qu'est le péché, il faut d'abord reconnaître le lien profond de l'homme avec Dieu, car en dehors de ce rapport, le mal du péché n'est pas démasqué dans sa véritable identité de refus et d'opposition face à Dieu, tout en continuant à peser sur la vie de l'homme et sur l'histoire.

387 La réalité du péché, et plus particulièrement du péché des origines, ne s'éclaire qu'à la lumière de la Révélation divine. Sans la connaissance qu'elle nous donne de Dieu on ne peut clairement reconnaître le péché, et on est tenté de l'expliquer uniquement comme un défaut de croissance, comme une faiblesse psychologique, une erreur, la conséquence nécessaire d'une structure sociale inadéquate, etc. C'est seulement dans la connaissance du dessein de Dieu sur l'homme que l'on comprend que le péché est un abus de la liberté que Dieu donne aux personnes créées pour qu'elles puissent l'aimer et s'aimer mutuellement.

§§§

Le péché originel – une vérité essentielle de la foi

388 Avec la progression de la Révélation est éclairée aussi la réalité du péché. Bien que le Peuple de Dieu de l'Ancien Testament ait connu d'une certaine manière la condition humaine à la lumière de l'histoire de la chute narrée dans la Genèse, il ne pouvait pas atteindre la signification ultime de cette histoire, qui se manifeste seulement à la lumière de la Mort et de la Résurrection de Jésus-Christ (cf. Rm 5, 12-21). Il faut connaître le Christ comme source de la grâce pour connaître Adam comme source du péché. C'est l'Esprit-Paraclet, envoyé par le Christ ressuscité, qui est venu " confondre le monde en matière de péché " (Jn 16, 8) en révélant Celui qui en est le Rédempteur.

389 La doctrine du péché originel est pour ainsi dire " le revers " de la Bonne Nouvelle que Jésus est le Sauveur de tous les hommes, que tous ont besoin du salut et que le salut est offert à tous grâce au Christ. L'Église qui a le sens du Christ (cf. 1 Co 2, 16) sait bien qu'on ne peut pas toucher à la révélation du péché originel sans porter atteinte au mystère du Christ.

Pour lire le récit de la chute

390 Le récit de la chute (Gn 3) utilise un langage imagé, mais il affirme un événement primordial, un fait qui a eu lieu au commencement de l'histoire de l'homme (cf. GS 13, § 1).
La Révélation nous donne la certitude de foi que toute l'histoire humaine est marquée par la faute originelle librement commise par nos premiers parents (cf. Cc. Trente : DS 1513 ; Pie XII : DS 3897 ; Paul VI, discours 11 juillet 1966).

La chute des anges

391 Derrière le choix désobéissant de nos premiers parents il y a une voix séductrice, opposée à Dieu (cf. Gn 3, 4-5) qui, par envie,

les fait tomber dans la mort (cf. Sg 2, 24). L'Écriture et la Tradition de l'Église voient en cet être un ange déchu, appelé Satan ou diable (cf. Jn 8, 44 ; Ap 12, 9). L'Église enseigne qu'il a été d'abord un ange bon, fait par Dieu. " Le diable et les autres démons ont certes été créés par Dieu naturellement bons, mais c'est eux qui se sont rendus mauvais " (Cc. Latran IV en 1215 : DS 800).

392 L'Écriture parle d'un péché de ces anges (cf. 2 P 2, 4). Cette " chute " consiste dans le choix libre de ces esprits créés, qui ont radicalement et irrévocablement refusé Dieu et son Règne. Nous trouvons un reflet de cette rébellion dans les paroles du tentateur à nos premiers parents : " Vous deviendrez comme Dieu " (Gn 3, 5). Le diable est " pécheur dès l'origine " (1 Jn 3, 8), " père du mensonge " (Jn 8, 44).

393 C'est le caractère irrévocable de leur choix, et non un défaut de l'infinie miséricorde divine, qui fait que le péché des anges ne peut être pardonné. " Il n'y a pas de repentir pour eux après la chute, comme il n'y a pas de repentir pour les hommes après la mort " (S. Jean Damascène, f. o. 2, 4 : PG 94, 877C).

394 L'Écriture atteste l'influence néfaste de celui que Jésus appelle " l'homicide dès l'origine " (Jn 8, 44), et qui a même tenté de détourner Jésus de la mission reçue du Père (cf. Mt 4, 1-11). " C'est pour détruire les œuvres du diable que le Fils de Dieu est apparu " (1 Jn 3, 8). La plus grave en conséquence de ces œuvres a été la séduction mensongère qui a induit l'homme à désobéir à Dieu.

395 La puissance de Satan n'est cependant pas infinie. Il n'est qu'une créature, puissante du fait qu'il est pur esprit, mais toujours une créature : il ne peut empêcher l'édification du Règne de Dieu. Quoique Satan agisse dans le monde par haine contre Dieu et son Royaume en Jésus-Christ, et quoique son action cause de graves dommage de nature spirituelle et indirectement même de nature physique pour chaque homme et pour la société, cette action est permise par la divine Providence qui avec force et douceur dirige l'histoire de l'homme et du monde. La permission divine de l'activité diabolique est un grand mystère, mais " nous savons que Dieu fait tout concourir au bien de ceux qui l'aiment " (Rm 8, 28)

Cet extrait que vous venez de lire, je vous invite bien entendu à le comprendre, à le méditer à votre aise pour que vous puissiez en appréhender toute la substantiel moelle et la mettre en relation avec votre vie et l'évolution du monde dans son Histoire ... Gros effort de réflexion donc pour vous. ... :-) ... Prenez le temps, vous l'avez pour ce faire si vous le décidez. ... Choisir, choisir et encore choisir pour enfin décider d'avancer pas à pas dans cette escalade que vous avez courageusement entamé avec ce livre et cette mise en route vers le cheminement proprement dit ...

34 - De vous à moi ...

En lieu et place d'entamer cette escalade à la conquête du sommet enfui au fond de nous, énormément d'hommes et de femmes de nos jours, disons l'immense majorité d'entre eux, n'ont strictement plus aucune conscience de ce que sont les péchés, ces méchants et vilains parasites entravant voire supprimant la communication avec le divin. Ils ont même oublié pour la plupart le mot « péché », son sens, sa finalité parce oui, ils ont ces parasites leur finalité qui est de, pas à pas, vous faire marcher à reculons au lieu de progresser vers Dieu. Ce, jusqu'à votre chute finale qui aura inéluctablement lieu si un retournement intérieur, une forte, grosse, profonde métanoia[51] n'intervient pas à un moment donné dans l'existence de chaque individu sur terre. Ce moment décisif de la prise de conscience interviendra alors le plus souvent, dans une souffrance acquise au gré de la vie, lors d'un événement majeur voire de plusieurs. Avant d'en arriver à ce stade, rien n'empêche ces personnes de vivre leur vie comme ils l'entendent sur terre. Rien ne leur empêche pas de vaquer à leurs occupations loin de Dieu, cet état ne les empêche même pas d'aimer. Enfin disons d'aimer en général, leurs enfants, leurs proches par exemple, à qui ils peuvent même donnent aussi de bonnes choses[52]. Ils vivent leur vie « normalement » au sens du Monde, et de la société actuelle. Atteint désormais de cécité spirituelle par la liberté, enfin ce qu'ils, elles, pensent être la liberté acquise en s'éloignant de Dieu, ils souscrivent aux valeurs d'arrivisme ; de matérialisme ; de relativisme ; pour la plupart dans un consumérisme effréné dès les premiers moyens financiers acquis, et cela commence dès le plus jeune âge, dès l'enfance. Succombant à la facilité offerte par notre société brillante, ils ou elles s'enfoncent dans les faits, toujours plus dans un vide sidéral intérieur. On arrive à détester le silence parce qu'on a peur du silence, on aime et on cherche le bruit. Casque sur les oreilles, à la maison ou en rue, on veut et on recherche le bruit, n'importe quel

---

[51] Metanoïa : Voir Annexe en fin de livre
[52] Luc 11 - 13

> Qui a de la vertu songe à donner
>
> Qui est sans vertu songe à demander
>
> Citation de Lao-Tseu

bruit, pourvu que cela fasse du bruit. Pourtant, souvenons-nous ici du passage de Dieu passant devant Elie que vous avez lu plus avant, le silence est aussi langage.

« On » ne cesse de bombarder non-stop le cerveau humain. Cele se passe dans une cadence infernale, par marketing interposé, via tous moyens technologiques utile pour ce faire. À l'image de la torture chinoise de la goutte tombant sur un crâne une à une, pour finir par le trouer, l'homme est assailli de messages dès l'enfance. Des messages sur tout et n'importe quoi. Tout est bon pour autant que cela éveille en lui ou en elle ; l'envie du tout et du n'importe quoi. Pourvu surtout que cela réponde à des attentes induites à force de temps, devenu présent de l'homme dans sa recherche immédiate du plaisir et de la satisfaction facile. La morale, le sens moral, c'est pour demain. Ce sera forcément pour demain, dans un lendemain qui n'arrive pas, qui n'arrivera que de moins en moins, pour finir un jour par ne plus arriver du tout et disparaître. Comme pour le mot « péché » des chrétiens, le mot même de « morale » si cher à l'athéisme et à laïcité environnante, a déjà perdu et continue de perdre, tous sens sur un rythme accéléré pour finir par disparaître du vocabulaire usuel de l'homme d'aujourd'hui, à l'instar du mot péché. Le réalisez-vous ?

On veut toujours plus, on n'a jamais assez. On n'est jamais content ni satisfait avec rien. L'homme et la femme de notre temps sont devenus l'un comme l'autre, des junkies complètement addict de la consommation. Ils, elles sont toujours plus en manque de quelque chose à acquérir le plus vite possible. Cela se passe dans un consumérisme fou, épuisant tout, aussi bien l'homme que la planète. La société marchandise tout. Elle marchandise l'homme, la femme, les enfants, les jeunes et les vieux. Elle marchandise l'amour, elle marchandise le sexe, elle marchandise la planète. Elle marchandise dès le plus jeune âge l'enfant via l'éducation donnée, imposée par le système. Impossible d'échapper. Si les parents sont devenus dépassés, tentent de reprendre la situation en main ; la société se chargera d'écraser toutes velléités par une pression sociale intense. Elle ira faire croire à l'ensemble de la population que ces parents sont en fait, de très mauvais parents, de dangereux subversifs. La société se chargera alors d'entraîner elle-même l'enfant dans la course dingue à la réussite, peu en importe le prix. Elle entraînera le gosse dans un arrivisme et un activisme à tous prix fût-ce contre ses parents. Vous devez et vous allez devenir « quelqu'un » sinon vous êtes un ou une ratée ; vous devez avoir des diplômes, toujours élevé. On oublie que tout le monde, n'a pas les capacités intellectuelles pour faire de hautes études.

Vous devez bosser comme un dingue en sacrifiant votre vie sans même le réaliser. Ce sera d'abord votre famille qui en fera les frais, la société à dit que... C'est que diantre, vous devez être rentable. Vous devez devenir une star même éphémère sous les projecteurs, c'est votre destin, la société l'a dit. Vous devez réussir à obtenir vos « 20.000 like » sur Facebook sera votre « challenge » aujourd'hui, sinon vous aurez raté votre vie. Et quand vous n'êtes plus rentable selon des critères établis par les financiers et autres actionnaires tous anonymes, vous serez jeté(e) pour cause de délocalisation de l'entreprise qui vous emploie. Ce sera vers la Chine, la Pologne, l'Inde ; n'importe où du moment que ce soit plus rentable qu'en Europe de l'Ouest. Vos frères humains loin là-bas de l'autre côté de la terre, auront votre job, jamais votre salaire. Après tout, le soleil brille et dois briller pour tout le monde. Mais là pour le coup, il va briller beaucoup moins subitement. Alors courageusement, vous allez vous former et encore vous former, et toujours vous former, pour un job, deux jobs, dix jobs. Toujours vous former, vous reconvertir, la société l'a dit, la société a raison. Pas d'accord ? Vous avez intérêt de l'être sinon vous êtes un(e) fainéant(e), un(e) sale profiteur, un(e) inadapté(e), un sale parasite du système vivant au crochet de la société. Pas bien ça, c'est mal, la société le pense. Vous ne pouvez pas vivre au crochet de la société, vous devez lui rapporter à la société. Vous saisissez ? ... Puis, si tout va bien pour vous, après avoir étudié jusqu'à vos 24 – 28 ans tant bien que mal, sauf pour les doué(e)s, après avoir avalé et digéré des tonnes de matières, vous voici déjà arrivés à 35 ans, lessivé(e), rincé(e). Pas encore à la moitié de votre vie, à moins que de n'être hyper spécialisé(e) dans votre domaine, vous êtes déjà trop vieux ou vieille pour quantité de « job ».

J'aurai ici une grosse pensée particulière pour les personnes n'ayant pas eu la chance de faire des études. Pour ce que l'on appelle pudiquement, « les petites mains ». Ce monde, cette société sont devenus fous et vous entraînent dans une aliénation totale et définitive avant qu'un jour, fatigué, épuisé voire dégoûté de votre vie, vous demandiez et receviez votre euthanasie comme un cadeau du « ciel » en chantant « alléluia ». La société aura alors gagné. Elle ne devra même plus vous payer votre pension pour laquelle, vous aurez cotisé plus de 40 ans. Quelque soit votre âge, votre situation actuelle, ne baissez jamais la tête, battez-vous et restez droit. Si Dieu est à vos côtés, qui peut-être contre vous ?

35 - Société multinationale, ton univers impitoyable
(Air connu)

J'ai le souvenir dans les années 80' alors que je travaillais en CDD avec la promesse ferme que si je satisfaisais l'employeur, je recevrais un contrat CDI. Cette société bien implantée, grosse multinationale suédoise, pas celle des meubles à monter soi-même, est encore de nos jours, leader dans son marché. Je tairai donc son nom pour des raisons évidentes de confidentialité. Son secteur d'activité, le sanitaire hospitaliers ou grand public, donc du très gros business. Travaillant là depuis quelques mois, j'ai encore le souvenir vivace d'un commercial âgé de 28 ans que nous appellerons Alain.

Depuis son entrée en fonction, Alain bossait comme un malade pour réussir à devenir premier vendeur au bout de l'année civile. Une évaluation intermédiaire, présentée comme un « concours », avait lieu tous les 3 mois, avec évidemment force motivations diverses, dont à la clé des « petits » cadeaux. À force de travail, de sacrifices, il réussit à s'imposer rapidement pendant une année et demi. Imaginez, réussir et devenir premier vendeur d'une multinationale. Son chiffre allait bien au-delà du minima requis. Il faut dire qu'il était très doué dans la vente. Alain avait reçu lors d'une soirée organisée dans un hôtel cinq étoiles sur Paris, un magnifique certificat encadré de 1er vendeur de la société X pour l'année X. Tout cela bien entendu, sous les applaudissements nourris de ses collègues pas jaloux du tout. Outre le beau cadre, une prime sous enveloppe de quelques milliers d'Euro de nos jours était prévue ainsi qu'un week-end à Monaco tous frais payés. De quoi donc être particulièrement motivé. De prime abord ok, il fallait bosser dur mais cela en valait le coup de se démener, surtout pour un jeune. Bien entendu, la société mettait à disposition dès la signature du contrat d'engagement, une grosse voiture allemande toute neuve en leasing, carte d'essence etc. Et voici donc notre jeune vendeur Alain, beau garçon, ressemblant à s'y méprendre à l'acteur Tom Cruise, à l'époque du film à succès « Top Gun » qui était le « chouchou » des filles à l'époque. « Ray Ban » sur le nez, du charme à en revendre, notre Alain ne passait pas inaperçu. Il pouvait profiter de sa nouvelle voiture pour partir en weekend ou en vacances, sauf que dans les faits, il n'avait plus de week-end, ni de vacances. Continuellement obligé de partir en séminaire de vente les week-ends, il fallait faire du résultat. De femme ou de petite amie, il n'en avait pas, n'ayant plus le temps pour ces frivolités absolument et totalement non rentables.

Tout se passait pour lui toujours dans un très grand luxe, mais dans une vie devenue en fait, disons monacale. En semaine, il se réveillait à 6 heures du matin. À 6h45, il devait prendre la route et manifester sa présence par téléphone près de son directeur des ventes avant 07 heures. Sa journée commençait et se terminait hors de chez lui, sur un rythme quasi ininterrompu jusque vers les 22h00. Rentré chez lui, toujours dans son beau costume ; au volant de sa belle voiture allemande ; après s'être « tapé » tous les embouteillages de la journée ; il devait encore rédiger puis rentrer son rapport d'activités de la journée par fax et téléphone. Ce devait être fait avant 22 h au plus tard, c'était un impératif de sa fonction par contrat. Collègue pour moi, ayant sympathisé, j'eus l'occasion de le mieux connaître, de l'accompagner souvent dans ses journées hyper stressantes. Je n'étais pas un concurrent pour lui et nous avions une très bonne entente. Ses journées de travail étaient aussi les miennes, mais j'occupais autre fonction que la sienne. Nous étions donc très complémentaires Comme on dit, « ça roulait pour chacun de nous. »... Un jour, après avoir pris un repas ensemble dans une chaîne de restauration rapide par manque de temps, revenu dans sa belle voiture allemande sentant bon le cuir, j'avais observé pendant le repas qu'il n'affichait pas sa jovialité habituelle. Le moteur de la voiture pas encore allumé, il se retourna vers moi et se mit à pleurer comme un gosse pleurant toutes ses larmes. Je n'avais jamais vu pleurer un homme adulte de ma vie. Très surpris, très embêté surtout, ne sachant que faire, je le pris dans mes bras comme je pouvais et tentait de le consoler. Je compris qu'Alain venait de craquer d'une pièce. Totalement sans force, l'agenda du jour était comme d'habitude fort remplit. Le temps passant vite et pour ne plus en perdre voyant l'heure avancer, je finis par prendre le volant et continuer la tournée sous ses directives, en sus de mes activités moins prenantes. La journée sur la route terminée, je l'aidai encore à rédiger son rapport des activités du jour. Rien ne m'obligeait mais je me sentais solidaire de l'homme devenu comme un gosse. Après une nuit de sommeil, le lendemain il m'avoua rapidement après m'avoir remercié être à bout, qu'il n'en pouvait plus de ce rythme infernal. Que tout cela était de la folie. Bien qu'encore jeune et en forme, il se sentait même menacé dans sa santé. Il ne savait plus comment se sortir de cette situation et se sentait prit dans un piège. Il avait compris que l'argent était un mauvais objectif et certainement pas une fin en soi. Il pensait auparavant que si l'on n'avait pas d'argent, on était rien. Évidemment dès ce jour-là, ses résultats furent rapidement en-dessous des prévisions. Lors des résultats du concours pour le meilleur vendeur de la société, il perdit sa place de champion hors catégorie. Tout s'effondra pour Alain, il tomba en dépression. Impressionnant de voir un homme s'écrouler. Dans la foulée et la spirale devenue négative, ne remontant pas la pente, il finit par perdre rapidement son travail après quelques mois. La grosse société multinationale avait gagné sur toute la ligne. Lui avait tout perdu de ce qu'il croyait être la vie, sa vie. Par la suite, je ne le revis plus jamais et ne sais ce qu'il advint de lui. De mon côté, j'ai continué de travailler dans les fonctions qui étaient les miennes, toujours en collaboration avec un autre vendeur. La société, très satisfaite de mes prestations, au bout de deux CDD voulait m'engager en CDI. Je fus donc convoqué à la direction générale pour un entretien et là, qu'elle ne fut pas surprise d'apprendre qu'avec ce contrat, je changeais de fonction pour rejoindre l'équipe

des vendeurs dans la même fonction que celle occupée par Alain. Le salaire de base était vraiment attrayant, plus tous les avantages décrits précédemment. La proposition reçue, à l'étonnement général des directeurs présents, je demandais un instant de réflexion. Stupéfaction de la direction. Après tout, c'est le genre d'offre qui ne se refuse pas comme on dit. Quelle fut ma réponse selon vous ? ... J'acceptais ou je refusais ? ... Vous avez 4 heures pour me donner la réponse. ... Je regardais droit dans les yeux le directeur général et refusa net la place offerte sur un plateau. Silence, stupéfaction, j'avais osé refuser. Incroyable, inacceptable. Immédiatement, les beaux sourires se transformèrent en grimaces autour de moi. Le directeur général me demanda pourquoi je refusais cette proposition. Je lui répondis froidement toujours en le fixant :
- Selon vous Monsieur le Directeur ? ... Il savait que je savais.
- Peu de gens me dit-il, ont osé avoir votre attitude devant moi. Je comprends votre refus que 99% des autres membres du personnel auraient accepté. Vous êtes une personne intelligente et je ne vous en estime que davantage. Je ne vous avais pas méjugé en souhaitant vous mettre dans cette fonction de vendeur, me dit-il, très sérieux. De toute son autorité pesante, son orgueil en jeux devant tous ces directeurs, il me proposa une dernière fois :
- Je vous laisse 10 secondes pour revenir sur votre décision. Passé ce délai, je prends mon carnet de téléphone et j'appelle une autre personne devant vous, qui elle, acceptera avec joie ce poste. Ainsi vous saurez que personne ne refuse ce que je propose. Vous apprendrez encore que personne n'est indispensable chez nous.

Toujours maître de moi, je lui répondis calmement : « Faites » et prenais la direction de la porte de sortie et du bureau et de la société. Alors que j'avais déjà le dos tourné, passant entre les autres directeurs me regardant tous comme un extra-terrestre, le PDG me dit encore ... « Je vous souhaite bonne chance monsieur » ... Combien d'hommes et de femmes comme Alain ont été littéralement massacrés tout au long de ces 30 dernières années ? ... Combien de vies foutues pour le fric, toujours le fric et encore le

Fric ? Combien de familles éclatées ayant pour cause, des rythmes et des cadences de travail infernales ?

Tout ceci ne veut pas dire qu'il ne faut pas travailler. Je ne suis pas contre le fait de travailler loin s'en faut. Beaucoup moins de me prostituer. Toute ma vie, j'ai comme vous dû bosser dure, avec parfois des périodes d'activité de 14 à 17h par jour, sept jours semaine, pendant des mois sur l'année. Je relève simplement que notre système à bel et bien marchandisé l'homme, en a fait une prostituée à bon compte sur votre dos, votre santé, votre vie et tout ce qu'elle inclut d'authentiquement humain. Dans certain milieu, la vérité est qu'il n'y a plus de place pour l'humain. Seul le profit, la rentabilité et le fric pour le fric compte. Pour qui et pourquoi ?

Combien de fois n'ai-je pas entendu des personnes autour de moi, ou encore allongées sur un lit d'hôpital lors de mes visites, dire : Je me suis crevé(e) toute ma vie et tout cela pour rien, sinon pour X raisons toutes aussi mauvaises les unes que les autres. Maintenant j'ai un cancer et je me sais condamné(e) ... Avez-vous déjà vu une personne lessivée à 35- 40 ans, isolée dans sa chambre, ne supportant plus la lumière du jour pour cause de dépression profonde, dépérissant jour après jour ? Moi oui. Des exemples de dégâts psychologiques profonds suite aux pressions que l'on fait subir aux hommes et aux femmes de notre temps, ne connaissent plus de limites. Il est vrai que les inspirateurs de ces « nouvelles idées », généralement de nouveaux engagés ayant tout à prouver, ne sont jamais pris en défaut

---

Votre vie ne s'améliore pas par le hasard

Elle s'améliore par le changement

Citation de Jim Rohn

d'imagination. Toutes ces idées plus lumineuses les unes que les autres, n'ont qu'un et unique objectif : rentabiliser l'homme, la femme, tous devenus simple objet, dont on peut faire tout et n'importe quoi. Pourtant, qu'on le veuille ou non, ce sont des êtres humains, un frère, une sœur en humanité dont on parle. J'ai une grosse pensée pour tous ces employé(e)s des banques et autres qui vont perdre leur emploi dans les prochaines années pour cause d'hyper technologie et de robotique avancée. Pour tous ceux qui ont reçu comme « cadeau de Noël » ces dernières années, l'annonce via les médias de la fermeture de l'entreprise qui les employaient, pour cause de délocalisation, vers des pays où la main d'œuvre ne coûte rien. Comment peut-on dormir la conscience tranquille, se regarder devant un miroir le matin, en mettant à la rue, des milliers et des milliers de gens. Des personnes ayant cru que ...

Prenez le temps ici encore de réfléchir en profondeur à cette histoire vécue précédemment et ce qui suit. Peut-être vous-même avez été confronté(e) à ce genre de situation. Combien de suicides chaque année surviennent pour causes professionnelles dans le monde du travail ? Cherchez, vous trouverez les statistiques...

Et Dieu dans tout cela ? ... Beaucoup de choses sont d'un point de vue spirituelle, édifiantes. Pouvoir ; orgueil ; arrivisme ; activisme ; argent ; soif de domination sur autrui ; esclavagismes financiers ; abus de position dominante par l'autorité ; etc. Éloigné de la Paix authentique de Dieu, de son Amour, de sa Lumière, il n'y a tout simplement pas de place pour Lui dans cette société-là. Celle où vous et moi, nous vivons, et pour toujours un plus grand nombre, survivons.

Parlons clair...

Dieu ne vous jamais obligé de devenir esclave de la société. Il ne vous obligera jamais non plus par ailleurs à devenir son esclave. Par contre oui, Il vous rendra libre si vous allez au bout du chemin. Non pour finir SDF, sous un pont ou une bouche de Métro, rassurez-vous, mais pour vous amener là où vous exercerez pleinement et en plénitude tous vos talents, selon ses vues sur vous. Ces talents, sont toujours trop étouffés. Avec Dieu, vous ne serez peut-être pas millionnaire, c'est vrai. Mais vous ne manquerai jamais de rien de fondamental, d'essentiel, de vital. Je l'ai expérimenté à de nombreuses reprises, je l'expérimente encore et je confirme que c'est possible de vivre avec Dieu, je le signe ici. Pour tous les gens qui vivent loin de Dieu, prier ne sert à rien. Pour ces personnes, souvent tout va bien jusqu'au jour où, quelque part dans leur vie fière, indépendante, éclatée, libérée de toutes pressions morales de l'Église ou autres, tout va bien jusqu'à ce que surgisse l'événement majeur où patatras tout s'écroule. Souvent là, est le début du chemin douloureux du retour vers Dieu pour énormément de gens. Pas toujours bien sûr, mais pour beaucoup oui. J'aurais même tendance de croire pour de plus en plus de gens, tant cette société et ce monde sont vide de sens. Dans notre monde, il n'y a plus de Sagesse ou si peu. Elle n'est plus aimée. Pourtant la Sagesse était la plus grande vertu de l'Ancien Testament. Elle était recherchée sans relâche par le Roi Salomon. La Sagesse fait de vous un être équilibré, non un exalté, un être sensé qui voit clair selon Dieu ; et non selon les vues toujours trop courtes des hommes. La Sagesse vous tient loin des jugements extrémistes tellement à la mode de nos jours pour tout et n'importe quoi. Un conseil ? Aimez la Sagesse. Elle se rapprochera toujours plus de vous. En rayonnant en vous, elle vous apprendra tout ce que vous avez à savoir pour vous, pour ensuite qu'à votre tour, vous puissiez transmettre vos acquis et faire évoluer l'homme. Elle transformera votre esprit petit à petit à l'image du Christ dans un monde et une société totalement déséquilibrée. Par Jésus, elle vous conduira vers Lui qui vous apportera la Paix ; sa Joie légendaire obtenue par sa victoire sur la Mal et la mort. Apprenons à laisser respirer Dieu, Jésus Christ en chacun de nous. L'être humain est appelé à devenir un être universel au sens de catholique. Il n'y a aucun autre choix sensé, sinon ce sera à terme, la mort de l'homme et de l'humanité. Par la Sagesse, soyons indulgent, soyons des croyants et des chrétiens rayonnants, fiers de ce que nous sommes dans ce monde qui a soif d'Amour avec un grand A. Nous vivons dans une société qui chante les « Droits de l'Homme », mais qui a tué l'humain. On défend les Droits de l'Homme, mais l'homme est devenu et a été volontairement « chosifié » par des inconscients. Et c'est bien le cas, lorsque l'on expose dans un musée bruxellois en ce mois de Février 2017, à L'Institut Royal des Sciences Naturelles de Bruxelles, huit fœtus authentiques baignant dans des bocaux de formol. C'est ce que peuvent voir dorénavant les visiteurs de cette exposition permanente s'intitulant « Galerie de l'homme ». Nous en sommes là... L'humanité est occupée à tuer l'humanité sous nos yeux et notre complicité si nous nous taisons et laissons faire

36 – Petite rétrospective ...

Concrètement, oui Dieu existe. Non, Il n'est pas mort et se porte très bien depuis qu'Il est Celui qui Est, merci pour Lui. Rencontrer Dieu dans sa vie crée un véritable renouveau ; une renaissance ; une transformation bénéfique profonde ; durable et surtout fiable ; là où notre Monde et notre société ne cesse de nous mentir ; d'entraîner l'homme mais aussi la planète vers la mort. Dieu peut se passer de vous comme de moi. Il n'a aucunement besoin de vous ou de moi pour être, mais si vous Lui accordez la place qui Lui revient en vous, vous n'aurez jamais à le regretter. Dieu est profondément bon et amical pour l'être humain. Il est le seul à ne pas, jamais, mentir. Le mensonge, Lui fait par ailleurs horreur. Fiable, Il vous dira la Vérité si vous la Lui demandez ; ainsi que tout ce que vous avez ou aurez à savoir. Il le fera pour vous mener vers votre part de réalisation personnelle et de bonheur même sur terre. Ce bonheur auquel tout être humain a droit, pas seulement quelques nantis ou favorisés. Dieu étant Universel, Il nous accepte tous comme ses enfants. Ce fait induit automatiquement la notion qu'Il est Notre Père ; ce qu'Il est en Vérité. Vous pouvez imaginer dès lors tout ce que votre Père peut et pourra faire pour vous, quelque soit votre situation actuelle. Un Père, cela se respecte, donc oui, il faut craindre ses colères qui ne sont jamais sans conséquences sur l'homme. Dieu est immense mais se fait infiniment petit pour se rendre accessible à chacun et chacune d'entre nous. Dieu est Bon, très Bon même. Il pardonne tout même 7x77x mais on ne joue pas avec Lui et son pardon. Si vous vous engagez vis-à-vis de Dieu, il vaudra mieux tenir et respecter votre engagement jusqu'au bout. Pour l'avoir vécu, Dieu a de l'humour, mais Il est aussi sérieux. Il vous observe et vous invite chaque jour, chaque matin, même si vous ne l'avez jamais vraiment réalisé. Respectant votre liberté d'homme ou de femme, Il ne vous oblige pas, jamais. Vous pouvez décider de vous passer de Lui, comme de collaborer pour votre plus grand bien. Dieu a horreur des gens tièdes, des « un pied dedans, un pied dehors », des gens qui sont dans les faits incapables de s'engager. Comme dit le Christ, « que votre Oui soit Oui et votre Non soit Non » ... Quelques conditions essentielles pour le rencontrer : l'honnêteté et la sincérité dans votre démarche. Soyez conscient que vous allez à la rencontre du plus grand Esprit au-dessus de tous les esprits qui peuplent l'univers. Il vous est impossible de tricher ; de faire du business avec Lui, on n'achète pas Dieu. Les « je te donne, Tu me donne », ça ne fonctionne pas, Il sait. Le désir de le rencontrer, de le connaître ne vient pas de vous mais vient de Lui. C'est en fait, toujours Lui qui précède l'homme. Partir du principe que ok, je vais essayer « juste » pour « voir » ne vous servira à rien. Si vous pensez ainsi, laissez tomber, vous perdez ou perdrez votre temps. Je n'insisterai jamais assez sur le désir réel et profond que vous devez ressentir de vouloir rencontrer Dieu pour qui Il est, c-à-d, Dieu.

Nouvelles Eglise Russe Orthodoxe - Paris

37 - Que pouvez-vous demander à Dieu ? ...

Tout ce qui est bon pour vous et vous ne recevrez que ce qui est Bon pour vous. Tout ce qui est bon pour la personne pour qui vous priez, elle ne recevra que ce qui est bon pour elle. Simple, non ? ... Ah ! Et qu'est ce qui est bon pour moi ? ... Demandez à Dieu, Il vous le fera comprendre ... Ce peut-être une guérison intérieure ou physique, un emploi, contruire votre famille, de la Sagesse, un esprit de prière, sa protection, de vous ouvrir des portes si c'est bon pour vous ou encore de les fermer si c'est mauvais, de vous apprendre à aimer, à pardonner, à acquérir plus de charité, plus d'espérances, plus de foi, etc. ... Le champ des demandes est vaste et je suis certain que vous ne manquez pas d'imagination...

Autant que vous le sachiez, Dieu est têtu, opiniâtre et patient, très patient. On ne gagne jamais contre Dieu. Méfiez-vous des apparences, elles sont trompeuses. Un homme marchant avec Dieu dans sa vie, ne perd jamais, même si dans un premier temps, les apparences peuvent sembler contre lui et contredire la Parole. Si cela arrive, la victoire à l'arrivée n'en sera que plus éclatante, forte et totale. La règle absolue ? Lui faire confiance ! ... et là, c'est souvent le moment où l'homme faiblit ou abandonne. Comme vous aviez des règles imposées par vos parents à respecter lorsque vous étiez enfant au sein de votre famille, Dieu a aussi ses règles. Elles sont immuables, parce que Dieu est immuable. Ces règles sont-elles pesantes, difficiles ? ... Non pour celui ou celle qui les accepte, oui pour celui ou celle qui préfère le Monde. Tout est question de valeurs, de logique, de compréhension et d'acceptation librement consentie. Vous obéissiez à vos parents parce que leurs règles vous semblaient justes, bonnes et allaient pour vous de soi. Parce que vous saviez instinctivement que ce que vos parents voulaient pour vous, était bon. Ayez, retrouvez cette attitude confiante avec Dieu. Il sait naturellement ce qui est bon pour vous, de tout ce dont vous avez besoin en priorité. Ces règles « familiales » nous indiquant la route à suivre tant pour nous-même que dans nos relations, nous les étudierons dans le Volume 2 avec les dix Commandements beaucoup trop oubliés de nos jours. Ces règles ont pourtant été pleinement confirmées et d'une manière ferme, je dirais même sévère par Jésus-Christ qui dira en Mt 5 :

« Ne croyez pas que je sois venu pour abolir la loi ou les prophètes ; je suis venu non pour abolir, mais pour accomplir. 18 Car, je vous le dis en vérité, tant que le ciel et la terre ne passeront point, il ne disparaîtra pas de la loi un seul iota ou un seul trait de lettre, jusqu'à ce que tout soit arrivé. 19 Celui donc qui supprimera l'un de ces plus petits commandements, et qui enseignera aux hommes à faire de même, sera appelé le plus petit dans le royaume des cieux ; mais celui qui les observera, et qui enseignera à les observer, celui-là sera appelé grand dans le royaume des cieux »

Ce passage à lui seul crée la jonction entre l'Ancien et le Nouveau Testament dans la Bible. L'homme, cet éternel adolescent rebelle depuis la Genèse, pense pouvoir se passer de ces règles, de les amoindrir, de les ridiculiser. Systématiquement, il se casse la figure.

Jésus-Christ est venu accomplir dans sa totalité les Dix Commandements en montrant aux hommes comment les vivre et les appliquer au quotidien de notre vie. Il n'en demeure pas moins que deux mille ans plus tard, nous ne sommes aucunement, ni jamais dispensé de les respecter, de les appliquer encore et toujours de nos jours si nous voulons vivre Dieu. Les commandements de Dieu situe l'homme dans la société d'hier comme celle d'aujourd'hui. Si tous les hommes suivaient ces règles de vie, la question de Daech ne se serait pas posée. Des millions et des millions d'hommes et de femmes auraient eu la vie sauve à travers l'histoire. En connaissez-vous beaucoup des gens autour de vous qui les savent encore les dix Commandements ? ... Qui les appliquent ? ... Pourtant, connaissez-vous un sport sans ses règles ? ... Connaissez-vous une occupation professionnelle sans son règlement de travail et ses règles de l'Art ? ... La vie spirituelle avec Dieu a les siennes. Je n'insisterai jamais assez sur le mot immuable ; non donc mutable Pourquoi ? ... Parce qu'elles renferment la Vérité et la Sagesse qui viennent de Dieu pour le bonheur de l'homme ; de tous les hommes quel que soit le temps ou l'époque jusqu'à la fin des temps. Toutes les générations passées, en ce compris la nôtre, ont essayé de les évacuer, de les supprimer, de les modifier, c'est tout simplement impossible. Même l'Église n'en parle que très, trop peu reportant tout sur le Christ. Il m'a toujours étonné que ces règles à travers les dix Commandements ne soient pas affichées dans toutes les églises de façon ostentatoire, claire, nette, visible et en lettre d'Or encore bien, pour l'édification de tous. Pourtant, ces règles, cette Loi ne passe ni ne passera jamais pour celui ou celle qui veut vivre en plénitude la vie de et en Dieu. À celui ou celle qui s'applique à les observer ces 10 Paroles de Vie, la Loi sera toujours plus douce à réaliser et à vivre, parce que l'homme ou la femme concernée comprendra qu'il s'agit de dix règles oui, mais de dix Paroles d'Amour avec un grand A.

A contrario, celui ou celle qui hésite, se tâte, qui refuse en esprit de comprendre la loi, d'en saisir toute l'importance, cette même Loi ne sera en définitive qu'une loi qui lui sera très vite impossible à vivre. Je dirais même qu'elle deviendra rapidement un enfer, et je n'utilise pas ici ce mot en vain. Nous pouvons donc en conclure que les Dix Commandements ou Décalogue, réclament de l'Amour de notre part afin qu'en Jésus Christ nous communiquant cet Amour, nous puissions rencontrer Dieu en plénitude. Pensez-vous que le Monde actuel en pleine décomposition serait dans le même état que celui que nous connaissons de nos jours, si tout cela était appliqué sérieusement, concrètement par tous ? ... Celui et celle qui observera la Loi recevra les bénédictions, celui ou celle qui s'y opposera ne rencontrera que les malédictions. Comprenons au vu de l'Histoire de l'Humanité, de son évolution tant politique qu'économique ou que tout simplement humaine, toute l'importance de ces 10 Commandements que je vous invite à lire, à méditer, à apprendre en profondeur en prenant votre Bible, direction de l'Ancien Testament et le Livre de l'Exode 20, 1-18 et suivants.

Dieu a encore des promesses pour chacun et chacune d'entre nous que je vous invite à consulter dans votre Bible placée bien entendu à côté de vous comme il se doit...

Hébreux 11.11 : « Sara a cru en Dieu, alors Dieu l'a rendue capable d'avoir un enfant. Pourtant elle était très vieille, mais elle était par-dessus sûre d'une chose : Dieu tient ses promesses. »

La foi, la confiance sont nécessaires pour hériter des promesses de Dieu. Pour remporter vos plus belles victoires vous devrez avoir une foi et une confiance inébranlable en Lui qui voit la récompense au-delà des circonstances les plus pénibles. La persévérance vous aidera encore lorsque la promesse tardera à s'accomplir :

Hébreux 6.15 : "Et c'est ainsi qu'Abraham, ayant persévéré, obtint l'effet de la promesse."

Il est correct de dire que parfois, vous attendrez longtemps avant l'accomplissement de la promesse : il sera alors bon pour vous, de rester persévérant(e) dans votre foi en celui qui peut tout.

Les promesses sont créées pour vous et à votre portée, ne doutez plus, ne lâchez JAMAIS !

38 – Première Conclusion

Nous l'avons vu dans une grande partie de ce livre où, nous avons dressé un état de la société et du monde, nous pouvons conclure en toute lucidité combien Jésus-Christ avait raison en proclamant que l'on ne pouvait servir Dieu et Mammon[53], Dieu et l'argent.

Si l'on acquiert le détachement nécessaire au discernement, nous concluons que l'argent est un outil, un moyen mis à la disposition de l'homme, comme n'importe quel autre moyen, mais ne peut JAMAIS être une fin en soi sous peine de nous éloigner rapidement ; par l'aveuglement qu'il entraîne ; de la Sagesse divine.

Cet outil peut créer le bien de l'homme comme ses pires malheurs. Dévié de sa fonction première, celle d'être au service de l'homme ; il crée l'injustice autour de lui et fait souffrir de la manière la plus inique qui soit, des milliards d'êtres humain.

En 2017, par l'avidité, le désir de domination d'une minorité puissante et agissante, l'argent a été dévié de ses fonction premières et décide de la vie de populations entières. On peut ressentir chez ces dernières d'une manière de plus en plus palpable, un profond mal être de plus en plus généralisé en Occident. L'avidité sans limite aucune de quelque uns, nous amène 2000 ans plus tard après Jésus Christ, à constater les ravages pour ne pas l'avoir écouté. On a vendu aux hommes et aux femmes de notre temps qui ont foncé tête baissée dans le piège tendu, une société mondialisée de la manière la plus sauvage qui soit. Pouvant certes, briller de mille feux dans ses apparences et ses intentions, mais dans les faits, on a surtout massacré l'humain au seul profit de l'économique et du financier aux seuls mains ; et aux seul profit d'une stricte minorité de personnes face à plus de sept milliards d'êtres humains sur terre.

---

[53] Mammon : Voir Annexe en fin de livre

La fracture sociale, économique et financière se généralise dangereusement atteignant des points de non-retour ; lorsque ce n'est déjà fait par un clivage s'accélérant entre riches et pauvres ; mais portant en son sein la misère et l'exclusion qui ne pourront à terme ; que déboucher sur la violence. Cette minorité assoiffée de pouvoir a installé le chaos sur terre, au nom du seul profit. Il est par ailleurs toujours remarquable de constater que si l'on peut parfaitement compter, analyser et décider de situations financières d'une société et d'un pays, on n'est incapable, ou est-ce carrément occulté volontairement (?) de nous dire le coût de la fracture sociale car oui, elle son coût ; et celui-ci est toujours exorbitant à terme ; dont la principale victime est l'homme lui-même contre lui-même d'une part ; mais aussi de la planète dans son ensemble d'autres part ; par les déforestations massives ; les pollutions des mers et des océans ; les pollutions des eaux ; les pollution de l'air ; et enfin les pollutions des terres. Nombre d'espèces animales disparaissent chaque année de manière naturelle. L'homme par les buts évoqués, accélère ce processus de destruction et d'extinction définitive des espèces. Ne parlons même pas du réchauffement climatique entraînant petit à petit la montée des océans pourtant encore nié par des aveugles dirigeant des boiteux.

39 - Pensons positif !

Avez-vous remarqué que de nos jours, tout le monde est ou doit être « expert » de et dans quelque chose ? On ne nous demande plus lorsque nous rencontrons une personne pour la première fois :

« Tiens, cher Monsieur X quel est votre métier ? »
Ou encore :
« Rappelez-moi, chère Madame X, votre occupation professionnelle ? »

Non, on nous demande désormais platement :

« En quoi êtes-vous expert ? »

Hé bien, s'il est un domaine d'expertise qu'il vous appartient dorénavant de maîtriser, aussi bien que vous le pourrez, pour réussir votre vie, c'est celui de votre relation avec Dieu. Devenez donc des experts de Dieu et de Jésus-Christ auprès de nos contemporains. Croyez-moi, Dieu vous bénira, Il engage et il y a de la place pour tous ...

À travers tout ce que nous avons vu de négatifs et de violences faites à l'homme et à la femme de notre temps, toutes choses qui constitue concrètement notre monde d'aujourd'hui ; le tout dans une société capitaliste néolibérale qui individualise, qui isole l'être humain dans son coin ; tout en l'empêchant de s'isoler par les nouvelles technologies ; nous avons la chance immense nous chrétiens, bien dans notre tête et notre Foi d'avoir un grand Dieu. Nous savons, comprenons ou venons de comprendre, de découvrir, de réaliser, que rien ne Lui est impossible. Par notre confiance placée en Lui, nous comprenons encore par extension ; que devenus ami et collaborateur de Dieu, rien ne nous est par conséquent impossible avec de la bonne volonté. Jésus le confirmera en disant :

« **En vérité, en vérité, je vous le dis, celui qui croit en moi fera lui aussi les oeuvres que je fais, et il en fera de plus grandes** »[54]

Un premier miracle, hors celui de s'être tourné résolument vers Dieu en nous ; après avoir réveillé notre conscience ; notre âme ; notre esprit en sa compagnie ; être surtout devenu une conscience éveillée ; devenue elle-même « pleine conscience » ; après le miracle encore d'être devenu ses collaborateurs ; après avoir décidé de nous laisser transformer par Dieu ; nous allons devenir des êtres plein d'amour vrai ; sans les arrières pensées mercantiles et décadentes de ce monde ; nous trouverons alors naturellement notre vocation chrétienne par et dans le service. Nous serons alors en vérité, quelque soit la vocation reçue ; devenus des « soignants » de et dans ce monde. Des « experts soignants » de cette humanité profondément blessée ; assaillie de toutes parts non-stop. Nous nous ferons avec joie, aides-soignants du Tout Puissant, au Nom de Jésus le Christ, dont le bureau est toujours situé au « Service des Urgences » de ce vaste « Hôpital » que sont devenues l'humanité et la terre.

Toute sa vie publique, c-à-d. entre sa 30ème et sa 33ème année, avant on ne sait presque rien, Jésus n'a fait que consoler ; enseigner ; soigner ; exorciser ; remettre sur pied ; guérir ; donner à boire et à manger ; pardonner ; partager ; sauver ; enseigner ; engager ; construire : diriger ; aimer jusqu'à donner sa vie sur la croix.

Je ne connais pour ma part aucun être humain ici-bas, je dis bien aucun, qui n'ait besoin dans notre monde, d'être aimé ; soigné ; guéri ; relevé ; enseigné ; remis sur pied ; pour qu'il puisse reprendre le cours d'une vie devenue ou redevenue enfin heureuse, juste et

---

[54] Évangile de Jean : 14 ; 12

droite. Vous le voyez, le chantier est vaste et considérez que dans ce chaos, Dieu vous attend, très heureux de vous accueillir. Le chaos a ceci de particulier, c'est qu'il permet une remise à plat de tout et que donc tout est possible pour permettre à la vie de rebondir, de reprendre racine.

Une personne qui aura trouvé et compris au soir de sa vie, le pourquoi elle est née ; le pourquoi elle a vécu ; une personne qui en fermant ses yeux à sa vie ici-bas, emportera avec elle sous le bras son disque dur (son âme), pour le présenter rempli de toutes ses œuvres accomplies auprès des hommes sa vie durant ; alors Dieu en l'accueillant, ne pourra que dire : Voici une personne « Juste, Bienvenue ! » est mon opinion.

La terre est malade, l'homme est malade, ne serait-ce pas là l'ultime vocation du christianisme à travers chaque chrétien(ne), que de soigner la Création, toute la « Création » ?

Nous avons un Médecin chef, non pas le célèbre « Docteur House » de la série télévisée que personnellement, j'appréciais beaucoup, mais le Médecin chef de l'Hôpital général, le célébrissime Jésus Christ.

Dieu nous veut heureux, en bonne santé, prospère, est ma plus forte conviction. Je n'ai JAMAIS ressenti ou vécu qu'Il trouvait sa joie et se complaisait dans la souffrance ou encore dans la mort des hommes ; et certainement pas au travers des actes criminels commis « en son Nom » par qui vous savez de nos jours. Souvenons-nous toujours que le Créateur de tout ce qui vit est Dieu. Là est pour moi, une des plus grandes vérités. Dieu promet le bonheur à l'homme pas seulement dans la « vie éternelle », mais dès à présent, c-à-d. maintenant.

La question du « bonheur » est une question récurrente. Nous la retrouvons posée partout. Aussi bien dans les médias que chez les personnes. Combien d'émissions télévisées ou radiophoniques ne traite pas du sujet jour et nuit, avec force spécialistes et autres experts bien entendu.

Comme pour une personne malheureuse, une personne heureuse se voit, se remarque. Chacun y va de sa définition du comment y arriver à ce bonheur tant espéré, tant convoité. Ne dit-on pas que pour : « vivre heureux, vivons caché » .... Dans ce cas, si les gens de nos jours sont heureux, ils se cachent remarquablement bien. Je pense que tous les humains savent que le bonheur existe, mais où donc est-il caché ? ... Existe-t-il seulement ? ...
La Bible nous parle du bonheur dans deux passages au moins. Le premier, nous le retrouvons dans un Psaume et dans l'Évangile.

« Heureux l'homme qui ne suit pas le conseil des impies, ni dans la voie des pécheurs ne s'arrête, ni au siège des railleurs ne s'assied »[55]

Ce psaume commence par le mot « Heureux » et Jésus dans l'Évangile de Mathieu[56], commence également son « sermon sur la montagne » de la même manière : « Heureux ... ».

Que l'homme et la femme soient heureux, que vous le soyez personnellement vous là qui me lisez, est au cœur de la Volonté de Dieu est encore ma profonde conviction. Au travers de ma vie spirituelle, je n'ai jamais vécu ou ressenti que Dieu voulait mon malheur ou celui de l'humanité. Jamais. Pour arriver à ce bonheur, il y a un chemin. Le sien et aucun autre. C'est une sentence ferme, définitive, radicale même, je sais. Telle est en tous cas ma conclusion après tout ce que j'ai apprit et vécu avec Dieu. Choisissez librement ; décidez et acceptez librement ce chemin ; pour ensuite s'engager sérieusement sur ce chemin à plein temps ; est la certitude acquise que nous rencontrerons et vivrons heureux d'une manière ou d'une

---

[55] Psaume 1.1
[56] Évangile de Mathieu 5 – 1 ; 11

autre selon les vues de Dieu sur chacun de nous ; quelques soient les circonstances extérieures. Probablement pas comme nous l'imaginions, c'est vrai, juste, correct et honnête de le dire. Mais agissant dans la confiance, donc dans la Foi véritable et sincère, Dieu veillera à ce que nous soyons heureux et en paix. Dans mon cas, je l'ai vécu de différentes manières et chaque jour, je le vis encore. Comment ? ... Par exemple, à travers mon épouse que Dieu, après Lui en avoir fait la demande dans la prière, a littéralement mise sur mon chemin. Et de rencontrer sa future épouse en provenance du Liban à Lourdes, est ce que j'appelle, un exemple concret de comment Dieu travaille, je dirais même sa signature. Dix ans plus tard après avoir reçu le « Sacrement de Mariage » devant Lui, je dis : « Bénit soit le Seigneur ! ». Je suis heureux encore d'avoir pu écrire ce livre, heureux de rendre mon témoignage à la Vérité à travers cette série ou de temps à autres par quelques causeries. Heureux de la divine Providence qui m'a souvent aidée dans les soucis de la vie.

On ne témoigne jamais assez de ce que Dieu fait pour chacun de nous. Pourtant de témoigner est important. Particulièrement par les temps et les circonstances très dures de notre époque. Combien de fois, n'ais-je pas observé le scepticisme, l'incrédulité des gens me voyant heureux dans un monde où le Mal semble triompher. Non, le Mal ne triomphe pas, jamais. C'est encore une apparence trompeuse que l'on découvre lorsque l'on va sur le chemin du Seigneur. Dieu gagne toujours. Lorsque les gens voient une personne heureuse, rayonnante, ils sont toujours interpellés. Cela peut même les mettre mal à l'aise s'ils sont loin de Dieu. Surtout

---

> Si vous désirez faire quelque chose vous trouverez un moyen
>
> Sinon vous trouverez une excuse
>
> Citation de Jim Rohn

quand vous expliquez que ce que vous vivez de bien et de bon, c'est grâce à Dieu. Quoique vous ayez reçu de Dieu par la prière, témoignez et rendez grâce. Cela fait « vivre » votre relation avec le Seigneur. N'oubliez jamais de le remercier pour une grâce obtenue. Vous découvrirez petit à petit qu'en fait, dans la vie tout est grâce sur grâce. Lorsque l'on chemine avec Dieu, sa lumière est en nous. Nous rayonnons son amour, sa Lumière, sa Paix et sa Joie. Vous êtes en Paix et dans la Joie ? Amen je vous le dis, cet état interpellera toujours fortement les gens en face de vous qui ne comprennent pas pourquoi et comment vous pouvez être heureux alors que la société va mal, très mal. Cela peut même carrément déranger, énerver, déstabiliser l'autre en face de nous. J'en ai connu m'ayant dit que, « j'étais un ravi » au sens le plus péjoratif qui soit. Après avoir prié quelques jours pour ces personnes narquoises, ironiques, cyniques, elles ont changé d'attitude jusqu'à venir s'excuser pour certaines d'entre elles. Priez pour vos ennemis et laisser agir Dieu. Vous serez quelques fois vraiment surpris...

Le vrai bonheur, c'est d'être avec Dieu au quotidien de notre vie. Votre vie devenant témoignage parmi vos contemporains, elle témoigne de l'action du Dieu Tout Puissant sur vous.

Par Jésus Christ, vous êtes vainqueur !

Quelques soient les difficultés que vous vivez actuellement, décidez et adoptez un comportement positif. N'accusez pas Dieu de vos malheurs. Ayez du courage et du discernement. Vous n'en avez pas ? ... Demander les deux, courage et discernement à Dieu.

Le discernement permet de se sortir de tous nos aveuglements, de choisir, de prendre nos décisions de manière lucide, éclairée, correcte, juste, éveillée, en totale conscience. Prenez toujours le temps pour discerner, même si le temps qui passe, ou encore l'urgence d'une situation, vous fait croire que vous ne l'avez pas. On ne fait jamais rien de bon dans la précipitation. La panique étant toujours la perte de tout contrôle sur les événements en cours, quelques soient ces événements, prenez le temps d'analyser autant que possible sereinement cette situation sous le regard de Dieu. Puisqu'Il est toujours serein et avec vous 24h/7, votre première réaction doit être de vous retourner immédiatement vers Lui. Ce doit devenir un réflexe et c'est au passage, un excellent exercice. Acquérez un peu, beaucoup, autant que vous le pouvez de sa sérénité, particulièrement dans les situations pénibles, difficiles est encore un autre exercice.

Si tout ce qui nous arrive dans notre existence ne nous est pas forcément imputable, reconnaissons aussi que notre propre responsabilité est souvent engagée. Nous aurons à reconnaître notre faute, nous pardonner le cas échéant ; et surtout assumer en allant courageusement au « feu ». Mais en agissant, nous aurons l'assurance qu'en montant à l'assaut de notre montagne de problèmes, nous ne sommes pas – plus seul(e). ... Là-dessus, Dieu sait parfaitement que les situations problématiques peuvent s'avérer vite être difficiles et insurmontables à l'homme. Il nous attend là aussi...

Santé ; maladie ; divorce ; famille éclatée ; solitude ; abandon ; perte d'emploi ; faillite financière ; faillite économique ; dettes ; huissier ; expulsion ; esclavagisme ; prostitution ; drogue ; traumatisme, je vous dis à vous qui souffrez ces maux tous très moches et très pénibles, faites ce que vous avez à faire mais cette fois, en ayant confiance en Dieu et en Jésus-Christ. Regardez maintenant et préparez demain avec Dieu à vos côtés.

Ne vous laisser jamais submerger par vos pensées et vos paroles négatives ; ou encore par les faits extérieurs devant vos yeux. Je comprends et sais parfaitement que pour la plupart des gens, ce n'est pas facile du tout au début de la vie spirituelle, je suis passé par là. Pourtant, c'est la pire attitude à adopter. Particulièrement lorsque tout semble contre vous. Souvenez-vous toujours que vos pensées négatives, vos paroles négatives, sont toutes autant de prières que vous accumulez sur votre tête. Ces mauvaises prières se retourneront inéluctablement contre vous si vous leur ouvrez la porte, les laissez agir en vous. C'est ce que l'on appelle communément des « contre-prières ». Respirez profondément, 1x, 2x, 3x, 4x, 5x... et calmez-vous. Ensuite, remettez calmement à Dieu votre ou vos problèmes. Patientez et ayez totalement confiance en Lui. Il ne vous abandonnera pas. Vous avez prié sérieusement, lui avez remit votre souci, vous l'avez appelé à l'aide ? Bien, bravo, félicitation ! ...

Oui mais voilà, vous ne ressentez pas sa présence dans ce pénible moment, dans cette épreuve ? Vous allez retomber dans le travers des humains, que tout cela ne sert décidément à rien, etc. Vous vous sentez vraiment très seul(e) dans ce moment de détresse, alors dites-vous que c'est peut-être voire souvent une épreuve de confiance et de fidélité que Dieu vous adresse. Laissez passer et observez. Soyez attentif sur la manière pour Dieu de solutionner, de résoudre votre souci ; soyez-en heureux et reconnaissant. Dès votre prière terminée, croyez qu'Il s'en occupe ; même et surtout si la réponse ne vient pas dans les cinq minutes. Laissez-le agir comme Il l'entend. Vous continuez ce que vous avez à faire et resplendissez sa Présence en vous dans ce monde !

Vous découvrirez ainsi par votre pratique régulière, que la Parole de Dieu est extraordinaire, qu'elle n'a aucun équivalent sur terre. C'est la source de la Sagesse toujours pleine de bons conseils pour ceux et celles qui veulent vivre de sa Parole.

Considérez que Jésus avant sa Passion et sa Résurrection, était un homme, religieux certes, mais un homme vivant parmi les hommes de son temps. Il connaissait et pratiquait à la perfection les Écritures saintes de l'Ancien Testament, les psaumes, la Sagesse... Les pensées de Dieu ne sont pas celles des hommes. Apprenez ses pensées, elles sont toutes positives. Vous voulez être béni de Dieu ? Appliquez ses enseignements, ses préceptes. Dieu étant en vous, ne nourrissez aucune pensée négative. Souvenez-vous toujours que nos actes sont déterminés par nos pensées. Dieu et Il est le seul à pouvoir le faire, lit nos pensées ; écoute nos paroles ; ce qui sort de notre bouche. Ce que nous ruminons tout au long de nos jours finira par nous arriver. Au lieu de broyer du noir, ruminer des pensées positives. Vous en verrez rapidement les bienfaits. Allez vous promener en forêt, à la mer, en montagne, sortez des villes. Allez oxygéner votre esprit et votre corps le plus souvent possible. Redécouvrez et admirez la beauté de la nature, des animaux, de la Création, de la planète. Ces observations sont riches d'enseignements sur Dieu. Et vous, vous faites partie intégrante de la Création. Le grand Saint François d'Asssise l'avait parfaitement compris. Petit exercice spirituel que je vous demande de réaliser, trouver la prière de ce grand saint, ensuite, méditez-là dans le silence. Coupez votre radio, votre smartphone. Coupez tout ce qui est susceptible de faire du bruit autour de vous. Au début, ce silence vous semblera bizarre, étrange. Vous découvrirez ensuite toute la force du silence et combien Dieu est aussi dans le silence. Rappelez-vous Elie au début de ce livre...

Dans le Livre des Proverbes[57] de votre Bible, il est dit :

« Car il est comme les pensées de son âme. » ...

Prenez la mesure, la hauteur, la largeur et la profondeur de cette vérité. Toute votre vie peut changer si vous comprenez cette simple phrase. De nouveaux horizons peuvent s'ouvrir pour vous, si vous l'appliquez sérieusement, elle engagera effectivement la manière dont vous vivrez et prendrez vos décisions. Remettez chaque matin au Nom de Jésus Christ, toutes vos pensées à Dieu. Demandez-Lui de chassez de votre esprit tout ce qui est négatif, qui sont hors de sa volonté. Le soir venu, après avoir revu le fil de votre journée dans le calme, rendez-Lui grâce de tout ce que vous avez vécu de pensées positives. Elles sont de Lui !

Saviez-vous et c'est scientifiquement prouvé, que les pensées et un état d'esprit constamment négatif, peut être changé en 12 jours seulement !

---

[57] **Proverbes 23 :7**

Je vous donne une petite astuce qu'une excellente amie haïtienne, aimant beaucoup Jésus, donc croyante et pratiquante, m'a donné. Je l'ai testé et ça marche ! ... Imaginons que vous vous appellez Isabelle ou Kevin. Hé bien dès votre lever, allez devant le miroir de votre salle de bain. En vous regardant les yeux dans les yeux, dites à voix haute tout simplement : « Je te souhaite une belle et bonne journée Kevin ou Isabelle ». Osez et ne vous sentez pas ridicule, il y a fort à parier que vous allez vous sourire voire carrément rire. Ce rire, ce sourire d'où viennent-ils ? ... Vous vous rappelez, Il est « Je Suis » et Je suis, Il est où ? ... Au fond de votre être, merci ! ... Faites-le pendant 12 jours successifs et vous verrez. Un geste, des paroles simples et positives qui vous prouveront qu'Abraham, le père des croyants, avait tout compris. Tout ce qui sort de notre bouche, nous revient toujours. Dieu se préoccupe de nous, de notre vie dans sa globalité comme de notre vie intérieure. De ce que l'on ne cesse de ressasser dans notre esprit. C'est ce que nous méditons qui va déterminer et décider de là où nous irons. Dans sa lettre aux Philippiens[58], St Paul de Tarse nous dit encore :

« Portez vos pensées sur tout ce qui est vrai, tout ce qui est honorable, tout ce qui est juste, tout ce qui est pur, tout ce qui est digne d'être aimé, tout ce qui mérite l'approbation, ce qui est synonyme de qualité morale et ce qui est digne de louange »

Je prie pour vous qu'il en soit ainsi.

---

[58] St Paul : Lettre aux Philippiens 4 : 8

Remarque importante

En vous disant ces vérités, ces astuces, je ne vous fais pas un « placement de produit ». Je ne suis pas occupé à vous vendre « Dieu », ni ne vous fais du bourrage de crâne en vous disant que tout va bien. Je ne vous dis pas de nier ou d'ignorer ou encore de négliger votre situation ou de fuir vos problèmes, au contraire !

Tous vos problèmes sont réels et se posent à vous. Ils demandent et nécessite des solutions adéquates selon le temps et les circonstances. Un cancer est concret, des dettes financières sont concrètes, un divorce est concret. Si vous pensez en votre fort intérieur, « voilà, maintenant j'ai Dieu, Il va tout faire à ma place », vous êtes ou seriez dans l'erreur. Surtout, vous paieriez les conséquences de votre laisser-aller voire de votre naïveté ! ... Dieu a un rêve sur vous mais « Il ne rêve pas ». Vos problèmes devront tous être solutionnés. J'insiste avec la plus grande force sur ce point. Face à une même situation dans un problème, la différence entre une personne vivant loin de Dieu, sera qu'elle devra trouver ses solutions seule avec tous les risques d'erreurs que cela peut entraîner ; alors qu'une personne vivant avec et en Dieu, recevra les aides dont elle a besoin dans l'esprit, mais aussi au-dehors par les chemins du Seigneur qui ne sont jamais ceux des hommes. Les exemples sur ce sujet sont nombreux. Assimilez qu'aux travers de vos problèmes, si vous les Lui confiez et collaborez à leur résolution entièrement, Dieu vous manifestera sa présence et vous aidera. Il le fera gratuitement par amour pour vous, mais aussi pour sa plus grande Gloire, non la vôtre. C'est Dieu. Trop souvent, j'ai rencontré des personnes ayant rencontré le Tout Puissant, puis devenues complètement exaltées, elles oubliaient tout le reste. Evidemment en agissant de la sorte, elles en payaient lourdement les conséquences et se prenaient de grandes baffes. En l'occurrence, je qualifierais volontiers ces baffes de « salutaire ». Tel n'est pas le juste chemin et grande est la tentation d'agir de la sorte. Dieu est conscience, Il est le présent. Il est votre présent. Il agit en conscience et attend de nous, que nous soyons pleinement conscient et que nous agissions en conscience de ce que nous vivons et affrontons dans notre présent. Partant de là, j'aime beaucoup cette phrase du psaume[59] qui dit dans des situations qui nous semblent insolubles :

« Que mille flèches tombent à ma gauche et dix milles à ma droite, je ne crains aucun mal, ta présence à mes côtés me donnent la victoire... »

Vraiment, peu importe la nature de votre, de vos problèmes du moment. Vous avez la Foi, vous avez confiance en Dieu, vous croyez qu'Il peut vous aider, vous sortir de ce problème, de cette impasse qui vous semble insoluble, insurmontable, alors je vous dis que ce soit dans cette vie ou dans l'autre, vous gagnerez parce que Dieu gagne toujours. Rien n'est impossible à Dieu. Absolument rien. N'oubliez jamais cela, vous ferez bien.

Dieu a une puissance infinie dans sa Parole :

« Mais dans toutes ces choses, nous sommes plus que vainqueurs par celui qui nous a aimés » [60]

Je pense que Dieu a une volonté propre pour chacun d'entre nous. Nous devons la vivre au quotidien afin que nous l'accomplissions et que par cet accomplissement, nous servions Dieu d'abord. En somme, « God First ! ».

Bien évidemment, comme tous ceux qui cherchent et s'intéressent à Dieu, consciemment et inconsciemment, j'ai bien essayé de le mettre à mon service. Ceci d'autant que je connaissais de sérieux problèmes financiers à l'époque. N'ayant plus de solutions humainement parlant, le minimum que j'attendais de Dieu était qu'il me procure des issues positives à mes problèmes. Qu'Il

---

[59] Lire le psaume 90 : 07
[60] Paul : Lettre aux Romains : 8 : 37

« remonte » mes affaires, qu'Il fasse ce que j'attendais. Minimum, c'est Dieu tout de même. Pour vous faire gagner du temps, je vous le dis de suite, si vous pensez un dixième de seconde mettre Dieu à votre service de cette manière cela ne fonctionne pas. Vous perdez ou perdrez votre temps. Je relève par ailleurs que c'est encore une des raisons pour laquelle l'homme s'éloigne rapidement du Tout Puissant et laisse tomber la vie spirituelle, la prière et la Foi. « On » ne se sert pas de Dieu. C'est pure perte de temps.

Au début de ma vie spirituelle, je me suis cassé la tête pour savoir quelle était cette fameuse volonté divine me concernant. Lorsque je posais la question autour de moi ou à des prêtres, la seule réponse que je recevais était pour faire court : ce que nous a demandé le Christ qui en résumant les dix commandements, disait : « Aimez-vous les uns les autres. ». M'ouais ... franchement, cette réponse ne me satisfaisait pas. Perso, je voulais vivre avec Dieu au quotidien oui mais résoudre mes problèmes d'abord avant que de me mettre à aimer mon prochain. Cela me semblait même franchement impossible qu'il en soit autrement. Ne recevant aucune aide du Ciel, je me suis dit ok là maintenant, je sais que Dieu existe, je sais qu'Il m'aime, qu'est ce que je fais ? ... Deux choix se présentaient à moi : Je laissais tout tomber ou je continuais mes recherches, en espérant obtenir des réponses à mes questions. Ainsi que je l'ai déjà dit, lorsque Dieu s'est révélé à vous, il est impossible de laisser tomber. Il ne me restait par conséquent, que la seule solution de persévérer dans ma quête de solutions à mes problèmes financiers d'une part, mais aussi d'essayer de comprendre, pourquoi Dieu ne m'aidait pas. Et Dieu est têtu quand Il ne veut pas. Un jour, alors que je réfléchissais à tout autre chose, mon attention fut attirée par la Bible ouverte déposée sur le dressoir de la salle à manger, je regardais négligeamment, puis mon regard comme guidé, se porta sur un passage[61] ... « Le Notre Père » ... J'arrivais de suite sur les mots disant : « Que TA volonté soit faite » ...

---

[61] Evangile de Mathieu 06 ; 06 - 13

Tous les jours, je disais cette prière sans y prêter vraiment attention, d'une façon mécanique, routinière, automatique. Erreur. Tout devint clair, évident en un instant. Me voyant persister dans mes recherches, Dieu avait eu pitié de moi et m'avait guidé vers la Bible ouverte au bon passage. Il voulait me faire comprendre ce que je devais faire dorénavant pour connaître sa volonté. Il suffisait de Lui demander que sa volonté se réalise... Non pas qu'Il nous la dise au creux de l'oreille mais qu'Il la réalise. Inutile de vous dire que je me suis empressé de dire cette prière avec une attention et, dans conscience particulièrement éveillée. La prière terminée, je ressenti immédiatement une grande joie intérieure. Rapidement, bien des problèmes trouvèrent leurs solutions de manière imprévue, inattendue ou surprenante. Pas tous, mais pour beaucoup oui et rapidement. Dieu sait nos problèmes, voit nos soucis, Il veut nous aider mais Il nous invite à ce que nous lui demandions de le faire, en le laissant agir par sa volonté, et non la nôtre. Votre priorité chaque matin doit être de Lui demander en conscience, que SA volonté soit faite et se réalise pour vous chaque jour. Ainsi, l'ayant demandé consciemment, soyez certain(e) que tout ce qui arrivera dans votre journée sera bien sa volonté. Et comme Dieu fait tout concourir au Bien de la personne qui l'écoute et qui le demande...

Cette leçon édifiante reçue gratuitement de Dieu à travers les Ecritures, m'a fait réaliser par ailleurs, que Jésus-Christ est vraiment le Maître toutes catégories de la prière. Je ne parle encore que peu du Christ dans ce premier volume. C'est tout à fait intentionnel, le troisième volume Lui étant entièrement dédié. Pourtant sachez que :

Pour rappel :
Vous êtes vainqueur en Jésus Christ.

Être vainqueur en Jésus Christ, ce n'est pas pratiquer la méthode Coué. Je vous dis cela parce que vous êtes vainqueur, si vous croyez vraiment et faites confiance à Dieu. Jésus Christ a payé de sa vie sur sa croix pour qu'il en soit ainsi. Lorsque St Paul cite : **« par celui... »**, il cite Jésus Christ. Nous sommes donc tous vainqueurs par le Christ et par Lui seul. Cette victoire n'est pas réservée à quelques uns. Elle l'est pour vous maintenant. Recevez-là, vivez-là dès à présent et rendez grâce à Dieu qu'il en soit ainsi. Je me répète et je le sais parfaitement, mais pour qu'il en soit ainsi, veillez sur vos pensées négatives, chassez-les sans pitié aucune.

Pour expliquez quelque chose, rien ne vaut une petite histoire...
La voici...

Il était une fois...

Un paysan travaillant dans son champ. Il faisait chaud, très chaud. Nous sommes en été, c'est l'époque des moissons. Tous les jours, notre paysan est à l'ouvrage et travaille durement. Alors qu'il  travaillait, sur la douzième heure et le soleil à son zénith, il voyait chaque jour passer un moine tout maigrichon, marchant tout droit d'un pas décidé, alerte et rapide. Il était chargé d'un gros baluchon visiblement très lourd sur le dos. Le regardant s'éloigner, intrigué par ce moine chargé de son pesant fardeau s'en allant si rapidement chaque jour, à la même heure, notre paysan décida de l'interpeller le lendemain, histoire de faire la causette. Il savait qu'un monastère n'était pas loin mais ne s'y était jamais rendu. Pas le temps se disait-il souvent. La nuit passa tranquillement et la douzième heure du jour suivant arriva. Comme d'habitude, notre moine, toujours ponctuel, apparu à l'horizon. Arrivé à proximité du champ de son pas, décidé, alerte et rapide, l'agriculteur de l'interpeller ... Ohé, ohé ... Bonjour frère ! lui dit-il... Le moine s'arrêta net. Puis se dirigea vers le paysan.

Arrivé tout près, il releva sa cagoule cachant son visage et répondit à son salut d'un signe de main tout en hochant la tête. L'agriculteur après quelques rapides banalités, de lui demander : « Frère, je vous vois passer chaque jour avec ce gros baluchon sur le dos, n'est-ce donc pas trop lourd à porter par cette chaleur ? Comment faites-vous pour supporter seul une telle charge tous les jours, et en marchant si vite qui plus est ? » ... Le moine le regarda et lui sourit tout en déposant son baluchon toujours lourdement chargé sur le sol. Parce qu'entre-temps, je dois vous dire qu'il ne l'avait pas déposé... Puis, sans mot dire, reprit le sac, le reposa sur son dos et se remit en marche d'un pas décidé toujours en silence.

Après avoir parcouru quelques mètres, il s'arrêta de nouveau, reposa le sac sous le regard interrogatif de notre agriculteur. Le moine lui demanda en souriant : Avez-vous compris ? ... Le paysan le regarda et lui avoua que non, il ne voyait pas ce qu'il y avait à comprendre, sinon qu'il s'était arrêté, avait déposé son sac, l'avait remis sur son dos et était reparti. En somme que tout cela ne lui expliquait absolument rien du tout.

Le moine reprit sans se départir de son sourire... Ce sac que vous voyez et qui vous pose question est très lourd pour un homme seul. Quand je le reçois le matin de la ville pour l'amener au monastère, je le dépose à mes pieds et je dis au Seigneur : « Vois Seigneur ton pauvre serviteur, cette charge est bien trop importante pour un homme seul. Je n'ai ni cheval, ni mulet, ni personne pour m'aider à le porter. Aide-moi Toi à le porter si tel est ta volonté que je puisse apporter les victuailles à mes frères, pour qu'ils puissent manger ». Alors, je reprends mon sac et je rentre au monastère. Je sais que Dieu m'aide à le porter dès le moment où il arrive sur mon dos. La charge devient immédiatement légère comme une plume, et c'est ainsi que vous pouvez me voir cheminer chaque jour, à la même heure, au même rythme, quelque soit le temps dehors ».

Vivre avec Dieu, avec Jésus, ne vous dispense pas de rencontrer des difficultés, parfois vraiment pénible, il est vrai. C'est ce que l'on appelle « nos croix » ... Demandez à Dieu non pas de vous retirer le problème ou cette croix, comme le feraient la majorité des gens. Demandez-Lui avec confiance de vous aider à porter ce problème, cette croix, quoi que ce soit. Il vous aidera ! ... Si vous comprenez cette histoire toute simple, vous ferez un pas de géant dans la vie spirituelle.

Prenant notre condition d'homme en totalité, Dieu n'a pas dispensé ou empêché Jésus d'aller sur la croix. Au contraire ! ...

C'était sa mission sur terre, Jésus le savait et l'a acceptée en totale conscience. Il aurait pu fuir, Il ne l'a pas fait, d'autant que Jésus était innocent de tous crimes, de toutes fautes. Il n'a fait que le Bien. Dans cette lutte sans pitié aucune entre le Bien et le Mal, entre le Mal et l'Homme, le Christ recevra et passera toute la nuit et la journée de sa Passion par toutes les attaques possibles du Satan. La trahison, la peur de l'homme face à la mort et aux souffrances, au point que des gouttes de sang lui couleront sur le visage. Il connaîtra l'arrestation, l'humiliation, l'injustice, les railleries, les crachats, les insultes, les coups sur son corps, les coups de fouets, la couronne d'épines, les clous dans ses mains et dans ses pieds, la crucifixion pour une mise à mort lente, très lente.[62] Le film « La Passion du Christ » de Mel Gibson décrit parfaitement d'un point de vue historique, les raffinements réalistes que les romains réservaient à leurs prisonniers à ce sujet. Dans ce premier acte, toute l'apparence de la défaite du Christ semble donner la victoire à Satan. Cloué sur sa croix, sachant parfaitement qu'Il allait mourir, Jésus ira jusqu'à demander à Dieu :

« **Père, pourquoi m'as-Tu abandonné ?** » ...

Question terrible de l'homme se sentant seul, abandonné, mais qui sera suivie aussitôt par cette phrase affirmative et positive, qui fera

---

[62] Lire attentivement et méditer toute la Passion de Jésus Christ selon St Mathieu 14, 14-27, 66

de Jésus, le Christ Roi, le vainqueur définitif et absolu contre le Mal, contre Satan et contre la Mort :

« Père, entre tes mains, je remets mon esprit »

...et de suite, Il expira.

Fin de l'acte premier. La logique et la raison humaine diront que Jésus a perdu puisqu'il est mort, ils diront surtout que Dieu n'a rien fait pour le sauver, donc que Dieu n'existe pas. Oui mais voilà, raisonner de la sorte est faire preuve de la plus grande méconnaissance de Dieu ; de sa logique ; de sa Puissance ; de son amour, je dirais même de sa stratégie ... Dans la face visible, apparente, raisonnable, tout est consommé. Tous les hommes s'en sont allés, le spectacle est terminé. Il n'y a strictement plus rien à voir. Comme si la mort de l'homme Jésus ne suffisait pas, voici que ses disciples ont peur. Ils se cachent, craignent pour leur vie. À cet instant de l'histoire, aucun d'entres eux n'a envie, ni de mourir, ni de finir sur une croix, ou encore d'avoir la tête tranchée.

Puis, arrive le troisième jour le plus célèbre de l'histoire de l'humanité. Dans la discrétion et le silence de l'aube naissante ; tout un symbole en soi ; pendant que la majorité des gens dorment ; viendra et sera la Résurrection. Malgré les prophéties les avertissant, dans la plus grande incrédulité générale, dans la manière surtout où on ne l'attend pas, Dieu n'ayant qu'une parole, celle-ci signera l'entrée définitive de Jésus-Christ dans la Gloire Éternelle. A travers toute la Passion, tout est à méditer sur l'action du Mal contre l'homme Jésus, oui, mais aussi et surtout la manière dont Dieu assied sa victoire et quelle victoire ! ...

Partant de zéro, de plus rien, deux milles et quelques années plus tard, 33 % de l'humanité croit ; prie ; pense ; médite, œuvre à la construction du Royaume et votre serviteur écrit ce bien modeste livre.

Combien d'autres personnes encore prendront un jour à leur tour, la plume pour écrire que oui, Dieu existe, que oui Dieu est Présent, que le Christ est le vivant et qu'Il nous aime, qu'Il vous aime. Vous ne comprenez pas tout à cet amour ? ... Qu'importe ! ... Comprenez-vous toujours pourquoi votre conjoint, votre épouse ou vos enfants vous aiment ? Comprenez-vous toujours pourquoi tel collègue vous apprécie et un autre pas ? ... Qui peut objectivement prétendre connaître l'amour avec un grand A ? ... Personne. Dieu vous aime, le Christ vous aime, laissez-vous aimer. Vivez cet amour avec un grand V, il est gratuit, il est pour vous. Même si il est parfois étonnant, surprenant, vous ne le regretterez jamais. Simple, non ?

Jésus Christ Pantocrator
Art Bysantin – Duomo Cefalu - Sicile

40 - Devenons des Héros de notre temps

Il est devenu urgent face à tous ces désastres établis ou encore en devenir, que les croyants, tous les croyants en Dieu et en Jésus Christ sans exception, fassent résolument entendre leur voix de nos jours totalement étouffée par une minorité. Que tous les hommes et les femmes de bonne volonté ramènent individuellement et collectivement par leur témoignage ; l'exemple de leur vie ; les enseignements de leur vécu en Dieu, les hommes et les femmes de notre temps sur le seul et authentique chemin de la Sagesse et de l'Amour face à un monde devenant toujours plus inhumain, toujours plus vite obsolète et déjà dans le mur. Il est urgent que la version 3.0 de l'Humain dans une civilisation devenue enfin celle de l'Amour ; voit le jour de façon majoritaire, non plus minoritaire, avant que de sinon disparaître définitivement. Les enjeux posés sont simples, la vie ou la mort. Les tueurs passés, présent ou encore à venir, mais déjà en gestation sont là ; ils sont déjà dans la Cité des hommes. L'homme de 2017 n'aime ni la Sagesse ; ni Dieu ; ni même encore le plus élémentaire bon sens. Pourtant les deux, Sagesse et Dieu ne font qu'Un.

N'aimez pas l'un, il vous manquera les deux, aimez l'autre et vous aurez les trois. Père, Fils et Esprit Saint. Dieu vomit les tièdes ; ceux ayant un pied dedans, un pied dehors ; ceux qui n'arrivent pas à choisir et se décider face à Lui. C'était vrai hier ; ce l'est toujours aujourd'hui. En niant la réalité de Dieu, vous niez la Sagesse ; en niant Dieu, vous niez les réalités d'en haut, celles que l'on appelle les « réalités spirituelles » que nous verrons dans un autre volume. Il est grand temps dans l'époque qui est nôtre ; de redécouvrir toute la beauté et la richesse de l'amour de Dieu qu'Il a pour chaque être humain sur terre ; et vous êtes inclus dans cet Amour hors norme.

Les enseignements, nous les avons. Ils sont consignés depuis des milliers d'années dans l'ensemble de la Bible. Ils sont disponibles 24h/7 pour ceux qui veulent avoir des yeux pour voir ; et des oreilles pour entendre ; non pas les hommes autour de nous ; mais Dieu en chacun de nous. Choisir et décider entre Dieu et le Monde ; entre le Christ et le fric ; est un défi possible, il doit être votre pain quotidien si vous voulez vivre dans la Vérité avec Dieu. Il est Celui qui Est ; Il est Je Suis ; Il est vivant ; Il est au fond de votre être ; dans chaque recoin de votre vie. Il vous invite à poursuivre sans relâche le Bien pour vous et pour l'Humanité ; jamais contre vous. Ne pas le comprendre, c'est signer l'arrêt de mort de l'Humanité à terme. Allez vers Lui, vous aurez peut-être accompli le pas, le geste le plus important de toute votre vie. Sortez de la théorie et vivez Dieu ! ... Refusez et chassez le négatif en vous ; retrouvez votre joie que ce monde et son esprit vous a volé ; celle inénarrable d'être avec et dans la Vérité.

Après avoir pris conscience de la réalité du monde décrite dans cet ouvrage, nous verrons dans les suivants des réponses concrètes aux questions que beaucoup de gens en mal de repères se posent ; vous peut-être en ce moment, face à la réalité de leur situation encore éloignée de Dieu et du Christ. Je vous indiquerai modestement toujours plus de pistes de réflexions, de prières, du comment prier pour que vous retrouviez le bon chemin ; ainsi que les pourquoi, les comment. Brefs, des réponses autant que possible parce que je sais par expérience, que l'on cherche surtout des réponses, et qu'elles ne sont pas si faciles à trouver.

Dieu est le Maître du temps absolu. Ne dites jamais à Dieu que vous n'avez pas le temps ; ne vous dites jamais s'agissant d'aller à la rencontre de Dieu et du Christ que vous n'avez pas le temps.

Une fois et pour toutes, le temps, vous l'avez.
Prenez-le, saisissez-le !

« À chaque jour suffit sa peine »[63], enseignait Jésus dans l'évangile. Je vous invite de les lire tous en entier, à votre rythme, seul(e) ou accompagné(e) mais surtout de les méditer sérieusement. Demandez à Dieu de vous aider à comprendre les textes, ce que vous devez en retenir et qui vous concerne. Sachez encore, qu'il existe des groupes de « lectio divina » près de chez vous, des groupes de prières aussi. Renseignez-vous, ne soyez pas timide et bougez. Google est votre ami. Particulièrement avec tout ce que vous venez de lire dans ce volume premier ou peut-être d'apprendre. Très humblement, soyez certain en tous cas qu'en le lisant, « vous n'avez pas perdu votre temps ».

L'homme est en gestation toute sa vie durant. Nous sommes nés(e)s et venus au monde pour nous préparer à la vie éternelle. Il est temps de le savoir ou encore de s'en rappeler.

Claude Lévi-Strauss, célèbre anthropologue de réputation internationale, sociétaire de l'Académie Française, disait dans une interview accordée à la radio France Inter en 1983, que depuis l'aube de l'Humanité, les hommes avaient connu pas moins de 4 à 5000 sociétés différentes. Surprenant, n'est-ce pas ?

Dieu en donnant les règles de vie à Moïse sur le Mont Sinaï, lors de l'Exode[64] du peuple hébreu, plus tard confirmées encore par les enseignements donnés par Jésus Christ, a proposé dans les faits aux hommes, une autre société. Vous lisez bien, une autre société. Une société humaine devant devenir une civilisation basée sur Dieu et l'Amour entre les hommes.

Deux mille ans plus tard, avons-nous réussi à bâtir cette société et cette civilisation de l'Amour ? ... Je vous laisse le soin de répondre en conscience à cette question.

---

[63] **Mathieu 6 ; 34**
[64] **Voir livre de l'Exode dans la Bible**

Les injustices innombrables touchant tous les pans de la société humaine, les souffrances, les indifférences généralisées, les mensonges, les mœurs et la décadence morale, l'éclatement des familles et des racines familiales, etc., font que personnellement, je pense que tout notre système est à faire et à refaire, à développer, à construire et à reconstruire. Dieu donnant son souffle de vie, une société évacuant Dieu, devient rapidement une société sans souffle, sans vie, ne laissant la place qu'à une société, une civilisation et une culture de mort. Allons-nous laisser faire cela sans réagir ? ... Chaque nouveau né est une chance et une espérance donnée par Dieu au Monde. Arrêtons donc de faire de la vie, de notre vie, des désespérances. Dieu nous invite chaque jour à bâtir cette nouvelle société et ce nouveau monde. Ayons en conscience, ayons du courage et osons aller dans ce sens. Dans cette communauté humaine planétaire en continuelle expansion, vous avez en tant que chrétien, votre pleine et entière place. Prenez-là, vivez-là, assumez-là !... À travers vous, en laissant Dieu agir en vous, rassemblez petit à petit des personnes de bonnes volontés. Permettez à Dieu de donner ce souffle nouveau à notre monde, à notre époque, à notre société qui en ont tant besoin. Changer le monde ne peut s'envisager que si nous parvenons, par l'aide de ce même souffle divin, à changer notre mode de pensée, notre cœur, notre état d'esprit en tout premier lieu. Alors, nous pourrons comprendre et vivre tout ce que Dieu peut nous apporter dès maintenant dans notre vie.

Souvenez-vous toujours que tout commence individuellement, personne ne pourra le faire à votre place. Jésus Christ a commencé seul, puis un, puis deux, puis trois disciples... Il n'a pas commencé en voyant grand, mais petit. Il n'a pas initié ses « meetings » et son « coaching », en réservant de grandes salles de concert, genre « Zenith », « Bercy », ou le « Stade de France » à Paris. Suivi au quotidien par des dizaines, puis des centaines et des milliers de personnes, Jésus savait pertinamment que les communautés rassemblant plus de douze personnes, devenaient rapidement source de nombreuses difficultés et de conflits. Prenez-en exemple pour vous et autour de vous.

Nous ne sommes plus au Moyen-Âge mais au 21ème siècle. Vous avez rencontré et vivez Dieu et le Christ en vérité au quotidien ? Félicitations ! Osez parler du divin autour de vous, témoignez, enseignez vous aussi que oui, un autre monde, une autre société est possible. Créer et devenez par exemple, des initiateurs ou initiatrices de petits groupes chrétiens de demain. Ils seront urbains, villageois, régionaux avec Dieu et en Jésus Christ. Vous avez des projets en ce sens ? ... Osez en parler avec un prêtre. Osez et bougez ! ... Maîtrisez les nouvelles technologies et utilisez-les abondamment ! ... Ecrivez des livres, créez des podcasts, pourquoi ne pas créer votre propre chaîne YouTube. Après tout, si dix millions de vidéos créées par des abrutis cherchant à nous convaincre que la terre est plate en 2017, pourquoi ne pas en créer 100 millions parlant de Dieu et du Christ ? ... Il est temps de noyer le mensonge. Point besoin de gros investissements pour ce faire, quelques centaines d'euros et vous pourrez vous lancer. Je ne doute pas que Dieu bénisse toujours ceux qui collaborent à sa présence et sa connaissance parmi les hommes.

Il est devenu nécessaire d'arrêter de ne penser égoïstement qu'à nos petits intérêts personnels. Pas facile, je sais et c'est déjà un premier challenge individuel, mais il vous est possible de le relever et de le gagner. Un premier geste concret que vous pouvez poser dans la construction de cette nouvelle société ? ... Considérant avoir rencontré Dieu dans notre vie, ou alors de notre volonté de le rencontrer, nous sommes ou allons dès lors devenir des êtres pacifiés et pacifiques. Attention, beaucoup de gens faisant la confusion, je rappelle que d'être pacifié ou de devenir pacifique, ne veut en aucun cas dire être pacifiste. Etant donc dans ces nouvelles dispositions d'état d'esprit reçues par notre vécu spirituel, nous pouvons par nos initiatives personnelles, construire notre famille, ou reconstruire nos familles éclatées. La famille est le premier pilier de la société humaine. Placer votre famille sous le regard et la protection de Dieu et du Christ. Quoiqu'on vous dise, rien ne remplacera jamais la famille. Elle a toujours fait ses preuves à travers l'Histoire de l'Humanité. Elle est et reste la racine mère de toutes sociétés humaines qui se respecte. C'est encore et encore à des choix et des décisions personnelles de faire ou ne pas faire que Dieu nous invite, là où la société actuelle nous impose toujours plus ses erreurs et sa décadence.

Il est temps de penser au bien-être de toute l'Humanité et de la planète qui nous abrite. Pas seulement d'une nation. À défaut, nous nous épuiserons pour rien. Ne rien faire, regarder passivement sur les réseaux sociaux, persister à niMr ou renier ces enseignements du Christ, nous ne ferons que perpétuer nos échecs tant individuels que collectifs. Là-dessus, chacun a sa part de responsabilités à assumer dans ce chantier pour arriver à bâtir une telle société, un tel monde, une telle communauté humaine.

Jésus-Christ n'a-t-il pas dit qu'Il était la pierre d'angle ?... Petit exercice, je vous laisse le soin de chercher où dans les textes, l'a-t-il dit ? ... Que veux donc dire cette fameuse pierre d'angle ? Pourtant, visiblement de nos jours, cette proposition du Christ est méprisée et rejetée comme elle l'était il y a deux milles ans. Elle est pourtant la seule, j'insiste sur le mot « seule » alternative possible à notre civilisation actuelle, pour un développement heureux, harmonieux, durable de l'homme et de la femme post-moderne. Ceux privilégiant la raison à la Foi feraient bien de le réaliser, de le comprendre et de le défendre, au lieu de perdre leur temps à attaquer les religions, particulièrement la chrétienne. Une pomme + une pomme = deux pommes nous a-t-on enseigné. C'est logique, arithmétique et raisonnable. Pourtant, si je ne veux voir qu'une pomme + une autre pomme, je peux décider aussi que cela ne fera jamais deux pommes. Ceci pour la simple

---

Toutes les batailles de la vie nous enseignent quelque chose

Même celles que nous perdons

Citation de Paulo Coelho

raison que deux pommes ne peuvent jamais être identiques. Ni en couleur, ni en volume, ni en espèce, ni en goût. Vous n'en savez rien. Cela peut sembler être deux pommes, pourtant elles sont différentes. S'agit-il même de deux pommes ? ... Qui vous le prouve ? ... Dans cet exemple, je parle bien entendu de pommes « naturelles bio » ; non de pommes génétiquement modifiées ; industriellement calibrées. Vous acceptez sans réfléchir plus loin que votre raison qu'une pomme + une autre pomme, sont égales à deux pommes. Dieu est au-dessus de notre raison. Très loin au-dessus de toute raison humaine. Toute la Passion du Christ défie et dépasse notre raison et pourtant... Vous pensez ouvrir une porte, vous la franchissez et vous découvrez qu'une autre porte fermée se présente à vous. Dieu a sa part de Mystères qu'il nous faut accepter sans forcément chercher

à les percer. Il y a même des stades qu'il vaut même mieux ne pas connaître ou chercher à pénétrer. Seriez-vous heureux de savoir le jour, la date, l'heure, la seconde de votre mort ?

Toutes les idéologies sont mortes. Aucune n'a su, ni n'a pu remplacer le christianisme, pas même l'argent, ce vieux veau d'or qui a pourri tout depuis des millénaires. Vous pouvez méditer, réfléchir, faire des recherches tant que vous voudrez, vous pourrez tout essayer, génération après générations, pendant encore des millions d'années. Rien n'y fait. La proposition de Dieu faite à l'être humain, est la seule voie sensée et équilibrée, qui respecte tout l'Homme et la Création. Il n'y en a aucune autre. Redécouvrons tout le sens des Ecritures, des Evangiles du Christ. L'homme aime juger et condamner Dieu, alors qu'il n'est même pas capable de vivre naturellement hors de cette petite planète perdue dans l'immensité de l'univers. Toutes les sociétés nous ayant précédé ou encore existantes, comme la nôtre actuellement en Occident, ont échoué. Dieu est immuable, le Christ est immuable, l'Esprit Saint est immuable, ils sont éternels. Si nous voulons construire en Sagesse et Vérité cette société proposée par Dieu et le Christ, il nous revient à chacun et chacune d'entre nous de nous conformer à ces enseignements librement et de les accepter. La théorie du succès pour l'homme, nous l'avons. Elle est écrite noir sur blanc. Il nous « reste » à faire vivre concrètement ces enseignements. De sortir de la théorie connue et vivre la Parole au quotidien. Le faire sans aucune arrière pensées égoïste ou égocentrique. Dieu est universel, le Christ est universel et je crois toujours d'avantage en l'universalité de l'Homme. Il est « amusant » de constater que face à la mondialisation sauvage de l'économie, celle-ci se fait quelque peu le précurseur du devenir de l'humanité. Après tout, un billet de banque, une carte de crédit n'ont aucun état d'âme propre à l'être humain. Ils se fichent l'un et l'autre de savoir votre couleur de peau, votre culture ou votre religion. Les financiers idem. Les migrations sauvages que nous connaissons actuellement rejoignent ce vaste courant de la mondialisation économique et technologique. Cela se passe sous nos yeux rapidement dans un élan inéluctable et irréversible par plusieurs aspects, que nous pouvons qualifier en utilisant trois mots simples, à mettre dans l'ordre que vous souhaiterez : économiques ; guerres ; écologiques.

Ces êtres humains arrivés par millions ne sont pas venus en Europe pour repartir ou faire de la figuration. Penser cela est faire preuve de la plus grande naïveté et d'un total aveuglement. J'insiste sur ces derniers mots. L'homme et la femme occidentale ayant tant apporté à l'humanité, s'ils veulent survivre, vu leur dénatalité, dans une société déjà largement métissée, devront intégrer et assimiler rapidement tous ces changements majeurs en cours.

Si nous regardons ces mutations en cours d'une manière chrétienne, en y apportant toute notre christianité, alors ces changements pourront se faire d'une manière pacifique. En dehors, je crains fort que cela ne finisse dans les larmes et le sang. Les chrétiens ont donc entièrement leur rôle pacifiant et l'obligation d'apporter cette Paix reçue du Christ au Monde d'aujourd'hui. S'en est même devenu une obligation. Ainsi la Résurrection trouvera alors pleinement son sens concret pour chaque chrétien vivant aujourd'hui. Allons plus loin encore et mettons les points sur les i pour les doux rêveurs. Je ne pense pas qu'un retour en arrière soit encore possible, ni même souhaitable, à moins que de ne signer ou être d'accord pour un vaste génocide sur tout le continent européen. Qui va signer pour cela ? ... Vous ? ... Pas moi en tous cas. Ou encore, pensez-vous sérieusement que ces millions de migrants qui dérangent tant d'européens vont être expulsés par bateau ou par avion ?... Soyons sérieux. Notre monde est en mutation vraiment profonde, notre société technologique en gigantesque transition, particulièrement avec l'arrivée prochaine de l'intelligence artificielle. La question n'est pas de rejeter ce nouveau monde et cette société mais de la préparer et de l'organiser sérieusement. De réaliser ces réorganisations sociétales sur de toutes autres bases que celles du seul profit financier. Il est temps, grand temps de revaloriser et de remettre l'humain au-dessus de tout. Et franchement, de le faire sans erreurs sera le mieux. Il y a une urgence humanitaire en Europe. Le temps est venu de le réaliser et de combattre ces fléaux de la misère ayant des coûts sociaux et humains insupportables.

41 - L'universalité de l'homme
Utopie qu'une telle société ?

Arrivant au terme de ce premier volume, ainsi que nous l'avons vu, les enjeux sont vastes et multiples pour l'homme et la femme du 21ème siècle. Plus que jamais, le veau d'Or domine tous les débats de la société occidentale comme des pays concernés par la mondialisation. Qui dit veau d'Or dit Mamon, qui dit Mamon dit argent et ses enfants, ayant tous pour seul prénom, toutes les injustices commises en son nom. Dieu Lui pendant ce temps, semble aux abonnés absents pour beaucoup de gens en Occident. Il le sera toujours d'avantage au fur et à mesure que les occidentaux persisteront dans l'erreur. Faibles dans leur Foi, sans véritables racines en Christ, ils lui ont tourné le dos comme dans l'histoire de l'Exode de la Bible. Ici, il est important de se souvenir que la relation de l'homme à Dieu est d'abord individuelle, personnelle avant que d'être collective. Curieusement, c'est un aspect que beaucoup de gens ignorent totalement.

Gardons attentivement en mémoire que le temps de Dieu n'est pas le temps de l'homme, c'est vrai. Parfois, c'est désarmant pour l'homme pressé voire même franchement désespérant, c'est encore vrai. Cela ne veut pas dire qu'Il ne fait rien et vous regarde souffrir béatement. Que du contraire. Il agit mais vous ne le savez pas encore. Tout viendra toujours en son temps et en son heure. Dieu a fixé des limites en toutes choses. Combien de fois dans l'Histoire, Dieu n'a t'Il pas renversé les rôles, laissant aux hommes une nouvelles chance pour un nouveau départ tant dans leur vie individuelle que collective. Vu le temps de chaos et de grande mutation que notre monde connait actuellement, je suis entièrement convaincu qu'il arrivera un temps, un moment dans notre Histoire moderne où Dieu, remettra les pendules à l'heure. Il le fera comme à son habitude de manière soudaine, totalement imprévisible et dans la foulée, Il renversera les puissants de leur trône, renverra les riches les mains vides ainsi que le dit le Magnificat de la Ste Vierge Marie. Quand cela arrivera, vous saurez que Dieu aura frappé du poing sur la table. Ce ne sera pas un « grand soir », ce sera un matin comme ce le fut pour la résurrection du Christ. Cela se passera en plein jour et à la face de ce monde l'ayant raillé, moqué et renié. De ce monde surtout pensant l'avoir définitivement éliminé. Il le fera parce qu'Il est Dieu et qu'il n'y a de Dieu que Dieu, Saint est son Nom. Ce ne sera pas un « grand soir » car Notre Dieu est un Dieu de Gloire et de Lumière. En Lui ne se trouve aucune ténèbres.

Qu'est ce qui motivera Dieu à « bouger » de son confortable « Business seat » ? ... Le sang et les larmes des hommes, femmes et enfants, qui ne cessent de crier vers Lui ? De toutes ces injustices permettant de massacrer littéralement la vie d'êtres humain par centaines de millions au seul nom du profit, et de la rentabilité jamais suffisante ? Au nom encore des massacres dû à l'incurie des hommes assoiffés de fric fait à la Création dans son ensemble, à la planète, à la nature, aux animaux ? Personnellement, je pense qu'Il le fera surtout parce qu'Il est la Vie. Dieu ne peut cautionner une civilisation de morts et de mensonges. À mon sens toujours, une telle civilisation, une telle société s'est déjà condamnée et disparaîtra immanquablement. Dieu le fera définitivement, lorsque l'homme se prenant pour Dieu, croira fermement et définitivement avoir dépassé son Créateur. Là pourrait bien être la goutte d'eau faisant déborder le vase. Malgré tout ce chaos, sommes-nous loin de ce temps-là ? ... Je n'en sais strictement rien, Dieu seul le sait. Ce que je sais par contre, c'est que du néant, Dieu crée et recrée la vie en permanence. Un seul mot donc et plus que jamais, ayons confiance en Lui. Particulièrement lorsque tout semble perdu.

L'Espérance n'est pas un rêve, elle est un moteur puissant qui a toujours fait bouger les hommes de tous les temps.

Ne la perdez jamais.

42 - Tout n'est que misère pour vous ?

Je voudrais profiter de ces dernières lignes pour m'adresser en particulier à ceux et celles qui se sentent exclus du système, de la vie ; à tous ceux et celles qui souffrent au moment de lire ce livre. Comme vous, j'ai connu moi aussi bien des souffrances. J'ai connu des maladies sérieuses plus d'une fois où ma vie était sérieusement menacée. J'ai rencontré des problèmes financiers importants qui tous auraient pu me conduire à la rue. Dieu en venant dans ma vie, m'a amené à la confiance en Lui petit à petit, lentement mais sûrement. Je ne suis toujours pas devenu millionaire mais j'ai appris et accepté de vivre dans cette confiance et j'ai reçu sa Paix. Oui, Dieu m'a aidé par ses chemins y compris financièrement de manière inattendue et surprenante. Il m'a toujours sauvé dans la maladie grave en mettant sur ma route, des médecins de très grande qualité professionnelle et humaine, pas de ces grincheux qui vous regarde de haut tel que j'en ai déjà vu pour qui en fait, seul le fric compte. What else ?

Quelques soient vos souffrances du moment, à vous, je vous dis : courage, n'abandonnez jamais, surtout ne paniquez jamais. À tous vos problèmes, il y a toujours une solution. Relevez la tête et allez vers Dieu et le Christ en confiance. Ils vous aiment et vous attendent, quelques soient votre situation du moment. Au Ciel, rien d'impossible. Invitez-les, Dieu est en vous, dans votre esprit, prenez le temps d'aller à sa rencontre, à leur découverte, avec un esprit ouvert, franc et sincère. Confiez-Lui vos projets, un par un. Prenez le temps de prier, de dialoguer avec Lui. Ecoutez sa réponse, même si elle vous déplaît de prime abord. Ne cherchez pas de la comprendre de suite, vous le ferez plus tard si cela vous arrive. Ne plongez pas tête baissée en vous disant, voilà j'ai prié, c'est bon. Non, ce n'est pas forcément bon. Souvenez-vous toujours que l'enfer est pavé de bonnes intentions et ici, le discernement est capital lorsque l'on est dans la « merde ». Telle proposition arrivant de manière miraculeuse peut paraître de prime abord alléchante, elle semble répondre à une urgence pour vous, mais est-elle conforme à la volonté de Dieu pour vous personnellement ? Vous ne le saurez que dans la prière, dans ce dialogue intime avec Lui. Vient t'elle seulement de Dieu ? ... Retirez-vous dans votre chambre dans le silence et prenez le temps encore une fois de dialoguer avec le Tout Puissant. Ecoutez Dieu dans votre cœur, dans votre esprit. Il ne vous trahira pas, jamais. Vous vous sentez perdu(e), il y a urgence, ne vous inquiétez pas pour la question du « temps ». Il est le Maître du temps. Priez, respirez et demandez au nom de Jésus Christ, puis mettez-vous en route.

Souvenez-vous toujours de ceci : [65]

Alors Jésus, prenant la parole, leur dit : « Ayez foi en Dieu. »

Amen, je vous le dis : quiconque dira à cette montagne : "Enlève-toi de là, et va te jeter dans la mer", s'il ne doute pas dans son cœur, mais s'il croit que ce qu'il dit arrivera, cela lui sera accordé !

C'est pourquoi, je vous le dis : tout ce que vous demandez dans la prière, croyez que vous l'avez obtenu, et cela vous sera accordé.

Et quand vous vous tenez en prière, si vous avez quelque chose contre quelqu'un, pardonnez, afin que votre Père qui est aux cieux vous pardonne aussi vos fautes. »

Comprenez que c'est votre Foi en Dieu qui est le sésame faisant devenir l'impossible en possible. Faites grandir votre Foi et déplacez vous aussi ces montagnes qui bloquent votre existence, ces

---

[65] Evangile de St Marc 11 : 22 – 25 – Méditez attentivement chaque mot.

problèmes qui vous assaillent de toutes part. Mettez ces Paroles du Christ, le verbe incarné de Dieu en pratique en disant par exemple :

« Je te déclare à toi qui est mon problème (citez votre problème) au nom de ma Foi en Dieu et en Christ que tu vas te bouger et te retirer loin, très loin de moi, que tu vas quitter ma vie maintenant et aller te te jeter au fond de la mer, amen »

Ceci est un exemple, pas une formule magique. Il n'existe aucune recette, ni aucune formule magique. La Foi, la prière. Faites travailler votre esprit de prière. Si vous estimez ne pas l'avoir, demandez-le à Dieu. Bon exercice, adpatez cette prière ci-dessus à votre situation personnelle. C'est cela vivre la et dans la Foi, et non seulement la théorie. Dans l'Enseignement de Jésus reprit plus haut, il y a deux aspects qui sont deux conditions. La première est la Foi, la deuxième, ne doutez pas, jamais. Doutez après une prière est comme si vous annuliez cette prière. Dès que le doute vous arrive, chassez-le au nom de Jésus Christ. Ces doutes-là, font partie du combat spirituel. Ayez confiance, relevez la tête, ayez la Foi, ne doutez pas. 4 règles essentielles que vous pouvez dès çà présent mettre en pratique. Si vous résistez, si vous avez la Foi, si vous ne doutez pas, vous vous en sortirez, quel que soit la situation qui est la vôtre actuellement. Dernière règle pour l'instant que vous mettrez dorénavant en application que je vous demande de ne jamais oublier. Ayez une charité parfaite. Dieu donne gratuitement, vous aussi sachez donner gratuitement. Souvenez-vous toujours de ceci et c'est une règle éternelle :

« Pour recevoir, il faut savoir donner »

Si vous êtes en ce moment avec Dieu et Jésus Christ, continuez le chemin, faites-Lui confiance et allez jusqu'au bout. Ne regardez plus en arrière mais devant vous. Observez comment Dieu travaille pour ceux qui l'écoute, apprenez sans cesse de Lui.

Si vous avez quitté Dieu par dépit, par colère, parce que vous vous êtes senti floué par la vie, retournez à Dieu, faites la paix avec Lui, Il vous attend. Ensuite, reprenez en confiance votre route avec Lui, Il vous le rendra au centuple.

Vous n'avez jamais rencontré Dieu dans votre vie ? J'espère que ce premier volume vous aura aidé à mieux discerner l'action du Monde et de la société contre Dieu. Je souhaite vivement que vous ayez mieux compris comment Dieu travaille à travers les êtres humains de bonne volonté. La vie des saints et des saintes est une excellente illustration de mon propos. Dans chacune de ces vies, il y a une ou plusieurs choses à en tirer pour chacun de nous. De comprendre encore par là, ce que Dieu attend de chacun de nous. Osez aller vers Dieu en paix quelque soit votre passé, Il vous attend vous aussi pour faire un bon bout de chemin avec vous.

Face à la société ultra-technologique, face à l'intelligence artificielle et à la robotique, je suis convaincu que Dieu peut nous aider et nous aidera, dans tous ces défis auxquels tous nous sommes et serons confrontés. Osons nous tourner vers Lui. La société de demain sera très différente de ce que nous avons connu pour les plus de 30 ans, n'en doutez pas. Dans ce nouveau monde en gestation, il nous appartiendra toujours davantage à nous croyants en Dieu et en Jésus Christ, d'apporter du sentiment, de l'Amour, de l'humain et du divin là où, il n'y a déjà plus qu'indifférences, morts, injustices et désolations diverses. C'est un choix et une décision personnelle. Il nous appartient sachant ce qui nous attend dans un futur devenu très proche, de remettre l'homme au-dessus du veau d'Or et des robots intelligents de demain. Au minimum, personne ne pourra dire qu'il n'aura pas été prévenu.

Non, une telle civilisation d'amour n'est ni utopique, ni un doux rêve, si l'on prend la peine de réfléchir au-delà des beaux discours et des belles théories. Il est parfaitement possible d'atteindre cet objectif en partant de chaque individu. Collectivement en l'état de notre monde actuel, c'est totalement impossible, sauf à Dieu. Cette nouvelle société sera rendue possible, si et seulement si, tous les êtres humains sur terre ; comprennent ; réalisent et acceptent individuellement cette nouvelle civilisation en devenir. De la sorte, d'être humain en êtres humains, à travers chacun d'entres nous, rejaillira la pleine et entière lumière de Dieu et de son Amour. Alors et alors seulement, la Paix règnera sur terre. Il n'y a définitivement aucun autre chemin pour l'avenir de l'homme et de la femme. Ne pas le comprendre, douter ou le refuser, signera l'arrêt de mort de l'humanité, ni plus, ni moins.

L'unité des chrétiens doit devenir un objectif au-delà des textes et des rites, elle doit devenir rapidement un fait. Cette unité doit se vivre au quotidien de tous les jours, et être un exemple à suivre pour tous. J'aime l'Eglise, cela ne m'empêchera pas de dire que dans ma vision des choses, Elle a sa part de responsabilités dans la déglingue de la société européenne. Elle doit pleinement prendre et reprendre son leadership naturel, retrouver le chemin des missionnaires. Non plus aux antipodes mais ici en Occident. Elle doit favoriser et donner leur chance aux communautés, accueillir les personnes, ceux et celles qui viennent à Elle avec un cœur ouvert pour la servir. J'ai pu malheureusement constater que ce n'était pas toujours le cas. Un comble. Elle doit encore rendre son message audible, accessible et compréhensible par tous plus que jamais. Aider les chrétiens à vivre la Parole, non seulement enseigner la théorie de la Parole. Elle doit encore revoir sa dialectique intellectualiste et quitter ce langage d'un autre temps. Le Message du Christ ? Elle en est le dépositaire éternel jusqu'à la seconde Parousie, elle a un trésor à nul autre pareil. L'Eglise doit continuer mais en s'adaptant clairement et rapidement face aux nouveaux défis technologiques qui sont devant chaque être humain sur terre. Qu'elle cesse de toujours être une guerre en retard. Qu'elle réenseigne que Jésus Christ est le chemin, la vérité et la vie ouvertement, clairement à la face du monde ; en cessant de vouloir forcément plaire à tous, à commencer par les athées, la franc-maçonnerie, la laïcité et les musulmans. L'Eglise n'a pas à plaire, elle a à dire la Vérité. Elle n'a reçu du Christ pour vocation de se diluer dans la masse des courants et des modes de pensées d'un moment, mais bien pour affirmer haut et fort son amour et sa Foi en Dieu et en Jésus Christ à la face du Monde. Le dialogue oui, il est nécessaire mais pas forcément à n'importe quel prix. En cela, il faut savoir qui l'on sert. Nous venons de le vivre avec les élections présidentielles françaises et américaines, les gens en ont assez de ce qui est vieux et surrané, tout en se faisant leurrer par le système. À l'époque de l'hashtag (#), on s'expime en 140 caractères sur Twitter. Les gens veulent qu'on leur parle clairement, en utilisant un langage de notre temps : ouvert, franc, direct, simple. Autrement dit : aller à l'essentiel sans pertes de temps. Nous sommes déjà dans la civilisation de l'image numérique digitale. Pourtant, j'ai toujours plus l'impression que nous entrons dans une ère d'analphabétisation des gens et des jeunes en particulier, et au pas de charge encore bien. Nous pouvons voir pour qui y prête attention, toute la logique du Marketing en action.

Objectif : Rendre l'homme et la femme, des consommateurs utiles beaux et idiots, dans un monde idéalisé. Un monde, une société à l'image du marché, totalement vide de sens. Un comble en ce temps de hautes connaissances scientifiques. Société occidentale sans Dieu rejoignant de la sorte l'homme préhistorique laissant l'empreinte de sa main sur les parois des cavernes. De nos jours, on s'exprime davantage avec des photos sur Instagram, Facebook ou Snapchat que par de beaux discours qui nécessite une réflexion. On n'écrit plus, on ne se parle plus, on montre. On montre tout ce que l'on peut montrer ; durable sur les deux premières plateformes, éphémère sur la troisième. Tout cela en devient comme un impératif pour l'être humain d'aujourd'hui : laisser une trace de son passage sur terre partout où il le peut. Des centaines de millions de photos sont ainsi publiées chaque vingt-quatre heures, des dizaines de milliards chaque année. Voilà le contexte à prendre en considération si nous voulons rechristianiser l'Occident.

En cela, je vois encore l'arrivée nombreuse des chrétiens d'Orient, chassés de leur pays dans les horribles conditions que nous savons, arriver en Occident comme une réelle Providence de Dieu et du Christ. Je pense que les chrétiens occidentaux ont beaucoup à apprendre de leurs frères orientaux. Ils savent ce que c'est que de vivre dans et avec la Foi au quotidien. Ils ont une Foi vivante là où en Occident, elle s'est endormie, assoupie voire éteinte. Ils savent encore ce qu'est une famille, son sens, pourquoi faire des enfants, comment les éduquer au sein d'une famille aimante et unie. Un autre aspect essentiel que j'apprécie énormément chez les chrétiens d'Orient, nous le trouvons dans l'immense solidarité interpersonnelle vécue concrètement entre eux, en famille, en communauté. Pas de blabla, des gestes, des aides, des soutiens qui aide la personne en demande. Une solidarité pas seulement vécue par la parole comme c'est souvent le cas en Europe, mais par des actes concrets qui aide. Cet aspect-là, je regrette de le dire pour l'avoir vécu est devenu chose rare, beaucoup trop rare en Occident. Cela fait partie de la logique individualiste du système. Comprenez que sans cette Foi vécue ensemble, sans cette fraternité, sans cette solidarité entre eux, le christianisme serait mort depuis longtemps en Orient. J'ai souvent pu l'observer à l'œuvre et c'est beau.

Malgré toutes les horreurs dont ils ont toujours été victimes au cours des siècles, à présent encore avec les islamistes, ils n'ont pas renié leur Foi en Jésus Christ. Ils doivent être accueillis, respectés et aimés de nous tous. « Eux » sont une « chance » pour l'Europe. Arrivés au terme de ce premier volume, je vous invite de prier avec moi d'une manière douce, lente et sincère, à voix haute ou à voix basse :

Me voici Père Saint, Père Éternel et Dieu Tout Puissant. Merci de m'accueillir au sein de ta grande Famille car je sais à présent que tu ne rejette personne à qui Te le demande. Je ne te connais pas encore mais je veux fermement découvrir et croire que Tu es là en moi maintenant.

Je Te demande qu'en ce jour, Tu touches par ta Présence et ta Vérité mon intelligence, mon cœur et mon esprit. Que Tu viennes par Ton Esprit me révéler que Tu es et que Tu m'aimes moi aussi. Que Ton Esprit qui est Esprit de révélation, me montre ce que Tu as dans Ta Sagesse et Ton Amour préparé pour moi ; comme pour tous ceux qui t'aiment ; et je sais à présent que je vais les recevoir car Tu es Bon et que Tu veux le meilleur pour ma vie.

Au Nom de Jésus le Christ, moi (citez votre nom) je te le demande ici et maintenant, et je te dis Merci Père d'exaucer ma prière,

Amen

Nota Bene :

J'ai volontairement utilisé le Nom de Dieu principalement dans ce premier volume face au monde de notre temps. Je ne doute pas que les observateurs avertis l'auront rapidement remarqué. Après avoir vu la négativité du monde et de son esprit de nos jours sous quelques aspects seulement, dans les volumes suivants, nous irons petit à petit à la découverte et la mise en pratique d'une vie positive chrétienne à travers et en Jésus Christ, de ses Enseignements d'une richesse inouïe pour l'homme d'aujourd'hui à travers une promenade dans les évangiles et autres textes, de qui est vraiment le Christ, mais aussi l'Esprit Saint et de bien d'autres choses encore. Seront encore abordés le péché au quotidien de notre vie, les comprendre, les discerner, que faire, que ne surtout pas ou ne plus faire, de comment se débarrasser des particules et autres parasites pour rétablir enfin la connexion perdue avec Dieu.

Je n'évacuerai pas la question de celui que l'on appelle " le Mal".

Je vous donne rendez-vous dans le volume 2
« Les Dix Commandements »
Et la suite du cheminement vers Dieu et Jésus-Christ.

Je vous remercie d'avoir lu ce premier volume, merci d'exister et n'oubliez pas de sourire. Souriez, c'est si beau un sourire. Je suis certain que le vôtre est exceptionnel et communicatif. On ignore trop souvent la puissance de son sourire ...

Que Dieu vous bénisse !

La série Connexion sur les réseaux sociaux

Page Facebook dédiée Série Connexion
- http://urlz.fr/5g4u

Page Twitter dédiée Série Connexion
- http://urlz.fr/5ggA

Page YouTube dédiée Série Connexion
- http://urlz.fr/5ggs

Vous avez apprécié le début du cheminement ? ... Restons en contact, abonnez-vous, je tiendrai au courant sur les pages dédiées de l'évolution des volumes suivants ainsi que de leur date de parution. Vous aurez également la possibilité de poser vos questions directement par les réseaux sociaux.

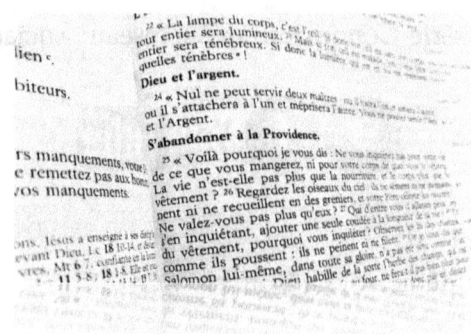

Livres, DVD et liens Internet

Pour prolonger votre lecture, vous souhaitez acquérir une Bible, un catéchisme, un livre sur la spiritualité ?

En page suivante, vous trouverez des liens raccourcis pour votre facilité, vers des livres que j'ai apprécié lire dans mon propre cheminement. Ils existent en plusieurs formats et prix selon votre budget. Il vous suffira de prendre note du lien internet raccourci et de le retranscrire dans la barre d'adresse de votre navigateur Internet. Quand quelque chose est bon et travaille sérieusement, il y a lieu de le mentionner aussi. Après de nombreuses recherches avec qui collaborer principalement sur le Net, j'ai choisi essentiellement la société Amazon pour son sérieux, son efficacité, ses prix et ses garanties pour l'utilisateur final. Autant le savoir...

- **Bible de Jérusalem**
  Version française, traduite sous la direction de
  L'Ecole Biblique de Jérusalem
  Page générique :   http://amzn.to/2oyJ3Si
  - Modèle 1   http://amzn.to/2oOquG4
  - Modèle 2   http://amzn.to/2p6BPDV
  - Modèle 3   http://amzn.to/2pBQSqP

- **La Bible oeucuméique TOB**
  La traduction oeucuménique de la Bible (version Fr)
  - http://amzn.to/2pBt85R

- **La Sainte Bible selon La Vulgate**
  Approuvée par le St Siège, approuvée par :
  La Sacrée Congrégation de l'Index

  Page générique ➔ http://amzn.to/2p6l7V5
  En version simple ➔ http://amzn.to/2p6gavz
  En version Luxe ➔ http://amzn.to/2p6lGhX

- **Bible par l'Alliance biblique Universelle**
  Page générique, puis faites votre choix.
  - http://amzn.to/2sawHgK

- **Catéchisme de l'Église Catholique**
  - http://amzn.to/2qZfjff
  - http://amzn.to/2qPnjC6

- **Conseils spirituels – Maître Eckhaert**
  ➢ http://amzn.to/2r6wWtr

- **Bibliographie sur Saint Jean-Paul II le Grand**
  Lien générique livres et DVD :
  ➢ http://amzn.to/2ppuRvm

Vous souhaitez aider les chrétiens d'Orient ?
Soutenez le C.S.C.O

Le Comité de Soutien aux Chrétiens d'Orient « CSCO », lancé en Belgique fin 2013 à l'initiative du R. Père Charbel Eid de l'Ordre Libanais Maronite, regroupe les églises orientales présentes en Belgique : Copte, Arménienne, Syriaque, Chaldéenne, Melkite, Maronite ainsi que l'Eglise Latine de Belgique.

Notre but est de renforcer les liens entre les chrétiens d'Orient et d'Occident, venir en aide aux chrétiens vivant en Orient persécutés par les extrémistes, défendre leurs droits et libertés, promouvoir leur civilisation et les encourager à rester enraciner sur leurs terres.

Nous contacter :

Le Comité de Soutien aux Chrétiens d'Orient, Belgique

59, Rue Pierre Hap – Lemaître

B- 1040 Bruxelles

Belgique – Belgium – U.E

Compte IBAN : BE77 0689 0300 3642

Docteur Simon NAJM – Président du CSCO asbl

Email : mailtocsco.simon.najm@gmail.com

Page Facebook : facebook.com/orientalchristiansbelgium/

Solidarité Grands Froids

La pauvreté et la misère, c'est toute l'année !

Soutenez les pauvres, les 5000 sans abris et SDF sur Bruxelles. Soulager la misère par vos dons en nourriture, particulièrement pour les bébés SDF, des vêtements chauds, des couvertures, des jouets etc.

Veuillez contacter le centre pour connaître les besoins précis :

« Solidarité Grands Froids »
ASBL, ONG Belgique,
en collaboration avec le
SAMU Social de Bruxelles.

Lieu de dépôt : 74 Rue de Danemark
B- 1060 Saint Gilles (Bruxelles)

Responsable : Madame Cynthia Simpson
Téléphone : +32 (0) 477 33 85 47
Compte bancaire pour vos dons :
IBAN : BE 82 6511 5585 6168

Email : info@solidaritegrandfroid.be
Page web : https://goo.gl/DT438t
Facebook : solidaritegrandsfroids

ANNEXE

- **Le Credo**

  ➢ Le Symbole dit de Nicée - Constantinople tient sa grande autorité du fait qu'il est issu des deux premiers Conciles œcuméniques (325 et 381). Il est l'affirmation de la Foi en Dieu et en Jésus Christ.

Je crois en un seul Dieu, le Père Tout-Puissant,
Créateur du ciel et de la terre, de l'univers visible et invisible.

Je crois en un seul Seigneur, Jésus-Christ, le Fils unique de Dieu,
Né du Père avant tous les siècles, Il est Dieu, né de Dieu,
Lumière, né de la Lumière, vrai Dieu, né du vrai Dieu, engendré, non pas créé, de même nature que le Père, et par Lui tout a été fait.

Pour nous les hommes, et pour notre salut, Il descendit du ciel ;
Par l'Esprit Saint, Il a pris chair de la Vierge Marie, et S'est fait homme. Crucifié pour nous sous Ponce Pilate, Il souffrit sa passion et fut mis au tombeau. Il ressuscita le troisième jour, conformément aux Écritures, et Il monta au ciel ; Il est assis à la droite du Père. Il reviendra dans la gloire, pour juger les vivants et les morts ; et son règne n'aura pas de fin.

Je crois en l'Esprit Saint, qui est Seigneur et qui donne la vie ;
Il procède du Père et du Fils ; avec le Père et le Fils,
Il reçoit même adoration et même gloire ; Il a parlé par les prophètes.

Je crois en l'Église, une, sainte, catholique et apostolique.
Je reconnais un seul baptême pour le pardon des péchés.
J'attends la résurrection des morts, et la vie du monde à venir,
Amen

- **Le Credo ou Le Symbole des apôtres**

  ➤ Appelé ainsi parce qu'il est considéré comme le résumé fidèle de la foi des apôtres.

Je crois en Dieu, le Père tout-puissant,
Créateur du ciel et de la terre ; et en Jésus-Christ, son Fils unique, notre Seigneur ; qui a été conçu du Saint-Esprit ; est né de la Vierge Marie ; a souffert sous Ponce Pilate ; a été crucifié ; est mort et a été enseveli ; est descendu aux enfers ; le troisième jour est ressuscité des morts ; est monté aux cieux ; est assis à la droite de Dieu le Père tout-puissant, ; d'où il viendra juger les vivants et les morts.
Je crois en l'Esprit Saint ; à la sainte Église catholique ; à la communion des saints ; à la rémission des péchés ; à la résurrection de la chair ; à la vie éternelle. Amen.

- **La Bible**

La Bible est un ensemble de textes considérés comme sacrés selon les juifs et les chrétiens. Les différents groupes religieux peuvent inclure différents livres dans leurs canons, dans un ordre différent. Appelée aussi Écriture sainte. Elle est la révélation du dessein de Dieu pour l'humanité. Son contenu a un caractère historique, une forme souvent poétique et une dimension prophétique. Composée sur plusieurs siècles, l'ensemble de ses sources se répartit entre l'Ancien et le Nouveau Testament, avant et depuis Jésus-Christ.

- **La Parousie**

Le mot parousie est un terme biblique utilisé par les chrétiens pour désigner la seconde venue du Christ sur la Terre, la première étant sa naissance.

- **Métanoïa**

La Métanoïa étant un sujet de livres en soi, je ne donnerai ici qu'une explication simple et basique. Dans la Grèce antique, la métanoïa signifiait : se donner une norme de conduite différente, supposée meilleure. Dans un sens biblique, Metanoïa indique la repentance ou la pénitence. Dans un sens psychologique analytique, Jung indique une transformation majeure de la psyché de l'homme, sa guérison intérieure initiée par des forces inconscientes. La personne se trouve ainsi profondément transformée. Une transformation à l'image d'une chrysalide. L'homme prend ainsi conscience de son état intérieur, le reconnaît et sort désormais de son ignorance. D'un point de vue chrétien, oubli, paresse et ignorance sont les trois racines de toutes nos pathologies intérieures ; les trois sont la triple expression de la négligence de l'homme. Dans cette révélation, l'homme est amené à reconnaître puis à accepter son état. La reconnaissance de la misère de l'homme, est en soi un appel à la Miséricorde divine qui s'exprime par la compassion et le pardon du Dieu Père qui attend et accueille son fils les bras ouverts ainsi que le démontre la parabole du « fils prodigue » de Jésus Christ.

- **Mammon**

Dans le Nouveau Testament, Mamônâs, forme grecque d'un mot d'origine incertaine, mais que l'on retrouve dans les idiomes phéniciens et syriaque. Ce terme est employé deux fois par Jésus, au cours du Sermon sur la montagne (Mt 6 :24) et dans la parabole du serviteur infidèle (Lu 16 :9,11,13) ; dans ce dernier passage, nos traducteurs n'ont conservé le terme grec qu'au verset 13 et l'ont traduit par richesse, ou richesses injustes pour « mammon d'iniquité » dans les versets 9 et 11. Pour expliquer ce mot, on l'a fait venir de la racine hébraïque aman, qui exprime l'idée de fermeté, de solidité, de fidélité et que les LXX et nos versions françaises ont parfois rendue par : trésor (Esa 33:6) ; Mammon serait donc la richesse considérée comme fondement du bonheur, comme seule chose nécessaire à la vie.

D'autres commentateurs, suivant peut-être l'inspiration de Milton, poète mais non critique, parlent d'une divinité adorée à Tyr (Liban actuelle) sous ce nom : Mammon, génie préposé à la recherche et à la conservation des richesses, aurait eu son idole dans la grande cité des commerçants phéniciens. Aucune trace de ce culte, aucun fait ne permettent d'affirmer ou même de supposer l'existence de ce dieu Mammon.

St Augustin dit : lucrum punice Mammon dicitur, c'est-à-dire que ce mot en phénicien désigne le gain ; il semble que c'est dans ce sens que nous devons l'entendre. Mammon, c'est la richesse qui provient du commerce, des affaires et non des biens héréditaires ; c'est donc l'esprit de lucre que Jésus condamne, cette soif d'acquérir, de s'enrichir qui, née de la convoitise et du mécontentement de son sort, pousse l'homme à y consacrer toutes ses forces et ses pensées et risque de l'entraîner à des actes coupables. Mammon, c'est moins la richesse que le désir, la poursuite de la richesse ; c'est bien le mal de notre siècle. (Texte : Mr. Yves Petrakian)

Lien vers le site de Mr. Petrakian
http://urlz.fr/5ggI

- Les 99 Noms de Dieu, Allah en islam

Mais pourquoi un chrétien reprend-il dans ce livre, les 99 qualificatifs de Dieu du Coran ?

Comme pour les citations, j'ai longtemps hésité avant que de publier cette liste. Après une longue réflexion sur le sujet, il m'est apparu toutefois que tout ce qui peut aider l'homme à mieux comprendre, mieux apréhender la personnalité de Dieu est bon et utile pour tous les hommes et les femmes peuplant l'univers. Ceci quelque soit leur religion ou leur philosophie. Dieu ne se limite pas à une religion, Il est infini et universel. Si ces qualificatifs avaient été bouddhistes, je les aurais publiés dans le même état d'esprit. Souvenons-nous en tant que chrétien, que Notre Seigneur Jésus Christ est universel, qu'Il s'adresse donc à tous sans exception. Qui suis-je moi pour prétendre que le Christ ne peut s'adresser à un musulman si tel est la volonté du Tout Puissant ? Cette liste des noms de Dieu permet aussi de mieux cerner la façon dont Dieu est perçu par la seconde religion monothéiste dans le monde. Parler de Dieu est toujours trop parler.

« J'ai parlé une fois, j'ai trop parlé, j'ai parlé deux fois, j'ai encore trop parlé ». (Livre de Job)

1. Allah الله Dieu
2. Ar-Rahmān الرحمن Le Très-Miséricordieux
3. Ar-Rahīm الرحيم Le Tout-Miséricordieux
4. Al-Malik الملك Le Souverain
5. Al-Quddūs القدوس Le Saint
6. As-Salām السلام La Paix
7. Al-Mu'min المؤمن La Sauvegarde
8. Al-Mouhaymin المهيمن Le Préservateur
9. Al-'Aziz العزيز Le Tout Puissant
10. Al-Jabbār الجبار Celui qui domine et contraint
11. Al-Mutakabbir المتكبر L'innaccessible
12. Al-Khāliq الخالق Le Créateur
13. Al-Bāri' الباري Le Producteur
14. Al-Musawwir المصور Celui qui façonne ses créatures
15. Al-Ghaffār الغفار Qui absout beaucoup
16. Al-Qahhār القهار L'Irrésistible

17. Al-Wahhāb الوهاب Le Très Généreux
18. Ar-Razzāq الرزاق Celui qui accorde la subsistance
19. Al-Fattāh الفتاح Celui qui accorde la victoire
20. Al-'Alīm العليم L'Omniscient
21. Al-Qabid القابض Celui qui retient et qui rétracte
22. Al-Bāsit الباسط Celui qui étend Sa générosité
23. Al-Khāfid الخافض Celui qui abaisse
24. Ar-Rāfi' الرافع Celui qui élève
25. Al-Mu'izz المعز Celui qui rend puissant
26. Al-Moudhill المذل Celui qui humilie les fiers
27. As-Samī' السميع L'Audient, Celui qui entend toute chose
28. Al-Basīr البصير Le Voyant, Celui qui voit toute chose
29. Al-Hakam الحكم L'Arbitre
30. Al-'Adl العدل Le Juste
31. Al-Latīf اللطيف Le Bon dans l'épreuve
32. Al-Khabīr الخبير Le Bien-Informé
33. Al-Halīm الحليم Le Doux, le Très Clément
34. Al-Adhīm العظيم L'Immense, l'Eminent
35. Al-Ġafhūr الغفور Qui Pardonne
36. Ash-Shakūr الشكور Le Très-Reconnaissant
37. Al-'Ali العلي L'Elevé
38. Al-Kabīr الكبير L'Infiniment Grand
39. Al-Hafīdh الحفيظ Le Gardien
40. Al-Muqīt المقيت Qui nourrit tout le monde
41. Al-Hasīb الحسيب Qui règle le compte de tout le monde
42. Al-Jalīl الجليل Le Majestueux
43. Al-Karīm الكريم Le Noble
44. Ar-Raqīb الرقيب L'Observateur
45. Al-Mujīb المجيب Celui qui exauce les prières
46. Al-Wāsi' الواسع Le Vaste
47. Al-Hakīm الحكيم Le Sage
48. Al-Wadūd الودود Qui aime beaucoup
49. Al-Majīd المجيد Le Très Glorieux
50. Al-Bā'ith الباعث Qui ressuscite
51. Ashahīd الشهيد Le Témoin
52. Al-Haqq الحق Le Vrai
53. Al-Wakīl الوكيل Le Tuteur
54. Al-Qawi القوي Le Fort
55. Al-Matīn المتين Le Robuste

56. Al-Wa'li الولي Le Protecteur
57. Al-Hamīd الحميد Le Louable
58. Al-Muhsi المحصي Qui connaît les comptes de tous
59. Al-Mubdi' المبدئ L'Auteur
60. Al-Mu'īd المعيد Qui fait rentrer tout le monde dans le néant
61. Al-Muhyī المحيي Qui donne la vie
62. Al-Mumīt المميت Qui donne la mort
63. Al-Hayy الحي Le Vivant
64. Al-Qayyūm القيوم L'Immuable
65. Al-Wājid الواجد Qui existe
66. Al-Mājid الماجد L'Illustre
67. Al-Wāhid الواحد L'Unique
68. As-Samad الصمد L'Eternel Seigneur
69. Al-Qādir القادر Le Déterminant
70. Al-Muqtadir المقتدر Le Tout Puissant
71. Al-Muqaddim المقدم Qui a tout précédé
72. Al-Mu'akhir المؤخر Qui sera après tout
73. Al-Awwal الأول Le Premier, dont l'existence n'a pas de début
74. Al-Ākhir الآخر Le Dernier, dont l'existence n'a pas de fin
75. Adh-Dhāhir الظاهر L'Extérieur, l'Apparent
76. Al-Bātin الباطن L'Intérieur, le Caché
77. Al-Wāly الوالي Le Monarque
78. Al-Muta'āli المتعالي Le Sublime
79. Al-Barr البر Le Bienfaiteur
80. At-Tawwab التواب Qui ne cesse d'accueillir le repentir
81. Al-Muntaqim المنتقم Le Vengeur
82. Al-Afuww العفو L'Indulgent
83. Al-Ra'ūf الرؤوف Le Bienveillant en grâce
84. Mālik-ul-Mulk مالك الملك Le Maître du Pouvoir
85. Dhul-Jalāli-wal-Ikrām ذو الجلال و الإكرام Détenteur de Majesté qui mérite d'être Exalté
86. Al-Muqsit المقسط L'Equitable
87. Al-Jāmi' الجامع Le Rassembleur
88. Al-Ghani الغني Le Riche par excellence
89. Al-Mughni المغني Qui satisfait les besoins de Ses créatures
90. Al-Māni' المانع Le Défenseur
91. Ad-Dār الضار Qui peut nuire (à ceux qui L'offensent)
92. An-Nāfi' النافع L'Utile
93. An-Nūr النور La Lumière

94. Al-Hādi الهادي Le Guide
95. Al-Badī' البديع L'inventeur
96. Al-Baqi الباقي Le Permanent
97. Al-Wārith الوارث L'Héritier
98. Ar-Rashīd الرشيد Qui agit avec droiture
99. As-Sabur الصبور Le Patient

- **Claude Lévi-Strauss**
  Lien Amazon vers la bibliographie de l'auteur

  http://amzn.to/2phDZSG

Né à Bruxelles de parents français, le 28 Novembre 1908. Décédé à Paris, le 30 Octobre 2009. Études secondaires à Paris (lycée Janson de Sailly), études supérieures à la faculté de droit de Paris (licence) et à la Sorbonne (agrégation de philosophie, 1931, doctorat ès lettres, 1948.

Anthropologue, sociétaire de l'Académie Française élu en 1973, il siégera au fauteuil N°29, succédant ainsi à Henry de Montherlant. Décoré à de multiples des plus grandes distinctions, tels que : Grand-croix de la Légion d'honneur Commandeur de l'ordre national du Mérite - Commandeur des Arts et des Lettres - Commandeur des Palmes académiques. Commandeur de l'ordre de la Couronne de Belgique - Commandeur de l'ordre national de la Croix du Sud du Brésil - Étoile d'or et d'argent de l'ordre du Soleil levant - Grand-croix de l'ordre du Mérite scientifique du Brésil - Professeur au Collège de France – Anthropologue – Ethnologue.

Son œuvre :

1948 - La Vie familiale et sociale des Indiens Nambikwara
1949 - Les Structures élémentaires de la parenté
1952 - Race et Histoire
1955 - Tristes Tropiques
1958 - Anthropologie structurale (Plon)
1961 - Entretiens avec Claude Lévi-Strauss – G. Charbonnier

1962 - La Pensée sauvage (Plon)
1962 - Le Totémisme aujourd'hui (PUF)
1964 - Le Cru et le Cuit
1967 - Du miel aux cendres
1968 - L'Origine des manières de table
1971 - L'Homme nu
1973 - Anthropologie structurale, II
1975 - La Voie des masques - édition augmentée (Plon)
1983 - Le Regard éloigné (Plon)
1984 - Paroles données (Plon)
1985 - La Potière jalouse (Plon)
1988 - De près et de loin (Odile Jacob)
1991 - Histoire de Lynx (Plon)
1993 - Regarder, écouter, lire (Plon)
1994 - Saudades do Brasil
1995 - Saudades de São Paulo
1968 - L'Origine des manières de table
1971 - L'Homme nu
1973 - Anthropologie structurale, II
1975 - La Voie des masques - édition augmentée (Plon)
1983 - Le Regard éloigné (Plon)
1984 - Paroles données (Plon)
1985 - La Potière jalouse (Plon)
1988 - De près et de loin (Odile Jacob)
1991 - Histoire de Lynx (Plon)
1993 - Regarder, écouter, lire (Plon)
1994 - Saudades do Brasil
1995 - Saudades de São Paulo

- **Charles de Foucault (Bienheureux de l'Eglise catholique)**

La meilleure biographie est celle de René Bazin, « Charles de Foucauld, explorateur du Maroc, ermite au Sahara » (Nouvelle cité, rééd. 2004), et le commentaire exclusif du Père André Manaranche sj : « Foucauld béatifié, l'aventure sur les autels »

Extrait d'une lettre adressée à René Bazin, de l'Académie française, président de la Corporation des publicistes chrétiens, parue dans le Bulletin du Bureau catholique de presse, n° 5, octobre 1917. Titre et intertitres d'origine.

Source originale : archives familiales, Les Rangeardières (Maine-et-Loire). Paru dans Liberté politique n° 25, printemps 2004.

Lien Amazon et la bibiographie de René Bazin :

http://amzn.to/2phJscp

o *Extrait d'une lettre de Charles de Foucault*

Tamanrasset, par Insalah, via Biskra, Algérie, 29 juillet 1916.

... « Monsieur, Je vous remercie infiniment d'avoir bien voulu répondre à ma lettre, au milieu de tant de travaux, et si fraternellement. Je pourrais, m'écrivez-vous, vous dire utilement la vie du missionnaire parmi les populations musulmanes, mon sentiment sur ce qu'on peut attendre d'une politique qui ne cherche pas à convertir les musulmans par l'exemple et par l'éducation et qui par conséquent maintient le mahométisme, enfin des conversations avec des personnages du désert sur les affaires d'Europe et sur la guerre.

Des musulmans peuvent-ils être vraiment français ? Exceptionnellement, oui. D'une manière générale, non. Plusieurs dogmes fondamentaux musulmans s'y opposent ; avec certains il y a des accommodements ; avec l'un, celui du medhi, il n'y en a pas : tout musulman, (je ne parle pas des libres-penseurs qui ont perdu la foi), croit qu'à l'approche du jugement dernier le medhi surviendra, déclarera la guerre sainte, et établira l'islam par toute la terre, après avoir exterminé ou subjugué tous les non musulmans. Dans cette foi, le musulman regarde l'islam comme sa vraie patrie et les peuples non musulmans comme destinés à être tôt ou tard subjugués par lui musulman ou ses descendants ; s'il est soumis à une nation non musulmane, c'est une épreuve passagère ; sa foi l'assure qu'il en sortira et triomphera à son tour de ceux auxquels il est maintenant assujetti ; la sagesse l' engage à subir avec calme son épreuve; " l'oiseau pris au piège qui se débat perd ses plumes et se casse les

ailes ; s'il se tient tranquille, il se trouve intact le jour de la libération, disent-ils ; ils peuvent préférer telle nation à une autre, aimer mieux être soumis aux Français qu'aux Allemands, parce qu'ils savent les premiers plus doux ; ils peuvent être attachés à tel ou tel Français, comme on est attaché à un ami étranger; ils peuvent se battre avec un grand courage pour la France, par sentiment d'honneur, caractère guerrier, esprit de corps, fidélité à la parole, comme les militaires de fortune des XVIe et XVIIe siècle mais, d'une façon générale, sauf exception, tant qu'ils seront musulmans, ils ne seront pas Français, ils attendront plus ou moins patiemment le jour du medhi, en lequel ils soumettront la France. De là vient que nos Algériens musulmans sont si peu empressés à demander la nationalité française : comment demander à faire partie d'un peuple étranger qu'on sait devoir être infailliblement vaincu et subjugué par le peuple auquel on appartient soi-même ? Ce changement de nationalité implique vraiment une sorte d'apostasie, un renoncement à la foi du medhi... En me recommandant fraternellement à vos prières, ainsi que nos Touaregs, et en vous remerciant encore de votre lettre, je vous prie d'agréer l'expression de mon religieux et respectueux dévouement.
Votre humble serviteur dans le Cœur de Jésus. "

Charles de Foucault

- **Jean-Michel Vienne**

Lien Amazon et la bibiographie de J-M Vienne

http://amzn.to/2r4MjBG

Jean-Michel Vienne est né en 1940. Il est Professeur agrégé de Philosophie en lycée, Maître de conférences à l'Université de Lille III puis Professeur à l'Université de Nantes où il occupa la fonction de Vice-Président. Il dirige l'Université Populaire de Nates et participe à l'organisation des Rencontres de Sophie au Lieu Unique.

Son œuvre :
- 1991 Expérience et raison, les fondements de la morale selon Locke, Paris, Vrin, 298 p., Prix Gireaudeau de l'Académie des Sciences morales et Politiques.
- 1993 : "Locke on real essence and internal constitution", Proceedings of the Aristotelian Society, Londres, XCIII, 2, p. 139-153.
- 1997 : The Cambridge Platonists in Philosophical Context : Politics, Metaphysics and Religion, Rogers, Vienne, Zarka (eds.), Dordrecht, Kluwer, coll. Archives d'histoire des Idées.
- 1997 : Vienne J.M. (éd), Philosophie analytique et histoire de la philosophie, Actes du colloque de Mai 91, Paris, Vrin.
- 2001 : Locke, Essai sur l'entendement humain, T.1, traduction nouvelle, Paris, Vrin (coll. Vrin Poche).
- 2006 : Locke, Essai sur l'entendement humain, T.2, traduction nouvelle, Paris, Vrin (coll. Vrin Poche).
- 2007 'La relation de Locke à Leibniz', in Les enjeux du rationalisme moderne : Descartes, Locke, Leibniz, sous la direction de Tahar Ben Guiza, actes du colloque de Carthage 2004.
- 2009 A. Collins, Discours sur la Liberté de penser, édition critique en collaboration avec Pascal Taranto, Paris, Honoré Champion, coll. Libre pensée et littérature clandestine.
- 2010 'Philosophie et théologie dans la pensée britannique classique', Philosophie et Théologie, T.3, éditions du Cerf.

- United Nation (O.N.U)
https://goo.gl/vKwEX0
- Banque Mondiale
https://goo.gl/iKpqVj
- Eglise Orthodoxe de France
http://eglise-orthodoxe-de-france.fr/
- Bertrand Souchard, 42 Questions sur Dieu
Edition Salvator, 2010
http://amzn.to/2qoML1E
- Catéchisme de l'Eglise Catholique
- Journal « Le Monde » :
https://goo.gl/UHoFA2
- Journal La Croix
https://goo.gl/Iy5cp9
- Samu Social Paris
https://goo.gl/py53Os
- Samu Social Bruxelles
https://goo.gl/qCdbGM

Plan d'ensemble du Volume Premier

- Dédicace longue et Remerciements   Page : 7
- Introduction   11
- Avertissement   24

1. Préparation, rentrons dans notre sujet
2. Pourquoi une Bible avec cette série de livres ?
3. Contexte globale de la société occidentale face à Dieu
4. Dieu, Jésus Christ ? ... Embarquement immédiat !
5. Je suis chrétien, je suis un homme libre
6. Une société du mensonge à tous les niveaux
7. Liberté, Egalité, Fraternité au Nom de la Diversité
8. Situation au Moyen Orient et comparaisons
9. La chute de l'homme
10. Occident et Moyen Orient, guerres, sang et larmes
11. Dieu bénit la vie, pas la mort
12. L'Eglise dans ce chaos ?
13. L'argent, Roi de ce monde
14. La Charité par la Divine Providence
    - *ou, le Pape, la politique et moi face au Monde...*
15. Les atteintes à la vie, une culture de la mort.
16. Dieu est-Il intelligent ? ...
    - *Oui, mais vous ne le serez jamais plus que Lui*
17. Dieu est simple
18. Dieu est Esprit
19. Qu'est ce que l'âme ?
20. Comment pouvons-nous prendre soin de notre âme ?
21. Pardonnez comme vous voulez mais pardonnez !
22. Dieu et nous ...
23. Situation des chrétiens en Occident, athéisme ou Dieu ?
24. La société technologique et digitale face à Dieu
25. Dieu Amour ?
26. Comment puis-je rencontrer Dieu ?
27. Dieu et le temps ?

28. Faut-il possséder des dons, des prédispositions pour rencontrer Dieu ou devenir chrétien ?
29. Analyse du processus
30. Dieu et moi ... Moi et Dieu
31. La Vérité, vivre avec Dieu
32. La question de l'argent
33. Le péché, cet obstacle entre l'homme et Dieu
34. De vous à moi ...
35. Société multinationale, ton univers impitoyable
36. Petite rétrospective
37. Que pouvez-vous demander à Dieu ?
38. Première conclusion
39. Pensons positif !
40. Devenons des héros de notre temps !
41. Universalité de l'homme, utopie qu'une telle société ?
42. Tout n'est que misère pour vous ?

Livres et DVD, Liens Internet	Page : 298
Vous souhaitez aider les chrétiens d'Orient ?	300
La pauvreté et la misère, c'est toute l'année !	301
Annexe :	302
Citations célèbres sur Dieu	317

Quelques citations célèbres sur Dieu

- Dès le début, les hommes se sont servis de Dieu pour justifier l'injustifiable
  (Les versets sataniques - Salman Rushdie)

  Le bien nous vient de Dieu, le mal vient de nous-mêmes.
  Proverbe oriental ; Les proverbes et maximes orientales (1778)

- Celui-là est riche qui est bien avec Dieu.
  Citation de Fernando de Rojas ; La Célestine - XVIe siècle.

- Dieu n'accepte pour véritables hommages que ceux que le cœur lui rend.
  Citation de Jean-Baptiste Massillon - Maximes et pensées

- Dieu a dit, il y aura des hommes blancs, des hommes noirs, il y aura des hommes grands, des hommes petits. Il y aura des hommes beaux, des hommes moches et tous seront égaux, mais ça ne sera pas facile.
  Citation de Michel Colucci, dit Coluche

- Dieu a dit : "Je partage en deux, les riches auront de la nourriture, les pauvres de l'appétit."
  Citation de Michel Colucci, dit Coluche

- Le hasard, c'est dieu qui se promène incognito
  Citation de Albert Einstein

- Dans la nuit noire, sur la pierre noire, une fourmi noire. Dieu la voit.
  Proverbe arabe

- Parmi les hommes, le plus faible est celui qui ne sait pas garder un secret. Le plus fort, celui qui maîtrise sa colère, le plus patient, celui qui cache sa pauvreté, le plus riche, celui qui se contente de la part que dieu lui a faite.
  Proverbe algérien

- Dans le royaume des Cieux, tout est dans tout, tout est un, et tout est en nous.
  Citation de Maître Eckhart

- Les gens ne devraient pas toujours tant réfléchir à ce qu'ils doivent faire, ils devraient plutôt penser à ce qu'ils doivent être. S'ils étaient seulement bons et conformes à leur nature, leurs œuvres pourraient briller d'une vive clarté.
  Citation de Maître Eckhart

- Toutes choses ont un pourquoi, mais Dieu n'a pas de pourquoi.
  Citation de Maître Eckhart

- L'instant où Dieu créa le premier homme, et l'instant où le dernier doit disparaître, et l'instant où je parle, sont égaux en Dieu et ne sont qu'un instant.
  Citation de Maître Eckhart

- Tiens-toi avec Dieu, Dieu sera avec toi.
  Proverbe basque ; Anciens proverbes basques et gascons (1845)

- Dieu ne quitte jamais que celui qui le quitte.
  Proverbe anglais ; Dictionnaire des sentences et proverbes anglais (1892)

1ère Edition, Juin 2017
Dépôt Légal, Juin 2017, Paris – France

Dépôt Légal Bruxelles - Belgique
Bibliothèque Royale de Belgique
D2017/ D-A Brichaux – Safi

**Ce livre a été imprimé par
CreateSpace**

**Createspace.com
United States of America
2017**

www.ingramcontent.com/pod-product-compliance
Lightning Source LLC
Chambersburg PA
CBHW070736170426
43200CB00007B/540